傅 蕾◎著

# 莫道桑榆晚

基于美好生活向往的老年群体学习需求研究

上海财经大学出版社

## 图书在版编目(CIP)数据

莫道桑榆晚:基于美好生活向往的老年群体学习需求研究/傅蕾著.—上海:上海财经大学出版社,2023.7
ISBN 978-7-5642-4171-1/F·4171

Ⅰ.①莫… Ⅱ.①傅… Ⅲ.①老年教育-研究 Ⅳ.①G777

中国国家版本馆 CIP 数据核字(2023)第 087037 号

□ 策划编辑　王永长
□ 责任编辑　杨　闯
□ 封面设计　张克瑶
□ 封面插图　方思嫒

**莫道桑榆晚**

基于美好生活向往的老年群体学习需求研究

傅　蕾　著

上海财经大学出版社出版发行
(上海市中山北一路369号　邮编200083)
网　　址:http://www.sufep.com
电子邮箱:webmaster@sufep.com
全国新华书店经销
上海华教印务有限公司印刷装订
2023年7月第1版　2023年7月第1次印刷

710mm×1000mm　1/16　15.25 印张(插页:2)　274 千字
定价:78.00 元

# 序

　　人口老龄化,是全球关注的热点话题,也是我国当前面临的严峻挑战。老龄人口的增加,对社会生产、分配、流通、消费及区域产业结构等方面产生了深远影响。为此,政府部门日益重视老龄事业的发展。教育作为一项公共服务和民生工程,也逐渐被作为促进老龄事业发展的重要领域而备受关注。新时代的老年人身体健康、受教育程度高,经济来源也有一定保障,致使他们当中有越来越多的人加入老年教育之中。老年教育蔚然成风,"一座难求"现象屡见不鲜。但是,老年教育之"热",是否就等同于唱歌跳舞的热热闹闹? 作为老年人,他们究竟需要什么样的学习? 他们的学习需求究竟有什么样的表征? 以上疑问引发了笔者对老年群体学习需求的研究兴趣。但是,如何深入、创新地研究这一问题,显然又值得我们深思。《成人教育学研究纲领》指出,关注、研究成人学习,必然首先要聚焦、关注他们的生活。经文献研究与预访谈,笔者确立了"生活世界—美好生活—学习需求"这一研究逻辑,即从生活世界现状入手,推进至美好生活的向往,再进一步推进至学习需求的生成。

　　本书以老年人为研究群体,以美好生活向往和学习需求为研究对象,探索其由美好生活向往引发的学习需求。研究主要采用访谈法和问卷法,通过自编的《老年群体美好生活向往与学习需求访谈提纲》与《老年群体学习需求调查问卷》,对70名老年人进行了深度访谈,对1 568名老年人展开了问卷调查。研究发现,老年群体丰富多样的学习需求来源于对朴实无华的美好生活向往,而对美好生活的向往又植根于纷繁多样的生活世界。具体而言:

　　老年群体的生活世界是纷繁多样、层次分明、得失相伴的。他们的生活世界可以划分为日常生活、休闲生活、社会生活、精神生活四个维度,并且这四个维度朝着人的精神与价值层面递进。他们的生活中既存在正向因素,也存在负向因素,还存在非正非负的因素。

　　老年群体所向往的美好生活是基于生活、不为限定、可能实现的。老年群体对美好生活的向往来源于当下生活世界,内容上是生活世界的延伸,状态上是对生活世界中不满之处的改变以及满意之处的延续。他们所期盼的美好生活的表现形式是不限定的,既包括性质的转变,如从消极到积极、从不安到安心、从传统到智能、从忙碌到闲适、从杂乱到有序、从遗憾到圆梦、从懈怠到勤恳、从隔阂到融洽、从疏离到归属、从屈从到挑战、从恐惧到从容、从索取到奉献;又包括程度的递增,如从衰退到健康、从单调到多彩、从普通到高雅、从零落到延绵。同时,他们所憧憬的美好生活,并非长远的、全盘变革性的生活,而是基于当下条件、短时间内可以实现的生活。

老年群体认为,学习有助于不断接近并实现所向往的美好生活,并由此产生了学习需求。老年群体的学习需求是服务生活、丰富多彩、层层递进的。老年群体的学习需求指向美好生活的实现,即使表面一致的学习需求,其背后所指向的美好生活也不尽相同。他们所需要的学习内容涵盖生活的方方面面,丰富至极,并且同一个老年人可能存在多种不同的学习需求。他们的学习需求从表及里可以概括为适应性学习需求、休闲性学习需求、社会性学习需求以及超越性学习需求四个层次,与生活世界和美好生活向往的层次一脉相承,层层指向"未完成"的人、完整的人和有价值的人。同时,他们的学习需求因健康状况、经济收入、文化程度等因素的不同而呈现差异。

本书回归了"生活为基,向往为由,学习为径"的逻辑判断,认为老年群体的生活世界现状引发了对美好生活的向往,美好生活的向往又生成了学习需求,学习需求反过来又指向美好生活的实现。

本书首先以老年群体的生活世界为起点,引入"美好生活"这一中介元素,开拓了学习需求研究的新视角;其次解构老年群体所向往的美好生活,推动了关于美好生活实证研究的可操作性,创新性地提出了老年群体学习需求层次模型,推进了相关研究的理论深度;最后,我们呼吁在未来老年教育事业发展过程中,理念上应去除老年等于贬义的刻板印象,资源建设上应注重学习服务生活的比重,环境建构上应为老年群体留下一条通往美好生活的小径。

# 目 录

第一章　绪论/1
　第一节　时代背景:老龄化社会与老年学习/1
　第二节　理论基础:美好生活与学习需求/6
　第三节　研究回溯:概念解析与文献梳理/13
　第四节　研究方法:方案设计与实施路径/43

第二章　直面生活更替:适应生活的学习需求/60
　第一节　学习,为了适应生理变化/60
　第二节　学习,为了调适消极情绪/69
　第三节　学习,为了获取安全保障/76
　第四节　学习,为了追赶科技发展/87
　本章小结/94

第三章　享受闲暇时光:丰富生活的学习需求/96
　第一节　学习,为了享受自由时间/96
　第二节　学习,为了补偿年轻梦想/103
　第三节　学习,为了发展兴趣爱好/110
　第四节　学习,为了陶冶高洁性情/118
　本章小结/126

第四章　发挥参与动能:融入社会的学习需求/128
　第一节　学习,为了内化社会规则/128
　第二节　学习,为了增加就业机会/135
　第三节　学习,为了融洽家庭氛围/145
　第四节　学习,为了融入社区群体/155
　本章小结/162

**第五章 不断超越自我：完善自我的学习需求**/164
    第一节 学习，在于不断自我超越/164
    第二节 学习，为了整合过往人生/171
    第三节 学习，为了面对未来岁月/178
    第四节 学习，为了传承生命力量/186
    本章小结/195

**第六章 结论与反思**/197
    第一节 研究结论/197
    第二节 研究反思/210

**参考文献**/218

**附录**/234
    附录1：老年群体美好生活向往与学习需求预访谈提纲/234
    附录2：老年群体美好生活向往与学习需求访谈提纲/234
    附录3：老年群体学习需求问卷调查/235

**后记**/239

# 第一章 绪 论

德国哲学家黑格尔(G. W. F. Hegel)曾说过:"没有无缘无故的爱,也没有无缘无故的恨。"有果必有因,任何一项研究的开启都有背后的缘由,也就是"初心"。"初心",就是那股始终指引研究前进的可持续力量。

## 第一节 时代背景:老龄化社会与老年学习

### 一、老龄化社会:不可回避的现实

人口老龄化,是全球关注的热点,也是中国面临的现实挑战。根据联合国教科文组织(UNESCO)的界定,60岁以上人口占总人口的10%或65岁以上人口占总人口的7%即可称为"人口老龄化"。据联合国推测,至2050年,全球老年人口将占世界人口总量的21%。目前,世界上绝大多数发达国家已呈现深度老龄化的趋势。1999年,我国60岁以上老年人口占总人口的10.2%,标志着我国自此正式进入老龄化社会,成为世界上较早进入老龄化社会的发展中国家。第七次全国人口普查数据显示,我国65岁以上老年人口数量已达1.9亿,占人口总数的13.5%,老年抚养比达19.7%。[1] 据民政部预测,"十四五"期间,全国老年人口数量将突破3亿,整个社会也将从轻度老龄化迈入中度老龄化阶段。[2] 老龄人口的增加,对社会生产、分配、流通、消费及区域产业结构等方面产生了重大影响。为此,政府部门开始对老龄事业投入更多关注,围绕老年人的医疗、保健、服务、福利、社会参与等采取了一系列举措。其中,教育作为一项公共服务和民生工程,也逐渐被视为事关老龄事业发展的重要领域而备受关注。2019年11月,中共中央、国务院印发的《国家积极应对人口老龄化中长期规划》

---

[1] 国家统计局. 中国统计年鉴[EB/OL]. https://data.stats.gov.cn/easyquery.htm?cn=C01&zb=A0301&sj=2020.
[2] 郭晋晖. 第一代独生子女父母迈入老年,"十四五"如何规划3亿人养老[EB/OL]. [2020-10-26]. https://www.sohu.com/na/427454606_114986.

提出,要构建老有所学的终身学习体系。2021年11月,《中共中央国务院关于加强新时代老龄工作的意见》再次指出,要"扩大老年教育资源供给""将老年教育纳入终身教育体系"。老年教育政策的颁布、老年大学的开办、老年教育资源的拓展等都昭示着老年教育事业逐渐从边缘走向中心。

## 二、老年学习:方兴未艾的主题

随着人类平均生命周期的不断后移,老年期约占到了人生三分之一的时光,时间的充裕和精力的充沛为老年群体提供了追求更好生活的可能。新一代的老年群体具有三大特征:首先,相对而言,他们身体健康状况较好、教育程度高并有较为稳定、较为充足的经济保障。具体来说,如今的老年人越来越健康,越来越富有活力。研究显示,我国老年人60岁时平均预期寿命为23.4年,其中健康预期寿命和不健康预期寿命为16.2年和7.2年,占余寿比例分别为69.2%和30.8%。① 健康预期寿命的延长,为他们参加各项活动提供了有利的生理前提。其次,老年群体的文化程度、学历层次也越来越高。一项基于2015年的人口数据抽样显示,中国老年人口的平均受教育年限是6.05年,相较于2005年的4.40年,其总体受教育水平显著提高。② 2020年,在60周岁及以上老年人口中,拥有高中及以上文化程度的人口比重为13.9%,比2010年提高了4.98个百分点。③ 最后,他们的经济保障越来越稳定。统计显示,截至2021年底,全国共有3 994.7万老年人享受老年人补贴。④ 我国第四次城乡老人生活状况抽样调查也显示,老年人的保障性收入正在增加,其中城市老年人拥有保障性收入的比例高达79.4%。⑤ 新一代的老年人健康状况良好、教育程度较高,且具有较高的经济地位,这是他们参与学习活动的前提条件。新修订的《中华人民共和国老年人权益保障法》提出了"六个老有",即老有所养、老有所医、老有所乐、老有所学、老有所教、老有所为,鼓励老年人通过多渠道提升自身的

---

① 黄国桂,陈天航,陈功,郭菲. 我国老年人健康预期寿命研究——基于主观健康维度的测算[J]. 人口与发展,2021,27(3):74−84.
② 王湘君. 中国老年人口特征和变迁研究——基于2015年1%人口抽样调查数据的分析[J]. 未来与发展,2018,42(2):41−45.
③ 中华人民共和国国家卫生健康委员会. 2020年度国家老龄事业发展公报[EB/OL]. [2021−10−15]. http://www.nhc.gov.cn/cms-search/xxgk/getManuscriptXxgk.htm?id=c794a6b1a2084964a7ef45f69bef5423.
④ 中华人民共和国国家卫生健康委员会. 2021年度国家老龄事业发展公报[EB/OL]. [2022−10−16]. http://www.nhc.gov.cn/cms-search/xxgk/getManuscriptXxgk.htm?id=c794a6b1a2084964a7ef45f69bef5423.
⑤ 党俊武. 中国城乡老年人生活状况调查报告(2018)[M]. 北京:社会科学文献出版社,2018:170.

生活品质。① 依据发达国家的经验，老年人最常见的提升生活品质的途径就是从事社工活动和参与学习。新一代的老年人，热衷于学习活动的参与，愿意持续追求心智、开发潜能、自我成长，以达成自我实现的人生目标。

联合国将1999年命名为"国际老人年"。在国际老人年推崇的各项措施中，将加强老年人教育作为七大重点工作之一，并明确指出老年人具有接受教育的基本权利，教育政策制定过程中，应充分考虑老年人学习的特殊性，提供必要且充分的教育方案与资源配置，尽可能保证每位老年人都可以公平地参与学习，并从中受益。②

从我国的实践层面看，老年教育作为一道风景线，近些年来也确实大有勃兴之势。不少老年大学开学报名的场景火爆，入学名额供不应求，不少地方出现"一座难求"的现象。资料显示，从20世纪80年代初山东老年大学创建至今，根据《中国老年教育发展报告（2019—2020）》显示，截至2019年末，我国已建成老年大学7.6万所，在校学员约有1 088.2万人。老年群体参加学习的数量，已经空前壮大，他们的参与热情空前高涨。老年学习，成为新时尚；老年教育，成为热话题。然而，热热闹闹地唱唱跳跳，是否就是老年学习的全部？他们究竟需要什么样的学习？他们的学习需求究竟有什么样的表征？现有的老年教育课程，是否涵盖了老年学习需求的全部内容？现有的研究，是否能够真切呈现老年群体学习需求的本来样态？这些问题需要我们认真分析与探讨。

### 三、美好生活：人心所向的表达

德国哲学家恩斯特·布洛赫（Ernst Bloch）在《希望的法则》一书的导言中写道："人们曾多少次梦见可能存在的美好生活啊！"③对美好生活的追寻存在于任何社会形态中，是人类永不泯灭的梦想。从对"生命质量"的关怀到"积极心理学"的兴起，再到教育学对人、人的生命、人的生活的日益关注，这些变向都共同指向着同一个主旨，即教育要关涉人的美好生活。

美好生活，是人类永恒的追求，也是我国当今倡导理论自信的一种真切表达。2012年，习近平总书记在对中外记者的讲话中指出："人民对美好生活的向往，就是我们的奋斗目标。"他将对"美好生活的向往"定义为人民在居住条件、

---

① 中华人民共和国民政部. 中华人民共和国老年人权益保障法[EB/OL]. [2013−02−07]. http://www. mca. gov. cn/article/gk/fg/ylfw/201507/20150715848507. shtml.
② 欧阳忠明，杨亚玉，葛晓彤. 全球视野下第三年龄大学发展研究[J]. 中国远程教育，2018，521(6)：42−51.
③ 陈岸瑛. 关于"乌托邦"内涵及概念演变的考证[J]. 北京大学学报：哲学社会科学版，2000(1)：123−131.

医疗保障、收入分配、教育、就业、生态环境和儿童成长等方面的"更美好"期盼。2017年,习近平总书记再次强调,"美好生活"就是关注并创造"多样化多层次多方面"的生活。党的十九大报告中,习近平总书记提出了新时代的社会主要矛盾,将"美好生活需要"与"不平衡不充分的发展"并列,正式勾勒出"美好生活"理论的框架。这一论断的提出,使得"美好生活"正式成为我国社会发展研究的主题之一。美好生活是新时代社会主要矛盾的关键词之一,也是各类人群对自身生活与社会发展的共同愿望,老年人群也不例外。老年人依然"夕阳红",依然对美好生活心存向往。新时代的老年人生活状态如何?他们如何看待当下的生活?他们对美好生活如何理解?他们心中的美好生活是怎样的图景?他们又是希望通过怎样的方式实现美好生活?在美好生活的图景中,学习是否是实现这一图景的方式?基于对美好生活的向往,是否催生了他们的学习需求?

### 四、行动基点:回归走进的践行

《反思的觉醒、前瞻的选择——论成人教育研究的纲领与行动》指出,要"回归丰富的成人生活世界、走进缤纷的成人精神家园"。《成人教育学科体系论》中再次重申了研究"生活世界"与"精神家园"的重要性与必要性。《成人教育学的行动纲领》指引本研究走进老年人生活世界,在真实的生活体验与期盼中,开展行动,答疑解惑。成人教育,起源于成人世界,也应当回归成人世界。脱离了成人群体的真实存在,成人教育学科可能将失去立足之基。教育的原则是以人为本,这意味着教育必须同人的生命结合起来,必须同人的生活结合起来。成人教育及其研究应当对学习者及其学习风格有所关顾,强调对学习者及其学习方式有所关照。[①] 只有回归成人世界,才能真正确立成人教育学的学科特色,才能真正解决成人在其生存中的发展困境,才能帮助成人立足于社会而不被抛弃。因此,只有走进老年群体,去发现他们丰富的生活经历,去理解他们真实的生活世界,去体会他们具体的生活向往,才能够挖掘现象背后的原因,才能够揭开被遮蔽的生活向往与学习需求,才能够有所发现、有所收获、有所启发。

总而言之,老龄化背景与老年教育实践,引发了笔者对老年群体学习需求的关注;成人教育研究纲领,告诉笔者为了透彻地研究学习需求,必须走进老年生活世界与精神家园;新时代下美好生活的论断,启发笔者在生活世界与学习需求之间,还有一层美好生活的期待与向往。由此,笔者开始清晰自己的研究问题,即老年群体有哪些学习需求?这些学习需求与追求美好生活之间究竟有

---

① 高志敏.成人教育学科体系论[M].上海:上海教育出版社,2017:403.

没有关系?有什么关系?带着这些问题,笔者开启了一场探索与发现之旅。

**五、意义生成:服务效能的提升**

开展老年群体美好生活向往与学习需求的研究,在理论上有助于加深对老年群体的理解,深化老年学习理论;在实践上能够助力老年教育服务提升效能,跟进上海学习型城市、老年友好城市建设。

第一,理解老年生活。人生的老年阶段,往往被认为是衰退的阶段,这一阶段就是无所事事,颐养天年。其实不然,瑞士心理学家卡尔·荣格(Carl Gustav Jung)曾说过:"如果长寿对于人类没有任何意义,那么我们肯定活不到七八十岁。因此,老年不应是上半生可怜的附属物,而定有其独特意义。"老年阶段的意义,可能体现在老年人当下的生活中,也可能体现在对生活的向往中,更可能通过学习来表达与呈现。新时代背景下的老年群体,大多有知识、有文化、有阅历,鲜明地体现着改革开放新时期的时代特征,他们的物质条件不断富足、精神世界不断丰厚、自我意识日益强烈。他们的生活向往与学习需求,也体现着鲜明的时代色彩。研究他们的生活,有助于解读老年人的生活状态,理解他们内心的所思所想,抛却对于老年人的刻板印象,理解新时代下老年人的新风貌和老年生活的新特征。

第二,发现学习需求。联合国教科文组织十分注重对社会中各阶层人群的生活质量进行微观的和定量的探索,还在其工作规划中特别强调了要开展包括老年人在内的弱势群体参与发展的社会指标研究。本书关注老年群体,聚焦学习需求,立足美好生活,探寻学习需求的表征及其与美好生活之间的关联,就是从老年群体自身出发,从生活世界与精神家园出发,对生活现状进行分析,对美好生活进行描绘,对学习需求进行探索。研究来源实践,重视生活却不夸大生活,将生活作为逻辑路线中不可或缺的一部分;研究探索需求却不僵化地看待需求,将学习需求放置于生活世界中,更深入地理解需求的生成与表现。可以说,本书的研究在一定程度上回应了联合国教科文组织的号召,关注到了老年群体的微观生活,并且从发展的角度探寻他们的学习需求,帮助老年教育工作者更准确地把握学习需求,更透彻地理解学习需求。

第三,提升服务效能。党的十九大报告指出,要深化供给侧结构性改革。党的十九届四中全会上提出,要建构"服务全民终身学习的教育体系"。要改革供给侧,要了解需求端;要服务全民,就需要了解全民需求。同样,服务老年群体学习,就需要有效掌握老年群体的学习需求。面对当前方兴未艾的老年教育事业,办学的主体越来越多元,提供的资源越来越丰富、学习的手段越来越多样,然而,究竟哪些才是老年人所真正需要的,哪些又是老年人内心需要但还没有被触及的,这些问题都需要寻找答案。诚然,所需要寻找的答案,不在理论书本上,不在教育管理者手中,而在老年人的心中。从美好生活向往的角度研究老年群体学习需求,就能够以学习者的主体身份表达学习需求,审视当下的资源供给,促进老年教育朝着更好服务老年群体、满足老年群体需求的方向迈进。

第四,跟进城市建设。当前,学习型城市建设已经成为国家发展的战略之一。第一届、第二届、第三届以及第四届国际学习型城市大会的相关重要报告均明确指出要关注老年教育,为年长者的学习提供保障和支持。学习型城市的建设,如果少了对老年群体的关注,犹如月亮缺少了一角。上海市第十一次党代会报告中曾富有诗意地进行了描述:上海的"建筑是可以阅读的,街区是适合漫步的,公园是最宜休憩的,市民是尊法诚信文明的,城市始终是有温度的"。一个有温度的城市,必然意味着对各类人群的关照与爱护。老年人,作为社会的弱势群体,在温暖的城市建设中应被特别关注。关注老年群体,研究他们的学习需求与美好生活,不仅践行了"全纳教育"的理念,体现了"以人为本"的思想,而且进一步补缺学习型城市建设的"角落",跟进温暖城市建设的进程,助推社会文明的进步。

# 第二节 理论基础:美好生活与学习需求

任何研究都是建立在一定的理论之上的,并在现有理论的基础上发展创新或质疑重构。无论最终得到何种研究结果,寻求理论支撑都是研究开始时必须完成的工作。根据所要解决的问题,本书以人的发展学说、老龄化理论、终身学习理论、人的需求理论以及美好生活理论作为理论基础。

## 一、人的发展学说

早期研究中,人的"发展"专指从出生到成熟的过程,偏重儿童和青少年等某些年龄阶段的变化,在一定程度上忽略了对个体整个一生发展的关注。美国心理学家格兰维尔·斯坦利·霍尔(Granville Stanley Hall)最早提出了对老年心理状态的重视与关注。随着社会科技的飞速发展、个体寿命的日益延长、人口老龄比重的不断提高,人们越来越意识到人生后半期的重要意义,并提出了老年期的发展任务。

1948年,美国心理学家罗伯特·哈维格斯特(R. J. Havighurst)在《人类发展与教育》一书中,将人的一生划分为不同阶段并概括出每个阶段不同的发展任务。他将人的一生划分为六个阶段,分别是婴儿期与儿童早期(0~6岁)、儿童晚期(6~12岁)、青少年期(12~21岁)、成年期(21~40岁)、中年期(40~60岁)和老年期(60岁至死亡)。他认为,发展任务是个体发展的重要基础,个体各阶段的发展,就是完成各自发展任务的过程,个体的成熟就意味着完成了发展任务。因此,发展任务既是个体发展的基础,又是个体发展的目标。老年期的发展任务就是:适应逐渐衰退的体力和健康状况;适应退休和收入的减少;适应配偶的死亡;维持与其他老年人的密切联系;履行对社会和公众的义务;经营美满的人生。[1]

1950年,美国心理学家爱利克·埃里克森(Erik H. Erikson)在《儿童期与社会》一书中,将人生划分为八个阶段,分别是婴儿期(0~1.5岁)、儿童期(1.5~3岁)、学龄初期(3~5岁)、学龄期(6~12岁)、青春期(12~18岁)、成年早期(18~25岁)、成年期(25~65岁)、成熟期(65岁以上)。他认为每一个阶段都存在一种"危机",这里所说的危机是指发展中的关键转折点,并非毁灭性的事件。如果危机得到积极解决,就可以帮助个体增强自我力量,提高环境适应性,提高危机解决能力,从这一阶段顺利过渡到下一阶段。如果危机采取了消极处理,个体的成长则可能会受限,环境适应能力受到阻碍,个体可能会停留在某一阶段。埃里克森认为,成熟期的"危机"是自我调整与绝望的冲突。衰老导致个人的身体素质与心理状况每况愈下,这迫使个体必须做出适应与改变。如果个体适应得当,则顺利化解自我调整的危机;如果个体适应不良,则会产生绝望的感觉。绝望之感,在老人们回望人生中,体现得尤为强烈。自我调整就是承认现实、接受自我;绝望,就是逃避现实、拒绝自我。如果这一阶段的危机能够得到积极解决,则会获得"智慧"的品质,就是"以超然的态度对待生活和死亡。"因此,老年期的发展任务,就是直面生命与死亡,这也可以理解为是人生意义中的最深刻任务。[2]

1954年,在第63届美国心理学会议上,初次设立了成熟和老年分会。随后,20世纪六七十年代,德国心理学家保罗·巴特斯(P. B. Baltes)作为发展心理学的代表,正式提出了毕生发展的理念,他指出:人的发展从出生、成年直至老年,都从未停止过,个体的发展是持续一生的;任何一个阶段,都有发展的规律与特征,在生命的全程中都同等重要。发展也并不意味着纯粹的增长、退化、

---

[1] 钟玉英.社会学概论[M].广州:华南理工大学出版社,2011:55.
[2] [美]杜安·舒尔茨,西德尼·艾伦·舒尔茨.人格心理学:全面、科学的人性思考[M].张登浩,李森,译.北京:机械工业出版社,2016:106.

丧失也是发展的一部分。个体的发展主要划分为三个维度,即生理发展、心理发展和社会性发展。年龄、历史和非常规事件这三者是影响发展的主要因素,其中历史因素与非常规事件相较于年龄因素,对个体发展的影响更大。①

卡尔·马克思(Karl Heinrich Marx)从唯物辩证主义的角度,对人的发展也进行了论述。马克思指出,人的全面发展,前提是物质资料的极大丰富。长期以来,人的发展是片面的发展。在生产力发展不足、生产分工越来越精细的社会中,人们参加生产是为了谋生,因此个体被限定在狭隘的岗位上,就只能在这样的岗位上实现片面的发展。② 马克思指出当生产力极大发展时,个体的劳动时间逐渐缩短、自由时间日益增加,用于谋生的必要劳动时间,就只占人的生命时间很少一部分,此时人就突破分工的制约,变换自己的活动方式,从而得到"全面的发展"。③

人的发展理论告诉我们,人的发展是持续终生的,老年期也属于发展的阶段之一。发展意味着变化,意味着解决任务与危机。老年期也有其任务与危机,其发展的终极目标是"全面的发展"。人的发展理论肯定了老年人学习的可能性,也指出了实现老年阶段任务及解决其危机的必要性。

## 二、积极老龄化理论

"积极老龄化"是全球老年学研究的最新成果之一。积极老龄化,意指"提高老年人的生活质量,创造健康、参与、保障(安全)的最佳机遇"④。依据世界卫生组织(WHO)的解释,"积极"不仅指老年人生理的健康完好,而且是在社会、经济、文化方面持续参与并发挥作用。积极老龄化注重老年群体的权利表达,即认为老年群体理应享受各种权利,并享有全面发展的机会。积极老龄化鼓励为老年人提供与国家经济发展水平相适应的养老保障、医疗卫生等社会福利,保障老年人享受教育、参与社会政治、经济、文化等活动权利,不断提高老年人的生命质量和生活质量。

从家庭和社会的角度而言,积极老龄化是指为老年人创造参与学习和活动的条件和机会,以满足他们的需求,帮助他们减少对他人照护的依赖,延长其生命的健康期和自立期,让每一个进入老龄期的人都能够享有健康的生命质量和

---

① [美]罗伯特·费尔德曼.发展心理学:人的毕生发展[M].苏彦捷,译.北京:世界图书北京出版公司,2013:15.
② 陆剑杰.老年教育学——中国老年教育34年实践经验的学术研究升华[M].南京:河海大学出版社,2018:51.
③ 马克思,恩格斯.马克思恩格斯全集(第23卷)[M].北京:人民出版社,1972:649.
④ 邬沧萍,彭青云.重新诠释"积极老龄化"的科学内涵[J].中国社会工作,2018,341(17):30—31.

良好的生活质量,在社会力量的充分保护、照料和保障中,使老年人既健康,又长寿;既参与,又奉献;既受到社会的保护,又服务社会,使社会保持活力,实现和谐发展。从个体角度而言,积极老龄化是指老年人享有充实的生活,包括健康的生活、安全的生活以及积极参与社会、经济、文化和政治等内容的生活;能够按照自己的愿望、需要和能力进行学习并参与社会活动,充分发挥他们的宝贵经验与才能,以及各方面的潜力与潜能,在较长一段时间内保持健康的状态,从而为社会做出有益贡献,实现自我价值。

积极老龄化的理论,以其健康、保障、参与的理念为研究提供了方向指引,明确了积极老年生活应该有的样态,同时也明晰了老年学习需求的来源与去向,提醒研究者切勿将学习需求与生活质量割裂,而应将两者结合,在积极老龄化的框架下进行思考。

### 三、终身学习理论

在老年学习的理论中,与终身学习相关的一些理论,为其学习的正当性与必要性提供了支撑,其中主要包括终身教育理论、终身学习理论和学习权理论。

关于终身教育理论。传统观念认为成长与发展绽放于儿童时期,在青春期结束之际突然停止,经过成年前期的高原阶段,于中年期开始呈现稳定的衰退,直到老年。然而,终身发展观则认为人的发展是持续一生的,因此其接受教育和参与学习也是持续终身的。法国成人教育专家保罗·郎格朗(Paul Lengrand)于1965年首次提出了"终身教育"理论,认为"终身教育是一个人从出生那一刻起直到生命终结为止的不间断的发展过程"。[①] 此后,联合国教科文组织将"终身教育"作为全世界在教育方面全部工作的指导性思想。从终身教育的视角来看,教育不再终止于儿童期和青年期,它持续地贯穿于人的一生,终身教育就是借助这种方式,满足个人及社会的永恒要求。[②] 可见,老年期也属于终身教育关照的范畴,同样享有终身教育的权利。

关于终身学习理论。20世纪70年代初,原法国总理、时任联合国教科文组织国际教育委员会主席的埃德加·富尔(Edgard Faure)及其同事提出了终身学习这一理念。终身学习的理念指出,在变化急剧的当代社会,"虽然一个人正在不断地接受教育,但他越来越不成为对象,而越来越成为主体了","新的教育精神使个人成为他自己文化进步的主人和创造者"。[③] 终身学习认为学习无处不

---

[①] [法]保罗·郎格朗.终身教育导论[M].滕星,等译.北京:华夏出版社,1988:16.
[②] [日]筑波大学教育学研究会.现代教育学基础[M].钟启泉,译.上海:上海教育出版社,2003:180.
[③] 联合国教科文组织国际教育发展委员会.学会生存:教育世界的今天和明天[M].华东师范大学比较教育研究所,译.北京:教育科学出版社,1996:223.

在,强调学习是一种生存方式,是一个终身的过程,是一种主体转移,其目的在于建立自信与能力。[①] 基于终身学习的理论,可以推断,老年人也是终身学习的主体之一,同样具有学习的主动性与能动性,具有适应社会发展的需要。

关于学习权理论。学习是公民实现劳动权利的前提,也是提高公民基本素质、培养公民政治素养、让公民享受文化权利的方式。当学习活动作为个体的生存和发展方式时,学习权即成为个体的基本权利。学习权是保障个体参与学习、开展活动、发挥主观能动性和挖掘潜能的一种基本人权。老年人作为公民群体的一种类型,同样具有学习权。老年群体学习权应该包括老年群体学习的自主权、老年群体学习的条件保障权以及老年群体的个性发展权。[②] 老年人群体的学习需求是多样且复杂的,教育应在深入调研的基础上提供丰富的学习机会,从而确保老年群体学习权的落实。

终身学习的相关理论表明,老年人作为公民,享有终身教育的权利;作为行为主体,具有终身学习的权利。老年学习是正当而且必要的,因此,研究老年学习需求也是有理可依且不可或缺的。

## 四、人的需求理论

本书聚焦老年学习需求,因此需求理论是本书不可脱离的理论基础之一。关于人的需求理论,以马克思、马斯洛、奥尔德弗为典型代表。

马克思在《1844年经济学哲学手稿》第一次较为系统地论述关于"需要"的问题,他指出"人的需要"有别于动物的自然需要,也有别于人的自然需要。在现实社会中,个人有许多需要:社会的需要、肉体的需要、交往的需要、自然的需要等。马克思强调,人的需要具有多样性,生存需要只是低级需要,人的需要应该延伸到社会关系领域。马克思认为人的需要是生产发展和社会进步的内在动力,是生命个体天然的内在规定,是人的全部活动的动力和依据。马克思从个人角度对需要进行了论述,尤其关注需要的动力性和根源性。弗里德里希·恩格斯(Friedrich Von Engels)与马克思一起创建了历史唯物主义,恩格斯把需要"一分为三",即生存需要、享受需要、发展需要。恩格斯指出:"动物所能做的最多就是收集,而人则从事生产","生产很快就造成这样的局面:所谓生存斗争不再单纯围绕着生存资料来进行,而是围绕着享受资料和发展资料来进行"。[③] 这就是国际学术上的第一个"需要层次论"。

---

[①] 高志敏.终身教育、终身学习与学习化社会[M].上海:华东师范大学出版社,2005:17.
[②] 朱鸿章.社区教育政策与公民学习权保障的研究[D].上海:华东师范大学,2012:17.
[③] 马克思,恩格斯.马克思恩格斯全集(第3卷)[M].北京:人民出版社,1995:372—373.

1943年,美国心理学家亚伯拉罕·马斯洛(Abraham H. Maslow)提出需求层次理论(Hierarchy Theory of Needs)。该理论又称"基本需求层次理论",影响甚为深远,至今在人力资源行业、教育行业、管理心理学等方面得到广泛运用。马斯洛把需求分成生理需求、安全需求、归属和爱的需求、自尊需求和自我实现需求五大类。这五类需求呈现由低到高的层次。其中,生理需求、安全需求、归属和爱的需求被称为低级需求,自尊需求和自我实现需求被称为高级需求。当低级需求得到满足后,高级需求才会出现。[①] 对于老年人而言,他们在经历了生活的洗礼后,在老年阶段也产生了相应的需求,同样应当值得关注。

1969年,美国耶鲁大学的克雷顿·奥尔德弗(Clayton Alderfer)在马斯洛的需求层次理论上,提出了"ERG"理论:认为生存的需要(Existence)、相互关系的需要(Relatedness)和成长发展的需要(Growth)是人类的核心需要。生存的需要是指提供一个基本的物质生活条件,主要包括马斯洛认为的生理需要和安全需要的内容;相互关系的需要是指维持人与人之间友善关系的愿望,与马斯洛的爱的需要和尊重需要里的外部因素相一致;成长发展的需要指人们希望得到发展的内心愿望,包括马斯洛的尊重需要的内在因素和自我实现需要的各项内容。这三种需要可以同时并存,也可以是其中一种需要起主导作用(见图1—1)。

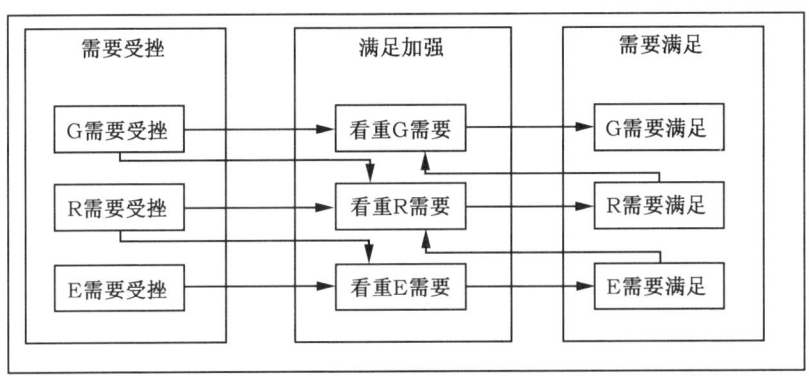

资料来源:熊勇清.管理学100年[M].长沙:湖南科学技术出版社,2013:130.

图1—1 "ERG"理论图

无论是马克思的需求类型说还是马斯洛的需求层次说,抑或是奥尔德弗的需要交替说,都揭示了人性中共同的动力特征。在本书中,以马斯洛的需求层次理论为核心,在此基础上理解老年人的生活世界与美好生活向往,并分析其

---

① 黄希庭.人格心理学[M].杭州:浙江教育出版社,2002:378.

由之产生的学习需求。

## 五、关于"美好生活"的论说

"美好生活",严格说起来不一定能够称之为理论,但是也不乏有一些论说,为本书提供基础支撑。从传播学的观点看,"美好生活"一词的真正流行及其本质属性的定义始自党的十九大的召开。习近平总书记在十九大报告中强调,"中国特色社会主义进入新时代,我国社会主要矛盾已经转化为人民日益增长的美好生活需要和不平衡不充分的发展之间的矛盾"。关于"美好生活"的图景,习总书记曾这样表达过:"我们的人民热爱生活,期盼有更好的教育、更稳定的工作、更满意的收入、更可靠的社会保障、更高水平的医疗卫生服务、更舒适的居住条件、更优美的环境,期盼孩子们能成长得更好、工作得更好、生活得更好。人民对美好生活的向往,就是我们的奋斗目标。"①在党和国家领导人所提出的"美好生活"中,包括教育、就业、环境、保障等内容,但是绝不仅限于这些内容,因此在"美好生活"的进一步解释中指出:"人民美好生活需求日益广泛,不仅对物质文化生活提出了更高的要求,而且在民主、法制、公平、正义、安全、环境等方面的要求日益增长。"②在此,我们可以理解新时代下的"美好生活",不仅包括人民生活的方方面面,而且是一种对更高品质、高质量生活的追求。

追求并实现美好生活是每个人生存在世的梦想,也是人生活的价值意蕴。加拿大教育学家克里夫·贝克(Cliff Baker)认为人的价值世界中最重要的莫过于学会过美好的生活,他一直坚持:"过去我想知道,现在也想知道,在生活中追求什么才是值得的,怎样理解生活,到哪里去寻求特殊的帮助。我认为每个人都在有意或无意地思考这些问题。我们都想使自己的生活有所成就,都想寻求'幸福人生'或'美好生活'。"美国人本主义心理学家卡尔·罗杰斯(Carl Ransom Rogers)认为:"一个人在生命完全自由、随心所欲的状态下,能够听任自己的整个身心选择一个生命发展的方向,一条生命走向完善的道路,并且他得以自由地沿着这个方向前进,走在他所选择的人生道路上,当人处在这样的生命过程之中时,他的人生就是美好的人生了。"③

哲学家、教育家们不仅关注美好生活的蕴意,而且论证了教育与美好生活的关系。英国哲学家伯特兰·罗素(Bertrand Arthur William Russell)在其《教育与美好生活》一书中认为,教育是打开新世界的钥匙,是创造美好生活的关键所在。

---

① 中共中央文献研究室.十八大以来重要文献选编[M].北京:中央文献出版社,2014:70.
② 马成文,洪宇.我国区域居民美好生活水平评价研究[J].江淮论坛,2019(3):148—152.
③ 刘济良.生命教育论[M].北京:中国社会科学出版社,2005:283.

通过教育,可以实现最高程度的活力、勇敢、敏锐和理智的男女两性组成的社会,缺乏教育可能会沾染恶劣品质。[1] 此后,美国教育学家约翰·杜威(John Dewey)对"美好生活"也进行了阐述。在"教育即生活"理论中,他探讨了与之相关的"什么样的生活才是美好的、才是值得向往的教育?怎样为创造美好生活尽力教育?又怎样对待生活中的不足与弊端?"等一系列问题。杜威认为,教育本身就是一种美好生活,教育应与现实生活相联系,并且应成为促进美好生活达成的积极手段,这是杜威"教育即生活"理论的主导思想。科学方法是达到理想生活目标的手段,而教育则是将这种方法植入人心的重要手段,因而教育是走向美好生活的手段之手段,是更基本的手段,教育的责任因之就更为重大。[2]

心之所向,即是美好生活;生命所向,即是美好生活。美好生活的理论,虽然没有清楚地说透美好所包含的内容,但却指明了美好生活的走向,即包含所有生活,最终指向生命发展。在美好生活理论中,特别强调了教育的作用,指出教育是通往美好生活的路径,这为本书从美好生活向往中探寻学习需求这一逻辑路线的成立提供了支撑。

综上所述,人的发展学说、积极老龄化理论、终身学习理论、人的需求理论以及美好生活理论,共同建构了本书的理论基础。其中,人的发展学说,由于其肯定了老年群体学习的可能性与阶段任务,可以被视为本书的前提条件;积极老龄化理论,由于其强调老年生活质量与老年学习的关系,可以被视为本书的方向指引;终身学习理论,由于其指出老年学习的必要性和合理性,可以被视为本书的信念支撑;人的需求理论,由于其概括了人类基本的需求内容与层次,可以被视为研究的理论核心;美好生活理论,由于其点明了美好生活的意义以及与教育的关系,可以被视为本书的逻辑连接。

# 第三节 研究回溯:概念解析与文献梳理

## 一、概念界定

(一)老年群体

1. 老年

老年,指人生过程的最后阶段。不同国家、不同社会,对"老年"所给出的标

---

[1] [英]伯特兰·罗素.教育与美好生活[M].张鑫毅,译.上海:上海人民出版社,2017:48.
[2] 杨进,柳海民.论美好生活与学校教育[J].教育研究,2012(11):11—15.

准和内涵是不同的。"老"的状态,可以从年龄、生物、心理、社会(及法律)四个层面来解读:年龄层面上,老人就是指达到某一特定年龄的人;生物学层面上,老就是指个体器官功能迟缓乃至丧失;心理层面上,老就是指认知能力方面的减退;社会层面上,老就是指个体开始扮演某种角色或出现某一特定的行为,比如退休、成为祖父母等。

2. 老年年龄标准

关于老年的年龄标准,各国也略有不同。联合国世界卫生组织规定:60~74岁为年轻老年人,75~89岁为老年人,90岁以上为长寿老年人。根据《中华人民共和国老年人权益保障法》规定,我国将"六十周岁以上的公民"定义为老年人。日本把65~74岁定义为"前期老年人",75岁以上定义为"后期老年人"。但是,随着日本人均寿命的进一步增长,这个标准已经受到了质疑。[1] 斯托尼布鲁克大学沃伦·桑德森(Warren Sanderson)教授在英国《科学公共图书馆·综合》期刊上发表报告称:"老龄的定义应以人口在21世纪的预期平均寿命作为依据,照此逻辑,70岁或许就是按这种新概念界定的60岁。"他强调:"预测结果显示,随着预期平均寿命的不断增加,年龄较大群体的健康状况和认知能力都有所提升,各国由此可以适当调整解决人口老龄化的公共政策。"[2]

3. 老年期教育阶段划分

鉴于老年期学习的可能性与必要性,有研究者将老年教育划分为不同的阶段。英国第三龄大学创始人彼得·拉斯利特(Peter Laslett)在《新的生命图》一书中,按照人生各阶段的功能而非实际年龄将人生分为四个年龄阶段:第一年龄段是接受学习教育阶段,即人开始社会化和接受教育的阶段;第二年龄段是就业阶段,即就业、成家、抚养子女的阶段;第三年龄段是第三年龄教育阶段,即60岁离岗退休以后,老年人可以按照自己的意愿,参加学习并挖掘自我潜能,让人生充满自由的阶段;第四年龄段是依赖他人护理阶段,即生活不能自理、需要他人照料的年龄段。[3] 澳大利亚第三龄教育专家理查德·斯温德尔(Richard Swindell)在《澳大利亚第三龄大学》一文中指出,第三龄是指不需要养育家庭,不再受工作羁绊的人生阶段。[4] 国际社会界定的"第三年龄教育",是以60~75岁的老年人

---

[1] 陆剑杰. 老年教育学——中国老年教育34年实践经验的学术研究升华[M]. 南京:河海大学出版社,2018:70.
[2] Lutz W, Sanderson W, Scherbov S. The Coming Acceleration of Global Population Ageing[J]. Nature,2008,451(7179):716-9.
[3] Swindell R, Thompson J. An International Perspective on The University of The third Age[J]. Educational Gerontology,1995,21(5):429-447.
[4] Richard Swindell. U3A (the University of the Third Age)in Australia:A Model for Successful Ageing[J]. Ageing end Society. 1993,13:24-26.

为对象的教育。我国将老年期划分为四个教育阶段:第一阶段为准老年期(55～60岁),对他们进行退休预备期教育;第二阶段为低龄老年期(60～70岁),对他们进行角色转变和潜能开发教育;第三阶段为中龄老年期(70～80岁),对他们进行再调整发展的教育;第四阶段为高龄老年期(80岁以上),对他们进行自我保护和超越教育。[1] 无论采取何种方式划分老年期接受教育的阶段,都同样表明老年阶段存在一定的教育任务,也为老年学习需求内容提供了参考。

由于本书聚焦的问题是老年学习需求,更偏重于教育学领域的年龄阶段划分,而非人口学领域的人群年龄界定,因此,本书以 55 岁为年龄的分水岭,即达到 55 岁以上的老年人,均为本书的调查对象。

(二)美好生活

1. 生活

关于"生活",最通俗的解释是指人们的日常活动,即人为了生存和发展而进行的各种活动。[2] 生活是人的生命的存在形式,是人的一切活动(个人或社会)的抽象与总括。按照不同的分类标准,生活可以分为物质生活与精神生活;曾历生活、现实生活与可能生活;道德生活、伦理生活、家庭生活、社会生活等多种多样的生活类型。生活由人而来,其理解也应当走进人之本身。从人的生命视角来看,生活具有动态生成性,随着生命的展开与成长展现不同的面貌;生活具有连续性,随生命绵绵不绝而绵延不断;生活具有实在性,是在"实在人"的前提下发生和发展的;生活具有主体性,是在个体的自我意识下展开的。简而言之,生活是"个体生存状态的积极主动地展现与充盈的过程"。[3] 关注"生活",必然意味着人本精神的体现或人本意识的张扬;言说"生活",必定触及成人社会角色的扮演与成人生活任务的履行;话说"生活",也必定牵涉到终身教育的生成与终身学习的实现。成人教育及其研究领域中,基于"走进"与"回归"的纲领,所指的生活是具体的、真实的、直接的、朴素的,是指人在其生存过程中,为了体现作为人类存在的全部,为了彰显人类存在的特性,他或她所必然要从事、且同样须臾不可离失的各种生命活动。这些活动,囊括人的存在的全部,渗透各个空间、关涉各类群体、包含所有状态。[4]

2. 生活世界

"生活世界",作为现象学和哲学研究的基本概念,由奥地利现象学大师埃德蒙德·胡塞尔(Edmund Gustav Albrecht Husserl)提出。胡塞尔主张还原人

---

[1] 叶忠海. 中国当代老年教育发展研究[M]. 上海:华东师范大学出版社,2019:13.
[2] [美]约翰·杜威. 民主主义与教育[M]. 王承绪,译. 北京:人民教育出版社,1990:3.
[3] 刘铁芳. 试论教育与生活[J]. 教育理论与实践,1996(4):18-23.
[4] 高志敏. 成人教育学科体系论[M]. 上海:上海教育出版社,2017:549-556.

的真实性和情感性,认为"生活世界"是一个与"科学世界"相对应的概念,具体包含三个层面的释义:第一,是指我们每个人能够感觉到、能够经验到的,且每天存在于、生活于其中的那个真实而平凡的世界;第二,是指我们在日复一日、实实在在的生活实践中所形成的,事关一个人不同于另一个人的,具体而特定的世界;第三,是指人们基于自身生命活动,针对各种生活时空所观察、所理解、所认识到的一个全部而完整的世界。①

美国哲学家阿尔弗雷德·许茨(Alfred Hutz)的生活世界理论认为,生活世界是日常生活实践中一个经过预先解释的领域,是人们相互理解活动的背景信念,是一切理论生活和科学生活产生的前提;他强调生活世界的背景性,把生活世界看成是一个知识的储存库;强调生活世界的日常性,通过时间、空间和社会三种方式来揭示一般生活世界的基本意义结构。②

华东师范大学高志敏教授对"生活世界"进行了阐释,提出了三种理解。第一种理解,就是指我们常人所感觉到的、日常生活着的世界。第二种理解,就是指由人的具体的日常生活实践所形成的每个人的具体的、特殊的(不同于别人的)生活环境和生活圈子。不同的群体因生活环境、认知理解、文化背景相似,因此形成了亚文化圈,而这样的亚文化圈,形成了特定人群的"生活世界"。老年人群,就形成了"老人的世界"。第三种理解,就是指人对自己的生命活动所作的各种时空理解的总体性世界,也就是指以各种分类法和划分原则所形成的生活世界概念的总和。③

中山大学现象学研究所倪梁康教授提出"生活世界"具有五种特征:其一,"生活世界"是一个"非主题化"的世界,是一个人人生活在其中而无法离开,又不会时时刻刻想着而难以意识的世界;其二,"生活世界"是一个奠基性的世界,先于一切科学与理论的世界,是孕育生命主体的初始世界;其三,"生活世界"是一个主观、相对的世界,其内容与意义与个人的主观视域紧密相连;其四,"生活世界"是一个直观的世界,是一个直接呈现、唯一实在的现实世界;其五,"生活世界"是一个主体间性的世界,不仅是为个别化的人而存在着的,而且是为人类的共同体而存在着。④

可以看出,生活世界是有层次的,从个人的世界到群体的世界,从人类的世界到宇宙的世界,都是生活世界的概念。生活世界是有维度的,从物质的世界到精神的世界,从衣食住行的世界到知情意念的世界,都是生活世界的内容。

---

① 高志敏.成人教育学科体系论[M].上海:上海教育出版社,2017:549—553.
② 何林.哈贝马斯与许茨生活世界理论的比较研究[J].甘肃社会科学,2010(5):103—106,115.
③ 高志敏.成人教育学科体系论[M].上海:上海教育出版社,2017:549—556.
④ 应方淦.基于生活世界视角的成人学习研究[D].上海:华东师范大学,2011:25—29.

生活世界是主观与客观相并存的,从事物的客观存在到个体的主观感知,都是生活世界的样貌。在这里,特别需要强调的是,本书中所指"生活世界"是广义的概念,既包括物质世界,又包括精神世界。物质世界是容易被观察、被感知的,精神世界是容易被忽视、被遮蔽的;物质世界具有"基础意义"和"条件意义",精神世界具有"支柱意义"和"引领意义",两者缺一不可,两者共同绘就生活世界的版图。① 本书虽然统一用"生活世界"这一概念,但并不代表只关注物质世界,而忽视其精神世界;相反的,本书更加专注于精神世界,关注其思维、情感、道德与信仰,关心其所思、所想、所感、所悟,从生命意义的角度来解读生活世界。同时,还需要强调的是,本书中的"生活世界",关涉于当下的生活,专指当下的生活内容、生活状态。"生活世界"是研究的入手与起点,并由此引发对于"美好生活向往"的关注与考量。

3. 美好生活

"美好",指在各方面都使人喜欢。"美好"这个词包含了善的伦理价值和满足愉快的心理价值。"美好"一方面指向当下的满足,另一方面也指向幸福的彼岸。美好是个体性的,每个人对美好的期待和认定都不尽相同;美好是总体性的,包括人生活的所有方面;美好是相对的,动态变化的,持续的,意味着更好;美好是具有天然伦理价值的,自然指向善。②

美好生活是人类的永恒追求。苏格拉底(Socrates)认为美好生活是一种"经省察的生活"。柏拉图(Plato)认为美好生活就是正义的生活,是一种值得向往的、健全的生活。亚里士多德(Aristotle)以"幸福"定义了美好的生活。尼采(Nietzsche)认为人们追求好的生活不过是在追求权力。哲学家罗素认为,实现美好生活是教育的终极目的所在。心理学家罗杰斯认为,追求美好生活的人生不是静止的,而是动态的,它是一个过程。我国学者对美好生活也有过相应阐述。党的十九大报告所强调美好生活,就是"使人民获得感、幸福感、安全感更加充实、更有保障、更可持续"。③ 刘济良博士认为追求美好生活是人生的目的和归宿,是一个不断创造人生、审美人生的过程。④ 金生鈜教授认为美好生活就是完满、恬美、健康、正义的生活,是"自然正当"地按照灵魂的自然而体现的完美和谐的生活。⑤ 杨进博士认为,美好生活是一种善的生活,是一种自由的生

---

① 高志敏. 成人教育学科体系论[M]. 上海:上海教育出版社,2017:563.
② 杨进. 美好生活与学校教育[M]. 长春:东北师范大学出版社,2014:41.
③ 张卫伟,王建新. 美好生活的多重价值内涵及其现实构建[J]. 思想理论研究,2018(4):37-42.
④ 刘济良. 生命教育论[M]. 北京:中国社会科学出版社,2005:283.
⑤ 金生鈜. 规训与教化[M]. 北京:教育科学出版社,2004:263.

活,是一种动态发展并趋向更好的生活,是一种多元选择下的生活。[①] 黎琼锋博士认为美好生活是基于现实生活而建构的生活,是人们自觉自愿选择并乐于为之付出努力,符合社会道德发展需求的一种理想状态的生活。[②]

无论以何种理解来定义美好生活,其都意味着整体上令人满意的一种生活状态和生活方式,是一种主观认知与感受;抽象地讲,美好生活隐喻了人对"更好"的永恒追求。因此,美好生活包含着两种意蕴:一是理想的生活;二是可能的生活。理想的生活是人依据自己的价值与信念在头脑中勾勒出来的未来生活理念,是"不在场"的,是"非在"。可能的生活是现实世界条件所允许人们进入的生活,是人通过行动能力所能够实现的真实生活。理想的生活与可能的生活并不是完全分割的,正因为远方的理想彼岸存在,才能够通过行动在驶向彼岸的过程中,不断达成可能的生活,进而越来越接近理想的生活。理想的生活是信念,通过"非存在"的形态影响着发挥主观能动性而能够"存在"的可能生活。从本质上说,"美好生活"是个体基于当下生活中的喜怒哀乐而产生的遐想与期盼,最终指向于个体的能力拓展与精神丰盈。美好生活有两个连接点,一是当下生活,二是未来生活,是基于"当下"现实承载,连接"未来"美好信念的生活。[③] 也正因为如此,探讨美好生活向往的同时,脱离不了当下的生活,这两者是完整的统一体。

总体而言,首先"美好生活"是指向未来的,是以当下的"生活世界"为基点产生的,在时间轴上,"生活世界"为先,"美好生活"在后。其次,"美好生活"是有层次的,既包括具有个体特征的美好生活,又包括具有群体意义的美好生活,还包括人类所共有的美好生活;既包括物质上的美好生活,又包括精神上的美好生活。再次,"美好生活"是正向的,无论在哪个层次,通过何种生活表征,都是指向真善美的。进而言之,本书所指的"美好生活",是基于当下"生活世界"的、正向的且不限定的。正向性是指:美好生活一定是积极向上的,可能是从无到有,可能是从低到高的,可能是从外到内的,无论是理想的生活还是可能的生活,都是充满希望与能量的,都是朝着幸福彼岸不断接近的。不限定是指:美好生活可以囊括其全部的生活内容,并以各种不同的形式表现出来,充满着无限的研究可能。

(三)学习需求

1. 学习

关于"学习",心理学认为"学习是刺激—反应之间联结的建立,造成的认知

---

[①] 杨进.美好生活与学校教育[M].长春:东北师范大学出版社,2014:42—44.
[②] 黎琼锋.教学价值与美好生活[M].北京:人民教育出版社,2012:118.
[③] 张卫伟,王建新.美好生活的多重价值内涵及其现实构建[J].思想理论研究,2018(4):37—42.

结构的改变及自我概念的变化"。而教育界普遍接受了"学习就是产生一种相对稳定的行为变化"的观点。① 美国教育家伊凡·伊里奇(Ivan Illich)认为,真正的学习"是人们完全自愿参加的、是自然地产生于生活,产生于事件和人的行为"。对于个人而言,学习"能够促进人的自发性、独立性,发展人际关系,增强人们的想象能力,包括向世界展示自己的能力和创造能力";对于人类而言,学习"旨在加强人类自由、解放、平等和促进人与人之间的密切联系"。②

本书中的学习,就是指产生于生活中的学习,是出于个体主观意愿与能动性的学习,是让个体认知、情感、技能、意志等方面发生变化的过程。

2.需求

需求与需要,在研究中时常被提及。无论是"需求"还是"需要",英文单词都为"need",意为极度贫困、赤贫,其中包含三重含义:一是贫困或匮乏,二是缺乏或者没有,三是期望和要求。③ 汉语解释中,有些释义把需求等同于需要,有些认为需求是由需要而产生的要求。虽然在经济学、管理学研究中将需求与需要进行了区分,但是在心理学、教育学的大多数研究中,将需要与需求视为一体,认为"需求"是当前现实和期望结果之间的距离,是一种不平衡的状态,是促使人们行为的源泉和动力。④ 需求包含三层含义:一是对现状的匮乏;二是对未来的期许;三是所存在的差距。纵向来说,同一个人在不同状态下,需求是动态变化的;横向而言,同一个人可能同时存在多种需求,不同的人,可能存在相同或不同的需求。当一种需求满足后,会产生另一种需求。当另一种需求产生时,并不能否认前一种需求的存在。

本书中的需求,既包括过去某个时刻所产生的,又包括当下所产生的;既关注老年人个体需求的表达,又同样提炼老年群体需求的特征。因为研究的主旨在于尽可能全面解剖老年群体基于美好生活向往而产生的学习需求,为老年教育实践提供参考,因此,已经满足的需求,可视为期望的延续与深化,是实践中需要加强的部分;尚未满足的需求,可视为一种期望的表达,是实践中需要重构的部分。

3.学习需求

对于学习需求的关注,始于人本主义。人本主义把学习者视为学习主体,肯定了学习者的主体性,从而推动了人们对学习者学习需求的关注。一般来说,对

---

① 高志敏.成人教育心理学[M].上海:上海科技教育出版社,1997:126.
② [美]伊利亚斯,梅里安.成人教育的哲学基础[M].高志敏,译.北京:职工教育出版社,1990:207.
③ [德]沃尔夫冈.教育科学的基本概念[M].胡劲松,译.上海:华东师范大学出版社,2001:151.
④ 林崇德.发展心理学[M].杭州:浙江教育出版社,2002:17.

学习需求的讨论经常发生于基础教育领域,一定程度上忽视了其在同等重要的成人教育领域中的探索。然而,成人学习需求不同于青少年,他们的学习与现实生活中所扮演的社会角色与责任密切相关,并扩展于自我兴趣、家庭生活、社会生活、自我完善等各方面。[1] 美国成人教育学之父马尔科姆·诺尔斯(Malcolm. S. Knowles)简化了马斯洛需求层次论,他将成人的需求分为两大类:一类指的是人类的基本需求;另一类指的是教育的需求。其中,教育需求就是个人、组织或社会本身状况与期望之间的差距。美国成人教育学家彼得·贾维斯(Peter Jarvis)认为满足个人与社区的课程设计差距,即是学习需求。贝格文(P. A. Bergevin)认为学习需求是指个体缺乏的,并且有能力和机会学习的内容。[2] 我国台湾学者林美和、赖锈慧将学习需求定义为个体希望学习的课程内容。[3]

在老年教育领域中,美国加州大学的大卫·彼得森(D. Peterson)教授认为,老年教育实施的前提是基于对老人学习需要与教育需求的理解,学习需要是老年人所表现的一种欲求或偏好,通常由实际调查得知;教育需求则是专家学者依据理论与专业知识所界定的,两者之间常有实质性的差异。教育原本应依据受教育者的需要而加以设计,然而人们往往落入"虚假意义"的陷阱,影响其可能无法意识到自己真正的需要。[4] 因此,他呼唤老年教育要关注老年学习需求本身。

本书所定义的"学习需求"是指个人自感欠缺或不足,从而对学习产生渴望和需要的状态。从理论上分析,学习需求应包括学习内容、学习资源、学习方法、学习伙伴、学习场所、学习评价等要素。考虑到本文主旨在于探究老年群体因对美好生活向往而引发的学习需求,这种学习需求与生活内容紧密相连,因此文中对学习需求的分析主要侧重对学习内容的考量,其他如学习方法、学习场所、学习伙伴、学习资源、学习评价等,则被视为满足需求的途径。

## 二、研究综述

(一)关于老年学习需求的研究

1. 老年学习需求理论的研究

老年学习需求是老年人的需求在文化教育领域的表征,是老年人对教育的

---

[1] 高志敏. 终身教育、终身学习与学习化社会[M]. 上海:华东师范大学出版社,2005:59.
[2] Bergevin, P. A philosophy for adult education[M]. NewYork: Seabury Press, Inc. Publisher. 1967:17.
[3] 赖锈慧. 我国高龄者学习需求及其相关因素之研究[D]. 台北:台湾师范大学,1989:13.
[4] Glendenning. F. Education Gerontology: International perspective[M]. London: Croom Helm, 1985:33.

匮乏感而希望得到满足的社会心理。关于老年学习需求理论,最广为人知的是有"老年学之父"之称的霍华德·麦克拉斯基(Howard McClusky)提出的老年人五项学习需求,它们分别是:(1)应对需求,包括老年人的生存需求,以及在社会生活中适切发挥功能的需求。(2)表现需求,即老年人希望将时间用于可以表现自己的活动上,并且获得内在的回馈与满足的需求。(3)贡献需求,即老年人无私奉献,希望将剩余精力用于贡献自我力量而服务社会的需求。(4)影响需求,即老年人希望参加各种社会团体,并通过自己的智慧发挥影响的需求。(5)超越需求,即老年人希望超越年龄带来的限制,统合整理生命意义,坦然面对死亡的需求。①

加拿大学者亨利·西蒙斯(Henry C. Simmons)通过跨文化研究发现,老年人的学习需求可以概括为这样五项:(1)延长生命的需求;(2)享受闲暇生活的需求;(3)填充日常生活的需求;(4)参与各项团队活动的需求;(5)体面退出各项生命活动的需求。②

日本老年教育学者崛熏夫认为老年人存在"连接"的需求,包括与过去的连接、与未来的连接、与社会的连接、与他人的连接以及与异代的连接,并且各个状态都有独特的学习表现。具体来说,老年人有五项连接需求:(1)连接他人,目的在于充实人际关系,其学习活动表现为与其他老年人的交流。(2)连接过去,目的在于回顾自己的过去,获得意义和完整感,其学习活动表现为回顾人生。(3)连接未来,目的在于希望减缓身体功能的下降,其学习活动表现为接触古典、历史、文学、艺术等。(4)连接当今社会,目的在于希望跟上社会发展的步伐,其学习活动表现为讨论时事问题和参与志愿者活动。(5)连接不同时代的人们,目的在于为下一代传授自身的知识与经验,其学习活动表现为与不同时代的人们交流。③

马斯洛在其需求理论中,认为老年人的学习需求来源于缺失性动机和成长性动机。④ 缺失性动机是由于时代造成的教育机会缺失而产生的,促使老年人产生了促进健康、体验快乐、增长知识、适应现代社会等一系列学习需求。成长性动机则是在一定经济基础与社会地位上产生的,促使老年人产生了应对老年期挑战、保持向上活力的学习需求。

---

① 杨庆芳. 我国老年教育发展探究——基于积极老龄化的视角[M]. 北京:知识产权出版社,2014:10.
② Henry C Simmons. Religion, Spirituality, and Aging for "The Aging" Themselves[J]. Journal of Gerontological Social Work, 2005, 45(1—2):41—49.
③ 马伟娜,戎庭伟. 中国老年教育新论[M]. 杭州:浙江大学出版社,2019:97.
④ [美]亚伯拉罕·马斯洛. 需要与成长:存在心理学探索[M]. 张晓玲,刘勇军,译. 昆明:云南人民出版社. 1987:19—23.

国内研究方面,对老年学习需求的理论总结较少,实践调查居多。理论总结中,陈福星、冀有德指出了老年群体的四类学习需求,分别是提高心理和思想素养的需求、保持健康长寿的需求、丰富精神生活的需求、学习生活技能的需求。① 董之鹰认为现今老年教育应指向高质量高水平的生活,满足老年人的五类需求:一是生理和心理的健康;二是自我认同感和满足感;三是精神的富足感;四是情绪稳定与人际和谐;五是自我价值的实现。②

2.老年学习需求实证的研究

在具体的学习需求内容表征方面,研究者们大多通过实证调查的方式加以总结。这里主要根据年份对目前国内外老年学习需求的实证研究进行了表格化整理,具体如下(详见表1—1):

表1—1　　　　　　　　老年学习需求实证研究梳理

| 序号 | 作者 | 年份 | 方法 | 学习需求表征 |
| --- | --- | --- | --- | --- |
| 国外研究 ||||||
| 1 | 兰德(C. A. Londoner) | 1971 | 对成年后期任务进行分析 | 根据哈维格斯特的社会性架构,将高龄者学习需求分为表达性需求和工具性需求[3] |
| 2 | 希姆斯特拉(R. P. Hiemstra) | 1972,1976 | 先后对86名和256名老年人进行深度访谈 | 老年人偏重实用技能的学习,旨在解决解决家庭、生活中的实际问题[4] |
| 3 | 拉尔斯顿(P. A. Ralston) | 1981 | 对美国多个地区的近100名老年人进行调查 | 老年人的学习需求存在差异,主要表现在种族、学历程度、社会地位等因素上[5] |
| 4 | 彼得森(D. A. Peterson) | 1983 | 经验思考 | 老年人需要当代事件与人生意义方面的课程,学习需求偏重于人文知识方面[6] |

---

① 陈福星,冀有德.老年教育概论[M].济南:山东人民出版社,2004:29.
② 董之鹰.老年教育学[M].北京:中国国际广播出版社,2009:151.
③ Londoner C A. Survival needs of the older church member: Implications for educational programming[J]. Pastoral Psychology,1971,22(5):14—20.
④ Hiemstra R P. Continuing Education for the Aged: A Survey of Needs and Interests of Older People[J]. Adult Education,1972,22(22):100—109.
⑤ Ralston P A. Educational Needs and Activities of Older Adults: Their Relationship to Senior Center Programs[J]. Educational Gerontology,1981,7(2—3):231—244.
⑥ Peterson D. A. Facilitating Education for Older Learners[M]. San Francisco Jossey-Bass,1983:332.

续表

| 序号 | 作者 | 年份 | 方法 | 学习需求表征 |
|---|---|---|---|---|
| 5 | 布拉德利、玛丽埃塔<br>(C. Bradley &<br>P. Marietta) | 1983 | 对500多名没有文化的老年人进行访谈 | 老年人对与学习有关的服务系统和教师能力这两个方面的要求最为强烈[1] |
| 6 | 费舍尔<br>(J. E. Fisher) | 1986 | 对786名老年人进行调查 | 老年人的学习需求集中于自我展示与表达,延续自我价值[2] |
| 7 | 布雷迪、麦可<br>(E. Brady &<br>C. Michael) | 1989 | 对美国缅因州的30名成人教育计划负责人进行电话访谈 | 老年人需要在健康、认知、技能、经济、兴趣、人际、自尊等方面开展学习[3] |
| 8 | 佩沃托<br>(A. E. Pevoto) | 1989 | 对得克萨斯州休斯敦及附近七个老年人中心的33名65~74岁的老年人进行访谈 | 老年人希望跟上时代步伐,特别希望接受如电脑方面与时俱进的课程[4] |
| 9 | 克莱内尔<br>(S. E. Clennell) | 1990 | 对英国、法国、德国、比利时等欧洲四国4 461名60岁以上老年人调查 | 老年人倾向于自我实现,偏爱语言类学习内容[5] |
| 10 | 舒勒、博斯汀<br>(T. Schuller &<br>A. M. Bostyn) | 1992 | 基于卡内基第三代调查的数据分析 | 老年人学习需求受社会环境、内在动力和家庭态度等因素制约[6] |
| 11 | 兰丁、富加特<br>(L. Lamdin &<br>M. Fugate) | 1997 | 对59岁至96岁老年人学习内容进行研究 | 老年人的课程兴趣排名分别是:音乐、舞蹈、艺术类的课程;旅游及其相关课程;文学类课程[7] |

---

[1] Bradley C. & Marietta P. Assessing the educational needs of undereducated older adults: A case for service provider[J]. Educational Gerontology,1983,9(3):205—216.

[2] O'Donohue W T,Fisher J E,Krasner L. Behavior Therapy and the Elderly: A Conceptual and Ethical Analysis[J]. International Journal of Aging & Human Development,1986,23(1):1.

[3] Brady,E. Michael. Learning Needs of the Elderly:Perceptions Among Educators[J]. Educational Gerontoloty,1989,15(5):489—496.

[4] Pevoto A E. An Exploratory Study of Nonparticipation by Older Adults in Organized Educational Activities[J]. Access to Education,1989:17.

[5] Clennell S E. Older Students in Europe. A Survey of Older Students in Four European Countries [J]. Adult Education,1990:121.

[6] Schuller T,Bostyn A M. Education and training for the third age in the UK:A preliminary report from the Carnegie Inquiry[J]. International Review of Education,1992,38(4):375—392.

[7] Lamdin L.,Fugate M. Elder Learning:New Frontier in an Aging Society[M]. Phoenix:The Oryx Press,1997:109.

续表

| 序号 | 作者 | 年份 | 方法 | 学习需求表征 |
|---|---|---|---|---|
| 12 | 威廉森<br>(A. Williamson) | 2000 | 对利物浦第三年龄大学的380名老年学员进行调查 | 英国老年人的学习需求表现出强烈的群体特征,男性老年人渴望休闲娱乐和社会政治方面的学习,女性老年人则更希望参与家庭生活方面的学习[①] |
| 13 | 普迪、布尔顿<br>(N. Purdie &<br>L. G. Boulton) | 2003 | 采用自编问卷对160名老年人进行调查 | 老年人有科技技能与知识、健康方面、休闲娱乐和生活方面的学习需求。其中,最不重要的需求是与技术相关的需求;最重要的需求与健康和安全有关[②] |
| 14 | 梅里亚姆<br>(S. B. Merriam) | 2004 | 使用博希尔(Boshier)的教育参与量表对199名退休学习机构成员进行调查 | 老年人的学习需求是多样性的,包含基本需求、显示需求、感觉需求、教育需求和象征需求五类[③] |
| 15 | 布尔顿<br>(L. Boulton) | 2006 | 对2 645名老年人进行调查 | 老年人希望学习各种新技术、参加各种新活动,并表达出对休闲生活的浓厚兴趣[④] |
| 16 | 普林奇皮、拉姆<br>(Principi & Lamura) | 2008 | 对意大利老年人进行研究 | 意大利老年人的学习需求集中于非正规教育,目的在于提高生活质量[⑤] |
| 17 | 鲁皮<br>(E. Luppi) | 2009 | 对博洛尼亚老年教育机构的15名教师与325名学生进行问卷调查,对31门课程进行分析 | 意大利老年人表现出获取知识、参加社交活动、保持头脑活跃、获取自信的学习需求[⑥] |

---

① Williamson, A. Gender Issues in Older Adults' Participation in Learning: Viewpoints and Experiences of Learners in the University of the Third Age[J]. Educational Gerontoloty, 2000, 26(1): 49—66.

② Purdie, N. & Boulton-Lewis, G. The learning needs of older adults[J]. Educational Gerontology, 2003, 29(2): 129—149.

③ Merriam S B. motivation for learning among older adults in a learning in retirement institute[J]. Educational Gerontology, 2004, 30(6): 441—455.

④ Boulton-Lewis, Buys, Lovie-Kitchin. learning and active ageing. Educational Gerontology, 2006, 32(4): 271—282.

⑤ 王英,谭琳."非正规"老年教育与老年人社会参与[J].人口学刊,2009(4):41—46.

⑥ Luppi E. Education in old age: An exploratory study[J]. International Journal of Lifelong Education, 2009, 28(2): 241—276.

续表

| 序号 | 作者 | 年份 | 方法 | 学习需求表征 |
|---|---|---|---|---|
| 18 | 谭莫琳（M. Tam） | 2012 | 经验总结 | 老年学习需求存在东西方文化的差异[1] |
| 19 | 崔正男,姜信（최정남;강신겸） | 2015 | 对福利中心参观的老年人进行调查 | 老年人有审美学习需求,茶点学习需求,社会学习需求和自尊学习需求[2] |
| 20 | 赖锈慧 | 1989 | 对中国台湾台北市、高雄市的长青学苑中65岁至79岁1 079名老年人进行问卷调查 | 老年人的学习需求表现在五大类:身心保健和个人进修、社会与政治、家庭生活与管理、休闲生活与娱乐[3] |
| 21 | 黄国彦、林美珍 | 2001 | 经验总结 | 老年人的学习需求内容分为五大类,基本教育类、健康保健类、休闲生活类、专业教育类和世代生活伦理类[4] |
| 22 | 岳瑛、暴桦 | 2003 | 对天津市三所老年大学的899名老年学员进行调查 | 老年人的学习需求体现为非功利性、时代性的特征,其中营养保健、计算机网络、老年心理学的需求表现得最为强烈[5] |
| 23 | 周林芳 | 2004 | 对北京右安门社区的203名老年人进行调查 | 老年人需要的学习需求依次包括:养生保健类、艺术欣赏类、时事政治类、科学知识类以及实用技能类(如炒股、计算机知识、英语、隔代教育等)[6] |
| 24 | 黄富顺 | 2004 | 经验总结 | 老年学习需求与社会时代的变化、环境的变迁紧密相连,学习在于应对老年期的生活需求[7] |

---

[1] Tam M. East-West Perspectives on Elder Learning[J]. Educational Gerontology,2012,38(10):661—665.
[2] 최정남;강신겸. Effects on Satisfaction and Behavioral Intention by Elders' Art & Culture Learning Needs:Focused on educated elders studying at a welfare center[J]. Korean association of arts management,2015(35):91—117.
[3] 赖锈慧. 我国高龄者学习需求及其相关因素之研究[D]. 台北:台湾师范大学,1989:27.
[4] 梅陈玉蝉,齐铱,徐玲. 老年学理论与实践[M]. 北京:社会科学文献出版社,2004:239.
[5] 岳瑛,暴桦. 关于老年大学学员学习需求情况的调查报告[J]. 天津市教科院学报,2003,12(6):55.
[6] 周林芳. 城市社区老年教育现状分析与对策研究——以北京市右安门社区为个案[D]. 北京:中央民族大学,2004:28.
[7] 黄富顺. 高龄学习[M]. 台北:五南图书出版股份有限公司,2004:73.

续表

| 序号 | 作者 | 年份 | 方法 | 学习需求表征 |
|---|---|---|---|---|
| 25 | 姜红艳 | 2004 | 对武汉老年大学与天津老年大学的 200 名学员进行调查 | 老年人的学习需求按照程度划分，依次为：医学、健身；烹饪、养花；歌舞、器乐与计算机网络；书画、摄影方面；经济、科学；服装、编织与文史、外语① |
| 26 | 周侨祥等 | 2005 | 对中国香港 3 000 名老年人进行大规模调查 | 中国香港老年人的学习需求工具性特征较突出，学习需求表现为填补时间、参与社交活动、学习新事物、发展兴趣爱、领悟生命意义等② |
| 27 | 王麓萍 | 2005 | 对中国台湾嘉义县七个老人日间照顾中心的 279 名老年人进行调查 | 老年人的学习需求体现在日常生活知识、社交人际、自我实现、健康保健和休闲娱乐等内容。女性老年人参与学习活动的倾向高于男性③ |
| 28 | 黄富顺 | 2008 | 经验总结 | 老年人的学习需求集中于这样五类：健康保健、休闲生活、才艺技能、语言学习和人文艺术等方面④ |
| 29 | 简单 | 2010 | 对江西省西湖区 60 岁以上老年人进行调查 | 老年人对健康、保健类内容具有较强烈的学习需求⑤ |
| 30 | 胡利迪 | 2010 | 对宁波老年大学 431 名学员以及若干名教职员工进行调查 | 老年人最需要健康保健类学习，然后是实用技能、社会与政治类学习，最不需要的是自我实现与生命、语言文学类的学习⑥ |

---

① 姜红艳. 21世纪初期我国老年大学教育目标研究[D]. 武汉：华中科技大学，2004：18.
② Cheung J C K, Kwan A Y H, Chan S S C, et al. Quality of Life in Older Adults: Benefits from Caring Services in Hong Kong[J]. Social Indicators Research, 2005, 71(1-3): 291-334.
③ 王麓萍. 嘉义县高龄者的学习需求之调查研究——以老人日间照顾中心为例[D]. 台北：中正大学高龄者教育研究所，2005：31.
④ 黄富顺. 高龄教育学[M]. 台北：五南图书出版有限公司，2008：195.
⑤ 简单. 江西省城市老年教育发展对策研究[D]. 南昌：南昌大学，2010：34.
⑥ 胡迪利. 宁波城市老年人学习需求分析及对策研究[D]. 宁波：宁波大学，2011：30.

续表

| 序号 | 作者 | 年份 | 方法 | 学习需求表征 |
|---|---|---|---|---|
| 31 | 王英、谭琳 | 2011 | 经验总结 | 基于赋权增能视角,认为中国老年人学习需求集中于生活掌控能力、变化适应能力和社会参与能力这三个方面① |
| 32 | 周冬 | 2012 | 对沈阳市老年个体进行访谈 | 老年学习需求呈现多元化、层次化等特点② |
| 33 | 张如敏 | 2012 | 对宁波社区大学老年教育中心的1 145名学员进行调查 | 老年学习需求丰富多样,其中最为需要人际关系、人文艺术的内容③ |
| 34 | 白新睿 | 2012 | 对北京市朝阳区860名老人进行调查 | 老年人学习需求最为强烈的是养生保健类,其次是时事政治类,再者是书画类、旅游、法律、文史、声乐舞蹈、家庭理财、体育、隔代教育等;他们最不需要的是计算机、外语等技能类的学习④ |
| 35 | 张东平 | 2014 | 经验总结 | 老年学习需求分为圆梦、补失、补偿、补需、享乐和从众六部分,并且以享乐和补需为主⑤ |
| 36 | 肖海艳 | 2014 | 对福州市484名老年大学学员进行调查 | 老年的学习需求依次为:健康保健方面、人文艺术方面、休闲生活方面、实用技能方面、自我实现或生命意义、人际关系方面、社会政治方面⑥ |
| 37 | 张铁道、张晓 | 2015 | 对北京老年电视大学的学员进行调查 | 老年学习需求具有非正规性、多样化、体验性等特征⑦ |

---

① 王英,谭琳.赋权增能:中国老年教育的发展与反思[J].人口学刊,2011(1):32—41.
② 周冬.基于老年个体的调查看老年群体教育需求特征——以辽宁省为例[J].成人教育,2012,32(1):74—76.
③ 张如敏.宁波城市大众化老年教育的需求分析[J].南昌教育学院学报,2012(27):191—192.
④ 白新睿.老年教育需求的调查与思考[J].北京宣武红旗业余大学学报,2012(3):9—13.
⑤ 张东平.老年教育社会学[M].上海:同济大学出版社,2014:173.
⑥ 肖海艳.福州市老年大学学员学习需求研究[D].福州:福建农林大学,2014:40.
⑦ 张铁道,张晓.老年教育的现状与发展需求调研报告——以北京市为例[J].老龄科学研究,2015,3(5):52—61.

续表

| 序号 | 作者 | 年份 | 方法 | 学习需求表征 |
|---|---|---|---|---|
| 38 | 江曼莉、郭月兰 | 2015 | 对上海市某老年大学506名学员进行调查 | 老年人学习需求体现出内容实用性、方法多样性、难度层次性、性别差异性等特点① |
| 39 | 张乐 | 2015 | 对延边老干部大学330名学员进行调查 | 老年人最需要健康保健类学习,其次是休闲娱乐类和实用技能类学习,最不需要自我实现与生命教育类学习② |
| 40 | 孙兴美 | 2015 | 对无锡市、淮安市、济南市206名55岁以上老年人进行调查 | 老年人最需要生活常识类的学习,其次是家庭照顾与抚育,生命教育方面的学习,最不需要专业培训方面的学习③ |
| 41 | 王匆、姚晖 | 2016 | 对西安社区大学252名老年学员进行调查 | 老年人最需要养生保健类学习,其次是现代科学知识实用技能类、历史文化类和时事政治类④ |
| 42 | 李红 | 2016 | 对上海市程家桥社区的190名老年进行调查 | 老年人最需要养生保健类和休闲娱乐类的学习⑤ |
| 43 | 许竞、李雅慧 | 2017 | 对我国七省市45岁以上3 305名中高龄个体进行调查 | 老年人学习需求由强到弱分别为安全需求、健康需求、与参与有关的学习需求⑥ |
| 44 | 谢菁 | 2017 | 对云南老年大学173名学员进行调查 | 老年人对于健康保健与休闲娱乐类课程需求最为强烈⑦ |

---

① 江曼莉,郭月兰.老年大学学员学习需求调研报告——以上海市X老年大学为例[J].当代继续教育,2015(6):72-75.

② 张乐.老年大学学员教育需求与生活满意度的相关研究[D].延吉:延边大学,2015:20.

③ 孙兴美.基于积极老龄化理论的城市老年人学习需求及其教育政策意义[D].无锡:江南大学,2015:40.

④ 王匆,姚晖.社区老年教育需求调查思考[J].陕西青年职业学院学报,2016(2):67-73.

⑤ 李红.上海老年群体学习需求研究[D].成都:西南交通大学,2016:35.

⑥ 许竞,李雅慧.我国中高龄人群学习需求及偏好调查研究——基于部分省市抽样数据[J].开放教育研究,2017,23(1):110-120.

⑦ 谢菁.基于老年人学习需求的老年教育课程体系建设研究[D].昆明:云南大学,2017:27.

续表

| 序号 | 作者 | 年份 | 方法 | 学习需求表征 |
|---|---|---|---|---|
| 45 | 吴梦 | 2017 | 对上海十个日间照料中心的202名老人进行调查 | 老年人最需要日常保健类学习,然后是休闲娱乐类、社交类学习,最不需要日常认知类和自我实现类学习[①] |
| 46 | 陈超仪 | 2017 | 对广州市某老年大学的73名学员进行调查 | 老年人最需要养生保健类课程,然后是实用技能、人文艺术类课程,最不需要生命意义和自我实现类课程[②] |
| 47 | 张静 | 2018 | 对石家庄市517名老年人进行调查 | 老年人学习需求依次为:医疗保健、社会政治、人际关系、实用技能、休闲娱乐、自我实现与人生意义、人文艺术[③] |
| 48 | 谭绍华 | 2018 | 对重庆市12 717名55～75岁的老年人进行调查 | 老年人的学习需求依次为:健康保健、种植技能、养殖技能、烹饪、旅游、新智能技术、书法绘画、政治经济、家政、文学艺术、乐器、摄影等[④] |
| 49 | 黄薇 | 2018 | 对武汉某所老年大学的172名学员进行调查 | 老年人最需要的课程分别为才艺类课程、志愿活动、中医养生,最不需要的是投资理财类课程[⑤] |
| 50 | 苗诗雨 | 2018 | 对8位60～69岁的老年女性进行访谈 | 老年人存在健康层面、财务层面以及社会参与层面的学习需求 |
| 51 | 李洁 | 2019 | 经验总结 | 基于老年发展理论,认为老年人需要个人精神发展和理解、应对丧失方面的学习[⑥] |

[①] 吴梦.上海社区老年日间照料中心高龄者的学习需求分析[D].上海:上海师范大学,2017:26.
[②] 陈超仪.老年人学习需求特征及其影响因素分析[D].广州:暨南大学,2017:27.
[③] 张静.老年人学习需求与人口变量关系研究——以石家庄市为例[J].高等继续教育学报,2018,31(6):64—70.
[④] 谭绍华.省域大众性老年教育需求调查及制度设计研究——以重庆市为例[J].成人教育,2018(4):33—39.
[⑤] 黄薇.老年学员学习需求与学习满意度的研究[D].武汉:华中师范大学,2018:36.
[⑥] 李洁.老年教育目标的现实建构——基于老年学习者需求的阐释[J].继续教育研究,2019(3):25—31.

续表

| 序号 | 作者 | 年份 | 方法 | 学习需求表征 |
|---|---|---|---|---|
| 52 | 乔爱玲、张伟远、杨萍 | 2019 | 对北京市五个区1 544名老年人进行调查 | 老年人的学习需求排在前三位是建立培训机构，建立老年人继续教育基金制度，建设课程和学习资源服务网，最不需要的是积分及奖励制度① |
| 53 | 严蕾 | 2019 | 对上海市三所老年大学的204名学员及2名教职员进行调查 | 老年人最需要文艺类课程，然后是保健类和文史类课程② |
| 54 | 汤凤、郭晟洁、王琳等 | 2020 | 对上海市浦东新区269名老年人进行调查 | 老年人最为需要文艺类学习、保健类学习和体育类学习，对于语言类和财政类学习，需求不高③ |
| 55 | 黄家乐 | 2020 | 对S市M区的1 179名老年人进行调查 | 老年人最希望学习的内容排在前三位的是生活保健类、家庭安全类和休闲技艺类④ |
| 56 | 吴盛雄 | 2021 | 对福建老年开放大学、福州市社区（街道）老年学校的380名老年人进行调查 | 老年人参与在线学习，不仅是为了学习知识，而且在寻找扩大社交、融入社会、增加智慧、陶冶情操的有效途径，满足社会交往的需求⑤ |
| 57 | 陈文娇、刘巧巧、肖杨 | 2021 | 通过文献梳理与分析 | 老年人的学习需求分为追求生活品质、追求人际交往、追求社会贡献这三类需求⑥ |

### 3. 研究述评

以上陈述可以看出，老年学习需求已经成为诸多研究者共同关心的话题。

---

① 乔爱玲,张伟远,杨萍.互联网时代老年群体终身学习现状调查报告[J].电化教育研究,2019,40(7):121—128.

② 严蕾.上海市老年大学学员学习需求研究[D].上海:上海师范大学,2019:22.

③ 汤凤,郭晟洁,王琳,等.老年群体学习需求调查研究——以浦东新区五镇为例[J].教育教学论坛,2020(2):81—82.

④ 黄家乐.社会分层视角下城市老年群体学习需求研究[D].上海:华东师范大学,2020:39.

⑤ 吴盛雄.基于需求边界理论的老年学员在线学习需求和满意度研究[J].成人教育,2021,41(8):22—30.

⑥ 陈文娇,刘巧巧,肖杨.基于当代老年人学习需求的社区老年教育课程开发[J].成人教育,2021,41(7):35—40.

从学习需求的特点上来看,呈现出非正规性、非功利性、工具性、体验性、多样性等特点。从学习需求的内容上来看,研究者们进行了三类、四类、五类乃至六类等不同维度的分类。从学习需求的差异上来看,研究者们也围绕性别、年龄、经济基础、社会地位等因素进行了差异分析。从学习需求的来源上来看,只有几位研究者提到了老年学习需求与生活和社会的关系。

虽然目前关于老年学习需求的研究成果丰硕,但是仔细研读,发现仍有可改进之处。首先,关于老年学习需求的数据来源方面,国内主要采用问卷调查开展研究,国外则更多通过深度访谈进行研究。问卷调查在一定程度上能通过量大面广的数据反映所研究问题的普遍性,但其深入性、生动性乃至细节性却有所欠缺。其次,目前关于老年群体学习需求的研究,仅仅局限于学习需求的静态表征,忽略了学习需求的动态生成。根据成人学习理论,成人的学习与生活紧密相关,研究成人学习,就离不开对其生活的研究。虽然有研究者提到了老年学习需求是适应社会的表现,但是并没有深入将学习需求与生活期待作进一步分析,对于学习需求的研究仅仅作了表层呈现。再次,目前的研究均指出老年学习需求呈现丰富性和多样性,也有研究者对学习需求进行分类总结,但是目前的分类以横向平行总结为主,缺乏对学习需求内在层次的提炼;更多的只是散落的特征描述,缺乏学习需求的整体理论建构。在老年群体学习需求的研究中,老年人应该成为需求的主体,应该在研究中体现老年人自己的特征。老年教育的改革,应该从"教"改为"学",让老年人走进研究的中心,从整个生活范畴的角度思考老年学习的问题。

(二)关于老年生活世界的研究

正如前文所述,本书中的生活世界是引发美好生活的触点,是发现学习需求的起点。因此,阅读关于老年生活世界的文献,也是研究开始前的必备工作。老年群体作为社会学、健康学以及教育学研究领域中的重要对象,围绕其生活世界的研究成果已然颇丰。接下来将从老年生活世界与生活需求这两个方面对现有成果进行梳理。

1. 老年生活世界的研究

在文献检索中,以"老年生活世界"为关键词进行检索,发现研究成果寥寥无几。关于老年生活世界的研究,在社会学领域,多以"老年生活质量"代替。从研究内容上而言,老年生活世界的内容也几乎等同于老年生活质量。老年人生活质量就是指一定社会条件下老年人健康、物质、精神等方面的现实状况和需求满足程度。[①] 因此,这里用老年生活质量指代老年生活世界,并对此方面研究进行梳理。

(1)老年生活质量的现状

国外早期的研究认为,在工业化进程中,老年人劳动能力与传统地位的丧失,导致其生活质量随之下降。[②] 随着国家对老年人口生活质量的重视以及养老金和其他老年计划的开展,老年人的生活质量与年轻时相比,变化不大乃至略有上升。[③] 随着时代的推移,近期的研究显示当前老年人经济收入不断增加,健康状况逐步改善,精神文化生活内容日益丰富,参与社会意识增强,老年人的生活质量正在逐步提高。[④]

国内研究者对老年人生活质量也展开了调查研究,认为农村及边远地区的老年人生活质量现状不尽如人意,延边地区养老机构老年人生活质量较差[⑤],农村老年人的生活存在经济收入来源渠道少、精神文化生活匮乏、无法得到全面的生活照料、养老环境有待改善等方面的问题。[⑥] 在区域性老年生活质量现状的调查方面,不同研究者对生活质量的解析方式不同,如刘保军将老年人生活质量划分为居住情况、经济情况、子女赡养情况、社会保障情况、健康情况、医疗保障情况、养老机构、生活满意度、精神文化九个维度[⑦],叶南客将老年人生活质量划分为生活消费水平、消费结构、日常行为模式、生活态度与感受四个维度[⑧],邓莉莉等人将老年人生活质量划分为经济生活质量、精神生活质量、健康生活质量、家庭生活质量和生活环境质量五个维度[⑨]。无论采取何种划分方式,研究均显示城市老年生活质量逐步改善,处于中上水平,且生活满意度较高。此外,对于老年弱势群体,如女性老人、高龄老人、患病老人、住养老机构的老人、贫困老人、少数民族老人、临终老人等,国内研究人员也给予了一定关怀,对其生活

---

[①] 孙鹃娟.中国老年人生活质量研究[M].北京:知识产权出版社,2007:45.
[②] Palmore E B, Manton K. Modernization and Status of the Aged: International Correlations[J]. Journal of Gerontology, 1974, 29(2): 205—210.
[③] Hugo G. J. The Changing Urban Situation in Southeast Asia and Australia: Some Implications of the Eldery in the United Nations[J]. Aging and Urbanization, United Nations, Now York. 1991: 203—207.
[④] 赵宝华.提高老年生活质量对策研究报告[M].北京:华龄出版社,2002:17—20.
[⑤] 谷海龙.延边地区养老机构老年人自我效能感和自尊对生活质量的影响[D].延吉:延边大学,2017:31.
[⑥] 蒋蒙蒙.基于老年生活质量视角下的中国农村养老保障制度建设研究[D].济南:山东财经大学,2013:43.
[⑦] 刘保军.青州市老年人生活质量调查及对策研究[D].青岛:中国海洋大学,2011:19—26.
[⑧] 叶南客.城市现代化进程中的老年生活考察——南京市老年人生活方式与生活质量变迁的个案研究[J].社会学研究,2001(4):77—88.
[⑨] 邓莉莉,周可达,李华娟.广西老年人口生活质量评价及对策研究[J].学术论坛,2016(11):126—130.

质量投入了一定的关注度。[1]

(2)老年生活质量的影响因素

关于老年生活质量的影响因素,除了社会环境的外在因素之外,研究者们更多集中于对老年群体的人口学背景、生活条件、心理因素以及社会参与等内在因素的探讨。

在人口学背景方面,性别、年龄、婚姻状况、文化程度、子女数是最常见的影响因素,主要表现为低龄老人生活质量高于高龄老人,城区老人的生活质量总体上高于城郊和农村地区。[2]

在生活条件方面,健康状况、生活方式、经济收入、医疗条件、负性生活事件、家庭关系等因素成为研究者讨论的影响因素。其中,健康是老年生活质量的最大影响因素[3],生活能否自理、有无慢性病、是否有生活来源对生活质量产生重大影响。[4] 城市高收入老年人精神文化生活和社会服务条件优于低收入老年人。[5] 国外研究者还提出,客观环境影响行为能力,行为能力影响个人生活质量。[6]

在心理因素方面,个体的内在心理特征与生活质量密切相关,国外研究者提出财产、爱和生命[7],幸福、意义和自我价值构成生活质量的基本要素,也是影响老年生活质量的主要因素。[8] 国内研究认为希望水平、社会支持与生活质量呈显著正相关,并具有一定的正向预测作用。[9][10] 社会参与方面,社会参与对于提升老年人生活质量有着正向积极的影响。与其他老年人进行日常交往[11],与社区保持密切关系[12],积极参加社区活动、在组织团体中服务他人或者承担重要

---

[1] 曾毅,顾大男. 老年人生活质量研究的国际动态[J]. 中国人口科学,2002(5):59—69.

[2] 叶南客. 城市现代化进程中的老年生活考察——南京市老年人生活方式与生活质量变迁的个案研究[J]. 社会学研究,2001(4):77—88.

[3] 孙鹃娟. 中国老年人生活质量研究[M]. 北京:北京知识产权出版社,2007:5.

[4] 谷海龙. 延边地区养老机构老年人自我效能感和自尊对生活质量的影响[D]. 延吉:延边大学,2017:31.

[5] 叶南客. 城市现代化进程中的老年生活考察——南京市老年人生活方式与生活质量变迁的个案研究[J]. 社会学研究,2001(4):77—88.

[6] Lawton M P. A Multidimensional View of Quality of Life in Frail Elders[J]. Concept & Measurement of Quality of Life in the Frail Elderly,1991:3—27.

[7] Allardt,Erik. Dimensions of welfare in a Comparative Scandinavian Study[J]. Acta Sociologica,1976,19(3):227—239.

[8] A. Sarvimki & B. Stenbock-Hult. Quality of Life in Old Age Described as a Sense of Well-being,Meaning and Value[J]. Journal of Advanced Nursing,2000(4):1025—1033.

[9] 梁晓兰. 高校退休老人的希望、社会支持、生活质量及其关系[D]. 桂林:广西师范大学,2014:74.

[10] 李建新. 老年人口生活质量与社会支持的关系研究[J]. 人口研究,2007,31(3):50—60.

[11] Rosow,I. The Social Context of the Aging Self[J]. The Gerontologist,1973,13(1):82—87.

[12] Croezen S,Avendano M,Burdorf A,et al. Social Participation and Depression in Old Age: A Fixed-Effects Analysis in 10 European Countries[J]. American Journal of Epidemiology,2015,182(2):168—176.

角色的老年人,[1]生活质量相对较高。此外,研究还表明老年人忙于工作能够减少消极情绪[2],哪怕是在社区中从事如缝纫、种植、打理绿化等力所能及的工作,也能提升老人的独立性、自我控制感和自我价值感,让其感觉生活更加美好。[3]

2. 老年生活需求的研究

关于老年人生活需求,主要从两个方面开展研究:一方面是基于整个人类的需求来探讨老年生活需求,另一方面是基于老年人的特殊性来研究老年生活需求。

(1)老年生活需求的理论分析

在基于人类共同需求而引发的老年生活需求方面,诸多研究者以马斯洛需求层次理论为原点进行探讨,认为老年人存在生理需求,如基本的衣、食、住、行以及健康照料等;[4]存在安全需求,包括经济安全和人身安全,以及对生活环境的安心等;[5]存在温暖的需求,如与家人、朋友沟通,保持一定社会交往活动等;[6]存在尊重的需求,希望得到社会的认可和他人的肯定等。[7] 穆光宗提出了老年生活需求的"同心圈效应"(如图1—2),认为需求结构是一种自低级而高级、从内隐到外显、自家庭而社会、从物质到精神的扩张路线,老年人的需求不仅仅在于生存,更在于老有所成。[8]

基于老年群体特殊性而引发的生活需求方面,由于老年人生理功能减退,劳动地位边缘,他们的闲暇时间增多,生活节奏变慢,活动空间缩小,并且需要更多的照料和护理,因此安度晚年是他们的生活主题。美国研究者用"3M"来概括老年人生活需求,即"Money""Medicare"和"Mental",分别对应收入保障、健康保健和社会参与三大内容。[9] 日本学者将老年人的生活需要划分为物质性需要和精神性需要两大类。[10]

---

[1] Bonsdorff M B V,Rantanen T. Benefits of formal voluntary work among older people. A Review [J]. Aging clinical and experimental research,2011,23(3):162-169.
[2] Archana Yadav & Sangya Tripathi,Twilight Years-study on Quality of Life Elderly People Living in Old Age Home[J]. International Journal of Applied Research,2015,11(1):527-533.
[3] Xavier,Flávio M F,Ferraz M P T,Marc N,et al. Elderly people's definition of quality of life[J]. Revista Brasileira de Psiquiatria,2003,25(1):31-39.
[4] 黄匡时. 中国老年人日常生活照料需求研究[J]. 人口与社会,2014,30(4):10-17.
[5] 穆光宗. 中国老龄政策思考[J]. 人口研究,2002,26(1):43-48.
[6] 张永姿. 重建社会关系:独居高龄老人精神慰藉的社会工作策略研究[D]. 南京:南京师范大学,2016:44.
[7] 钱雪飞. 城乡老年人尊重需求的满足现状及影响因素——基于江苏省南通市1 440份问卷调查[J]. 人口与社会,2011,27(4):33-39.
[8] 穆光宗. 中国老龄政策思考[J]. 人口研究. 2002:26(1):43-48.
[9] 张良礼. 应对人口老龄化:社会化养老服务体系构建及规划[M]. 北京:社会科学文献出版社,2006:89.
[10] 王珣. 日本老年学研究动态及课题综述[J]. 日本问题研究,1994(3):41-45.

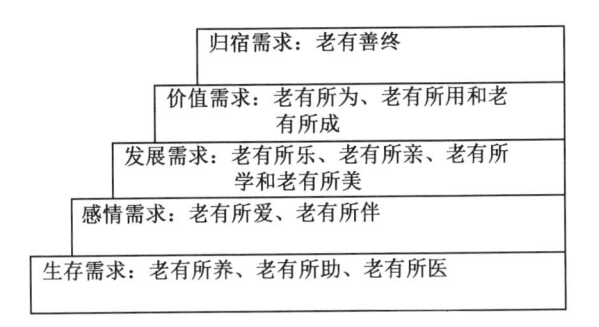

```
归宿需求：老有善终
价值需求：老有所为、老有所用和老
         有所成
发展需求：老有所乐、老有所亲、老有所
         学和老有所美
感情需求：老有所爱、老有所伴
生存需求：老有所养、老有所助、老有所医
```

资料来源：穆光宗.中国老龄政策思考[J].人口研究,2002,26(1):43-48.

**图1-2 老年需求的基本结构图**

在我国,早期由于社会经济发展水平的限制,老年人的物质生活需求较为突出。随着经济的发展和社会保障的稳步提升,以及近年来养老金水平的逐年提高,老年人的经济生活得到了基本保障,由此也产生了更新更高的需求,对生活照料、医疗服务和精神文化等有了更高期盼;特别是医疗需求,在不同时期和不同地区的多项调研中均居于首位。[①] 新时代背景下,我国老年人的生活需求,最广为人知的、最具有代表性就是《中华人民共和国老年人权益保障法》中提到的"六个老有":老有所养、老有所医、老有所乐、老有所学、老有所教、老有所为。"六个老有"包含了老年人从衣食住行到学习教育,从生理照护到精神养护的各个方面,基本涵盖了老年生活的全部需求。

(2)老年生活需求的实证调查

关于老年生活需求的实证调查,较少有全国层面的横断面调查,仅在2014年我国老龄办对老年生活需求进行了大面积调查,结果显示医疗康复中的健康讲座、生活服务的老年餐桌、文化娱乐的棋牌娱乐分别位列需求前三位,健康仍然是老年人生活中最为关注的内容。[②] 在其他区域性的调查中,周伟文等人认为老年人的生活需求内容排序为医疗健康、文娱活动与精神陪伴、生活照顾和物质供给,[③]王粤湘认为老年人的生活需求排序为医疗、护理、有人陪伴、文化娱乐方面。杨淑芹认为老年人的精神需求尤为强烈。[④]

---

① 高琳薇.城乡老年人生活需求满足状况及其对生活满意度的影响——以贵阳市1 518份问卷调查为例[J].人口与社会,2012,28(4):12-16.
② 梁捷.十城市万名老年人居家养老状况调查发布[EB/OL].人民网.[2014-02-28].http://society.people.com.cn/n/2014/0228/c136657-24491630.html.
③ 周伟文,严晓萍,赵巍,等.城市老年群体生活需求和社区满足能力的现状与问题的调查分析[J].中国人口科学,2001(4):55-61.
④ 杨淑芹.论老年人的价值、需求及老年人的社会参与[D].大连:辽宁师范大学,2003:16.

在调查过程中,研究者们也关注到了老年人的亚类型特征所带来的生活需求差异。研究表明,农村老人的生活照料需求略高于城镇老人,[①]农村独居老人、60~69岁老年人、文化程度低的老年人的经济需求较低;农村老年人的生活照料和精神慰藉需求较高。[②] 女性老年人对健康的需求较高,男性老年人的文化需求较高;文化程度越高的老年人对健康、精神文化活动的需求程度越高,其社会交往需求反而较低。[③] 低龄老人更注重文化娱乐、精神生活的需求,中龄和高龄人群对照料和医疗护理的需求更加迫切。[④] 空巢老人的家政服务需求最高,活跃精英型老人对于娱乐活动的需求最高。[⑤] 学历水平低、住在养老院的老人、没有享受退休或离休老人以及丧偶老人对于日常照料的需求最高。[⑥] 对上海的研究发现,上海城镇户籍老人对生活照料服务需求较高,上海农村户籍老人对精神关怀和再就业的需求较高。[⑦]

3. 研究述评

关于老年生活质量的众多研究成果中,呈现了主观与客观相结合、宏观与微观相渗透、共性与特性相映射的特征。虽然研究者们的思路、角度乃至结论有所不同,但是他们对老年生活维度的划分、生活需求的分析,以及影响因素的探索,为前期理解老年群体美好生活这一概念提供了丰厚的基础,在思路和方法上提供了较大启发。

(1)主观与客观相结合

研究者们对老年生活质量的研究显示,生活质量不仅包含对客观生活环境、生活状况、生活背景的描述,而且包含对生活的感知度、满意度和幸福度的测定。尤其是近年来,研究者关注到了老年人心理特征以及自主能力对生活质量的影响,这体现了研究中的主体性哲学倾向。[⑧] 对老年人的自我选择、行动和创造性的关注,进一步表明了对老年人的潜能、价值、权利、需求和尊严方面的重视。这为本书的研究立场提供了启发,即研究中不能视老人不见,而应该采

---

[①] 黄匡时. 中国老年人日常生活照料需求研究[J]. 人口与社会,2014,30(4):10—17.
[②] 石丛. 我国农村老年人生活需求与社会支持研究[D]. 济南:山东大学,2014:3.
[③] 黄艺红,刘海涌. 城市老年人服务需求的实证研究[J]. 北华大学学报:社会科学版,2006,7(2):89—93.
[④] 马盼盼. 需求视角下城市居家养老社区服务研究[D]. 北京:首都经济贸易大学,2013:21.
[⑤] 吴子培. 基于老人需求的社区养老设施规划——以南京朝天宫为例[A]. 中国城市规划学会、贵阳市人民政府. 新常态:传承与变革——2015中国城市规划年会论文集(16 住房建设规划)[C]. 中国城市规划学会、贵阳市人民政府,2015:12.
[⑥] 黄匡时. 中国高龄老人日常生活照料需求满足状况及其影响因素研究[J]. 中国人口、资源与环境,2014:331—334.
[⑦] 潘黎玟. 完善上海为老服务体系研究[D]. 上海:上海工程技术大学,2012:102.
[⑧] Rocío Fernández-Ballesteros. Quality of Life in Old Age: Problematic Issues[J]. Applied Research in Quality of Life,2011,6(1):21—40.

用主体性哲学的理念,将老年人作为真正的、具体的、鲜活的人放入研究中,不仅关注其外在的客观生活现象,而且注重其内在对现有生活的感知与需求,时刻警惕其主体性、自主性的特征。

(2)宏观与微观相渗透

目前对于老年生活现状和老年生活需求的研究,在注重老年人生活的微环境的同时,也关注到了社会的大环境,探索老年人在新时代背景下的新特征和新需求。显然,这也为本书提供了启发,即不仅要关心老年人随着社会发展产生的新需求,还要从更广阔的角度出发,探索新需求与宏观背景的关系,历史与现实的交织,将小个体放置于大环境,更深刻地理解老年人生活需求的原因和本质,纵向挖掘研究的深度。

(3)共性与特性相映射

虽然本书的研究对象群体是老年人,但是现有的研究也指出,老年人的需求既具有人类需求的共性,又具有亚群体的独特性,至于每一个体,亦又有其个体需求的独到性。如此共性与个性相结合的研究思路,同样启发在本书中,在对老年个体进行访谈中,需要以小见大,从个体上升到群体,从群体上升到整体。但同时也要警惕研究对象的极端性,避免将极端案例拓展为普遍规律。因此在样本数量的选择、质量的甄别以及资料的整理归纳方面,需要借助共性与特性相映射的研究思路。

(三)关于学习需求与美好生活的研究

1. 老年学习需求与美好生活的研究

美好生活与学习需求,是本书的两个关键词。需要强调的是,本书不是割裂地分析老年人所向往美好生活的样态以及学习需求的表征,而是通过内在的逻辑,一步步演绎、呈现这两个关键词之间存在的不可分割的关联性。纵观现有研究成果,发现尚未有学者将老年学习需求与美好生活向往放置一起研究,更多的是研究老年学习现状与当下生活之间的关系。

(1)老年学习与生活的综合研究

国外对于老年学习与生活的研究,集中于学习对生活的促进方面。美国心理学家博尼斯·纽加顿(Bonis Newgarton)指出"老年人的人格可以在一定程度上通过学习不断发展变化"。[①] 罗斯·T. 瑟理温(Ross T. Severn)认为老年人参加学习,能够增进其社会融入,促进社会和谐发展。[②] 布尔顿(Gillian Boul-

---

① Roth Gibbons. Lori Ann. Older Adults Learning Online Technologies: A Qualitative Case Study of the Experience and the Process[D]. Dissertation of Virginia Polytechnic Institute and State University. 2003:5.

② Rose Therese Sullivan. The Subculture of the Aging and Its Implications for Health and Nursing Care to the Elderly[D]. University of Washington,1974:7.

ton)等人通过大规模的调查,分析了老年人学习对他们的健康状况、情绪状况、精神状况、家庭关系、工作和社会关系等方面的促进作用,并发现50～60岁的老年人的学习的自信心和好奇心最为强烈。[1]

国内关于老年学习与生活相关性的综合研究并不多。陈善卿结合陶行知"生活及教育"的思想,认为老年学习源于老年生活,即学习从老年人的生活中来,在生活中进行,并回到生活。前者的生活,是目前的生活;后者的生活,指向更美好、和善的生活。老年学习与老年生活紧密相连,老年人在生活中需要以学习解决什么样的问题,教育就提供怎样的资源与方式,并且最终指向生活质量的提高。[2] 王仁彧指出老年人生活包括物质生活、精神生活、家庭生活和社会交往生活。通过对老年人进行深入访谈,他认为老年学习源于生活,老年学习融于生活,老年学习丰富了生活。[3] 刘沛妤通过调查发现,学习能够增加老年人的生活满意度,有助于减缓生理机能的衰退与感知觉的退行性变化,也有助于保持认知功能、缓解消极情绪、增进角色适应。[4]

另外,老年生活对学习也同样产生影响,老年生活影响着老年教育的指导思想,规定了其学习内容、教学方法以及评价标准应走进老年群体,走进老年生活。[5]

(2)老年学习与具体生活维度的关联

关于老年学习与具体生活维度的关联,主要集中于在生理生活、精神生活和社会生活与老年学习相关性的探讨。

关于老年学习与老年生理生活的研究。该方面的研究主要集中于医学健康领域,研究者们大多采用实验法或调查法得出结论,认为学习能够提高反应速度,参与学习的老年人认知功能衰退相对缓慢。[6] 老年学习能够提高医学治疗的接受程度,[7]改进老年人的生活习惯和具体行为。[8]

关于老年学习与老年精神生活的研究。研究认为,老年人由于衰老和社会

---

[1] Gillian Boulton-Lewis, Laurie Buys, Jan Lovie-Kitchin. Learning and active aging[J]. Educational Gerontology, 2006, 32:271－282.
[2] 陈善卿. 学习为生活 生活为学习——从陶行知教育思想看我国老年教育[J]. 老年教育(老年大学), 2014(10):8－11.
[3] 王仁彧. 老年生活中的老年学习与相关性分析[D]. 上海:华东师范大学, 2014:242－248.
[4] 刘沛妤, 郭毅飞, 刘军静. 中老年人学习活动对身心健康的影响[J]. 中国健康心理学杂志, 2011(2):194－196.
[5] 王仁彧. 结构功能主义:老年学习价值的生活诠释与科学建构[J]. 职教论坛, 2015(36):50－54.
[6] Willinajs P, Lord SR. Effects of group exercise on cognitive functioning and mood in older woman[J]. Aust N Z J Public Health. 1997, 21(1):4－52.
[7] Agho A O, Mosley B W, Rivers P A, et al. Utilization of Mammography Services among Elderly Rural and Urban African American Women[J]. Health Education Journal, 2007, 66(3):245－261.
[8] Gusi N, Prieto J, Forte D, et al. Needs, Interests, and Limitations for the Promotion of Health and Exercise by a Web Site for Sighted and Blind Elderly People: A Qualitative Exploratory Study[J]. Educational Gerontology, 2008, 34(6):449－461.

环境条件的变化而产生主观心态失衡,[①]学习可以实现老年精神生活中角色转变、加深情感交流、丰富娱乐生活、增进人际交往、深化价值理解。[②] 情绪方面,学习能够消除老年人的紧张情绪,降低焦虑程度,减少抑郁发生的概率。[③] 老年学习还可以促进老年人的人格发展、增进群体交往、增加生活自信,能够有效提升幸福感,[④]正向改变对自我的老化态度。[⑤]

关于老年学习与老年社会生活的研究。研究认为,老年学习有助于他们实现角色转变,调适社会关系,树立正确的生死观,顺利实现继续社会化。[⑥]

2. 成人学习需求与美好生活的研究

关于老年学习需求与美好生活的研究相对有限,那么本书将文献研读工作拓展至成人学习需求与美好生活的研究,试图从中寻求启发。

(1)关于教育与生活的研究

教育产生于人类社会,自教育产生之日起,就围绕着人、人生以及人的生活不断变革着,总与生活发生着千丝万缕的联系。《学会生存》中描述了教育与生活的原始图景:"在原始社会里,教育是复杂和连续的。教育的目的在于形成一个人的性格、才能、技巧和道德品质,一个人是通过共同生活的过程来教育自己的,而不是被别人所教育的。家庭生活或氏族生活,工作或游戏,仪式或典礼等都是每天遇到的学习机会;从家里母亲的照管到狩猎父亲的教导,从观察一年四季的变化到照管家畜或聆听长者讲故事和氏族巫师唱赞美诗,到处都是学习的机会。"[⑦]

"教育即生活"这一观点,最早是由美国实用主义哲学大师、教育学家杜威提出来的,他的观点最初起源于儿童教育,认为"生活就是通过对环境的行动的自我更新过程","生活就是发展;不断发展,不断生长,就是生活"。[⑧] 杜威认为学校应该以儿童为中心,为儿童提供适合于生长的条件和适当的生活。[⑨]在《哲学与教育》一书中,杜威进一步明确指出,教育应该成为达到并延续美好生活的

---

① 周绍斌. 老年人的精神需求及其社会政策意义[J]. 人口与发展,2017,11(6):68—72.
② 王静. 老年学习的精神生活影响力研究[D]. 上海:华东师范大学,2010:40.
③ Me Auley E, Marquez DX, Jerome GJ, et al. Physiealaetivity and physique anxiety in older adults: fitness, and effete in flenses[J]. Aging Ment Health. 2002,6(3):222—230.
④ 樊星. 老年人参与学习活动与主观幸福感的相关性研究[D]. 上海:华东师范大学,2009:104.
⑤ 柏雅颖. 老年人参与学习活动与主观幸福感的关系:老化态度的中介作用[D]. 临汾:山西师范大学,2017:30.
⑥ 黄淑萍. 论社区老年教育与老年社会化[J]. 成人教育,2008(9):48—49.
⑦ 联合国教科文组织国际教育发展委员会. 学会生存:教育世界的今天和明天[M]. 华东师范大学比较教育研究所,译. 北京:教育科学出版社,1996:28.
⑧ [美]约翰·杜威. 民主主义与教育[M]. 王承绪,译. 北京:人民教育出版社,2001:7.
⑨ 康桥. 杜威:教育即生活[M]. 上海:上海辞书出版社,2014:37.

手段,认为"人们不仅为了明天或将来的美好生活从事教育活动,而且还要在教育活动中和领域内直接创造和享受生活","离开了对美好生活的追求、创造和享受,教育活动将会变得毫无意义","教育作为人的存在方式,作为帮助人揭示人生意义的途径,教育必须关涉美好生活的问题"。① 教育不仅要培养人们应对早年和中年的生活任务的能力,也要教会人们如何应对晚年的事务。②

(2)关于成人学习与生活的研究

关于成人学习与生活的研究,自成人教育学诞生之日起,便延续至今。这一主题,不仅在理论思考上得到了不断深化,而且在实践研究中得到了反复验证。

①理论深化

诺尔斯在《成人教育的现代实践:从儿童教育学到成人教育学》一书中提出,成人学习者具有显著的四大特征:首先,成人的自我概念从依赖型转变为自我指导型;其次,成人丰富的生活经验是学习的重要背景资源;再次,成人的学习与所承担角色的要求相适应;最后,成人的学习是以问题为中心而进行的。③ 与儿童学习者相比,除了成熟性、稳定性、经验性和自主性之外,成人最大的特点就是学习的现实性与生活性。因此,成人学习更加关注成人的个体经验,关注学习者自身的现实生活。具有"成人教育学唤醒者"之称的美国成人教育哲学家埃德华·林德曼(Edard Lindeman)提出了"成人教育源于生活、探索生活"的理念。林德曼认为"生活本身就是成人的学校",认为成人教育学"是一种事关成人学习的方法或技术,这种方法和技术可以使教育与生活联系起来,从而将生活本身提升到一种具有开拓性或开创性试验的水平"。④ 具有"终身教育理念诠释者"之称的美国成人教育学家戴维(R. H. Dave)提出了"终身教育为了生活、融于生活"的观点。戴维从生活视角出发,指出:"终身教育应该是个人或诸集团为了自身生活水准的提高,而经历的一种人性的、社会的、职业的过程。这是在人生的各种阶段及生活领域,以带来启发及向上为目的……的一种理念。"⑤当代西方交往理论的集大成者是尤尔根·哈贝马斯(Jurgen Habermas)认为成人的学习在于解决生活世界的问题。学习在于帮助个体坚定信念、加强交往并增强对主客观世界的理解。⑥ 只有教育回归成人生活层面时,教育才能

---

① 傅松涛,刘树船. 教育生活简论[J]. 河北大学学报:哲学社会科学版,2004(5):1—5.
② [美]哈瑞·穆迪,詹妮弗·萨瑟. 老龄化[M]. 陈玉洪,李筱媛,译. 南京:江苏人民出版社,2018:61.
③ 高志敏. 成人教育心理学[M]. 上海:上海科技教育出版社,1997:69—72.
④ [美]达肯沃尔德,梅里安. 成人教育:实践的基础[M]. 刘宪之,译. 北京:教育科学出版社,1985:77.
⑤ 吴遵民. 现代国际终身教育论[M]. 上海:上海教育出版社,1999:5.
⑥ [德]哈贝马斯. 交往行动理论(第1卷)[M]. 洪佩郁,蔺青,译. 重庆:重庆出版社,1994:171.

真正得以实现。前欧洲成人教育学会主席海宁·奥尔森(henning Salling Olesen)教授认为成人是"背景环境中的学习主体","学习并不是最先发生于制度化的教育和文化结构中,而是发生在日常生活的整体中,包括个人和集体的意识、情感、行为模式的发展与变化"。① 因此,成人学习就必然需要回归到成人的生活世界之中,他主张通过生活史研究法,捕捉理解成人的生活经验以及学习的主观维度。②

我国成人教育学家高志敏教授认为,成人学习及其需求因生活而引发,提出"回归丰富的成人生活世界、走进缤纷的成人精神家园"的成人教育研究纲领,认为成人教育研究要"直面成人最真实的社会境遇与最本真的社会生活,直面他们最真切的发展需求与最真实的人生向往,基此洞察、了解、分析和阐释他们的教育与学习问题,从而真正形成现实生活与教育的对接,真正实践人生发展与学习的契合"。③ 张晓凤认为成人的"生活世界"才是成人教育真正的学科特色,脱离成人真实的生活空谈成人学习与教育,必然导致成人教育陷入被质疑和否定的尴尬境地,也唯有"回归和走进"才是成人教育发展与壮大的必然之路。④ 灿美提出成人与生活始终是统一的,成人学习过程应还原于成人的生活之中,成人不仅要学会学习、学会做事,更重要的是学会生活,学会人与人之间共同的生活、个人生活与社会生活的协调。⑤

以上陈述发现,国外和国内的研究者们,均强调了成人学习与生活的密切联系,从成人学习者的特征而言,学习为了生活;从成人教育学的研究纲领而言,研究学习必然走进生活。

②实践验证

在实践调查中,高志敏教授从生活世界出发,勾勒了若干典型成人的生活世界与学习活动,剖析了其学习动机与行为,探索了不同人生阶段所需的任务与学习需求之间的关联与转化。⑥ 贾凡从"转化学习理论"出发,描述了成人的生活故事,分析其精神世界中的转化学习,认为转化学习与成人精神世界存在澄清、内聚、修正、实践的动态关联。⑦ 王霞将成人生活世界划分为家庭生活世

---

① Henning Sailing Olesen. Adult education and everyday life[M]. Adult education research group Roskilde university centre,1996:19.
② 孙玫瑾. 成人、生活史:一个终身学习的研究视角——奥尔森教授成人学习研究综述[J]. 教育发展研究,2005,25(13):84—87.
③ 高志敏. 成人教育研究的反思与前瞻[J]. 教育研究,2006(9):60—65.
④ 张晓凤. 回归"成人世界":成人教育研究的指引[J]. 成人教育,2007(3):31—3.
⑤ 灿美. 回归生活世界的成人教育与全面建设和谐社会[J]. 辽宁经济管理干部学院学报,2008(1):67—68.
⑥ 应方淦. 基于生活世界视角的成人学习研究[D]. 上海:华东师范大学,2011:119—129.
⑦ 贾凡. 成人精神世界中的转化学习研究[D]. 上海:华东师范大学,2010:250—252..

界、职业生活世界和公共生活世界,并且探寻不同维度成人生活世界中成人教育的发生。①

还有一部分研究者以特定群体为出发点,探寻成人生活世界与学习之间的关系。索乃颖以上海外籍居民为对象展开访谈,分析了基于生活的学习需求,认为外籍居民由于周边环境和自身文化的影响,他们的学习需求具有必然性、阶段性、渐进性、反复性、模仿性、自我导向性、一致性、多样性等特点。② 李洁以新上海人为研究对象,探索这一群体的生活世界与学习文化,充分挖掘新上海人学习海派文化的动因,认为个人自然因素、内在需求、个人生活情境、家庭观念、组织文化、社会变革等因素是这一群体学习的动力源。③ 蒋亦璐以被征地农民为研究对象,研究其城市生活认同与学习的关联,将其城市生活分为日常生活、职业生活和人际生活,从学习内容、学习方法、学习效果探讨城市生活认同与适应性学习发生的关系,认为城市生活认同引导并支配适应学习,适应学习体现并影响城市生活认同。④ 崔铭香以青年农民工为研究对象,研究其生存境遇与学习行为之间的关系,将青年农民工的生存境遇划分为客观生存境遇和主观生存境遇,从学习动机、学习内容、学习方式、学习方法与学习困难等维度进行分析,认为生存境遇对学习活动有一定限制作用,同时具有一定的激发作用,而学习活动对于生存境遇具有改善作用和提升作用。⑤ 徐花蕾以回归校园重新进行研究生学习的成人为研究对象,分析了这一群体的学习与家庭生活、学习与工作状态、学习与社会交往、学习与闲暇生活之间冲突与促进的关系。⑥ 杨佳以农民为研究对象,从社会流动与继续社会化两个层面分析其学习与生活的关系,认为学习促进农民向上流动,向上流动推动农民学习,并且在生存、生活与生命三重境界中,农民的学习大多聚焦于在前两个境界。⑦

在关于成人学习与生活的具体研究中,虽研究对象不同、研究结论各异,但可以从中发现一个共同的思路,即几乎所有的研究者都将成人生活进行了解构,从不同的维度对其生活进行剖析,并与学习进行关联分析。此外,在分析的结论方面,也都注重学习与生活的双向作用,即生活促发学习,学习改变生活。

---

① 王霞.解蔽与理解[D].上海:华东师范大学,2007:32—41.
② 索乃颖.生活在别处[D].上海:华东师范大学,2008:40—44.
③ 李洁.海派学习文化研究[D].上海:华东师范大学,2009:193—303.
④ 蒋亦璐.被征地新居民的城市生活认同与适应学习研究[D].上海:华东师范大学,2012:144—149.
⑤ 崔铭香.青年农民工的生存境遇与学习行为研究[D].上海:华东师范大学,2010:223—224.
⑥ 徐花蕾.回归校园的成人学习与成人生活研究[D].昆明:云南大学,2016:55—57.
⑦ 杨佳.最后的农民——成人学习对农民人生境界的改造[D].福州:福建师范大学,2008:61—80.

3.研究述评

通过对老年学习与生活以及成人学习与生活现有研究的梳理,一方面坚定了本书研究角度的可能性与可行性,另一方面也为老年学习领域的研究寻找到了突破点。

关于老年学习与生活的研究方面,目前尚未检索到老年学习需求与美好生活并列研究的文献,而只有从老年生活现状出发,研究已发生的学习与生活现状之间的关联。然而,老年的生活不仅仅着眼于眼前,他们的心中也有"诗和远方",出于对美好生活向往而引发的学习需求乃至学习行为,同样也应该成为老年教育研究中不可或缺的命题。在研究方法上,学者们大多通过经验总结或者问卷调查的方式开展老年学习与生活的研究。问卷调查固然能以数量取胜,但是对于老年人丰富多彩的生活世界,缺乏更深入的考量,因此也缺少了一定的生命力。鉴于现有研究的缺失,本书从老年群体对美好生活向往的角度出发,通过访谈与问卷相结合的方式,寻求其由生活所触发的学习需求。

关于成人学习与生活的研究方面,已经有相当一部分的积累,从成人学习与生活的思想引领,到研究纲领,再到具体的研究实践,都表明成人学习的研究绕不开其生活,也必须关注其生活。这样的研究纲领,坚定了本书的逻辑思路:欲探索老年群体学习需求,就必须走进他们的生活,分析他们的生活世界与生活向往,进而才能够发掘其真正的学习需求,解决研究之初的设问。现有的关于成人生活世界的分类,以及对学习行为的剖析,为老年学习需求与美好生活向往的研究提供了丰富的参考借鉴,也证明了本书的研究并非无源之水。

## 第四节 研究方法:方案设计与实施路径

### 一、目标与内容

(一)研究目标

本书以老年人为研究群体,以美好生活向往和学习需求为研究对象,着力探索其由生活世界引发的美好生活向往而生成的学习需求。其具体的研究目标设定如下:

第一,回答"当下老年群体的生活世界有何特征"的问题,即借鉴现有关于生活世界的研究,呈现老年群体生活现状;

第二,回答"基于生活世界,老年群体产生何种美好生活向往"的问题,即解

读当今老年群体对生活的期待与要求,探寻其心目中高品质生活的样态;

第三,回答"基于对美好生活的向往,老年群体产生了何种学习需求"的问题,即老年群体基于对美好生活的向往,而产生的学习需求的具体内容与细节特征。

在回答并阐明前三个问题的基础上,进一步窥探与揭示如今老年群体学习需求的新特征,分析并明确学习需求与美好生活之间的关联,从而在终身教育、终身学习的语境下,为满足新时代老年人对于美好生活的实现提供事实基础。

(二)研究内容

研究内容是研究目标的具体化和操作化,基于以上研究目标,研究内容便呼之欲出:

1. 研究基础的梳理

在任何一项研究中,都不能不顾已有的研究而闭门造车,已有研究既是新研究的奠基石,也是新研究的出发点。因此,关于老年群体美好生活向往与学习需求的研究,现有的人的发展理论、积极老龄化理论、人的需求理论、终身学习理论、美好生活理论等都是绕不开的理论基础。对现有理论与研究的分析,既是工作基础,又是本书的立论之基,也是避免研究盲目重复的关键步骤。

2. 生活世界的分析

"需求"的产生,通常基于差距而来,而差距往往是在理想与现实的对比中形成的。因此,要想深入理解老年群体的美好生活向往,就必须了解老年群体现有生活世界。他们对现有生活的满意或者不满意,是引发更高层面生活需求的起点。生活世界是美好生活向往的基础与由来,是研究的最根本起点。因此,研究将通过深度访谈,从主观与客观、宏观与微观、共性与个性相结合的角度,分析老年群体生活的客观环境和主观感受,归纳老年群体生活世界的特征。

3. 生活向往的解读

从老年群体的生活世界入手,在于理解其美好生活向往的由来。"美好生活"是研究中的关键词之一,必然也是研究的内容之一。在生活世界的基础上,老年人对更美好生活产生的各种需求,包括生理的、心理的、社会的、精神的需求,都是本书中需要进一步解读的内容。由于生活的范围非常广阔,条分缕析又难以穷尽,因此本书将会对生活向往进行相应的归类,以尽可能体现美好生活向往的层次感。在对老年人所向往的美好生活进行演绎后,提炼其美好生活的特点。

4. 学习需求的探寻

本书中涉及"美好生活"和"学习需求"两个关键词,不仅要对这两个关键词进行解读,还要对两者的关系进行分析。总之,从逻辑的角度而言,生活现状引发生活向往,生活向往引发学习需求,学习需求是最终的落脚点;从学科角度而言,生活现状与生活向往,更多侧重于社会学、心理学的视角,而学习需求则属于教育学的研究范畴。正因为本书主要归属于教育学领域,故而,对于老年学习需求的研究,是本书浓墨重彩之处。在学习需求的研究过程中,通过问卷调查、深入访谈等方法收集数据。在学习需求的文本表达上,首先通过问卷数据呈现学习需求的基本样态,其次借助差异性检验的技术,深入理解不同亚群体学习需求的特征,最后结合访谈资料,在本土化的语言中,进一步探索学习需求的细枝末节以及与美好生活向往的关联。在对学习需求进行描述后,总结老年群体学习需求的独特性与时代性。

以上四点,即为本书的主要内容。需要说明的是,后三者既是内容,又是研究的逻辑思路。即首先从老年群体的生活世界出发,解锁其生活样态,归纳其特征;其次从生活世界推进,描绘由此产生的美好生活向往,提炼其特点;最后从美好生活向往延伸,分析由此引发的学习需求,总结其特性,并且呈现学习需求与美好生活的连接。需要强调的是,老年群体学习需求是本书的重心,而生活世界、美好生活,则是研究的逻辑起点和助推路径。

## 二、方法与框架

如果说研究目标和研究内容的确定,在研究中发挥提纲挈领的引领作用,那么,研究方法与研究框架的设定,则具有排兵布阵的策略意义。本书采用文献研究法、问卷调查法、访谈法收集与分析资料,通过前期调研与后期整理,搭建了研究的分析框架。

(一)研究方法

科学研究中,方法是保证研究结果真实性、有效性的必要条件。研究方法是从事研究的计划、策略、手段、工具、步骤及过程的综合,是研究的思维方式、行为方式及程序和准则的集合。[1] 一般来说,科学研究的方法论体系可以分为哲学方法论、一般科学方法论和具体的研究方法和技术这三个由高到低、紧密相连的水平结构。[2]

1.哲学方法论

唯物辩证法为教育学研究提供了教育观指导,具体包括普遍联系观、动态发展观、矛盾统一观和质量结合观。普遍联系观认为事物或现象之间是相互联

---

[1] 陈向明.质的研究方法与社会科学研究[M].北京:教育科学出版社.2000:5.
[2] 董奇.心理与教育研究方法[M].北京:北京师范大学出版社,2004:23.

系、相互作用的。① 因此,本书关注了老年人生活与时代环境、历史变迁的相互影响。动态发展观认为世间所有的事物都是在运动、变化、产生和消失的。② 因此,本书关注了老年学习需求产生、表征及其指向等动态发展过程。矛盾统一观认为矛盾就是事物内部或事物之间既对立又统一的关系。③ 因此,本书抓住了老年社会角色弱化、生理机能退化的关键特征,扣住主题进行论述。质量结合观认为质与量是对立统一的。④ 因此,本书采取了调查与访谈相结合的方式,尽可能兼顾面广与意深两个方面,兼容质与量的互补与统一。

2.一般科学方法论

一般科学方法论是现代科学共同适用的科学研究方法,包括经验方法、逻辑方法、数学方法和系统方法。其中,系统方法论是教育研究的重要一般方法论之一。系统研究方法主张将教育现象作为整体的系统来加以考察,认为人的教育与发展是一个完整的系统,内部存在各种要素,但是这一系统位于更大的系统。⑤ 因此,本书中的老年学习需求,就关联了生活世界这一系统,从物质到文明、从生理到心理进行多维度考量。

3.具体研究方法

(1)文献研究法

文献是指记录有关知识的一切载体,包括那些记录发表过的或虽未发表但已被整理、报道过的知识以及其他信息的一切载体。⑥ 文献研究法就是对文献进行查阅、分析、整理从而探索问题的一种研究方法。⑦ 文献研究法通常分为广义和狭义两种。广义的文献研究法包括定性和定量研究;狭义的文献研究法仅仅指定性研究。文献的定性研究不太注重文献资料的数量特征和完整程度,而是注重研究者根据自身兴趣和课题要求选择合适的文献。⑧ 在文献法的研究中,不仅要有对已有文献的整理和归纳,而且要有文献批评,形成文献研究的结论或启发。本书中,主要采用狭义的文献研究法进行研究,查阅并收集专著、期刊文献、会议资料、政策文件、研究报告、网络报道等资料,进行文献整理与述评。文献研究法贯穿于研究始终,在研究前期,通过对已有文献的收集与分析,

---

① 余显礼,王力钢.论马克思主义科学发展观的历史演进[J].探索,2004(5):66—68.
② 陈培永.社会主义的哲思:恩格斯《社会主义从空想到科学的发展》如是读[M].广州:广东人民出版社,2014:33.
③ 高铭仁.矛盾和对应互补都是对立统一的形式[J].东岳论丛,1996(3):45—49.
④ 施为民.论质量互变规律的真实内容和特点[J].学术研究,1985(5):20—26.
⑤ 董奇.心理与教育研究方法[M].北京:北京师范大学出版社,2004:25.
⑥ 齐梅.教育研究方法[M].北京:北京师范大学出版社,2017:70.
⑦ 李方.现代教育研究方法[M].广州:广东高等教育出版社,2004:172.
⑧ 袁振国.教育研究方法[M].北京:高等教育出版社,2000:151.

确定理论基础、寻找研究起点、建构理论框架。在研究的中后期,将本书的结论与已有研究进行比较分析,寻找共同点与差异之处,分析原因,进一步确定本书的新发现。

(2)访谈法

访谈法属于调查法的一种,是研究者通过与研究对象进行口头交谈的方式来收集数据资料的研究方法。[①] 访谈法的最大特点在于,整个访谈过程是访谈者与被访谈者相互影响、相互作用的过程。访谈法具有内容更丰富、表达更精准的特点,尤其适用于个体内在观点、思想、信念等方面的调查。[②] 根据访谈时是否借助中介物,可分为直接访谈和间接访谈;根据访谈的内容和过程有无统一的设计要求和固定的结构,可分为结构访谈和非结构访谈;根据访谈同时参加交谈的被访谈者人数多少,还可分为个人访谈和集体访谈。在本书中,根据研究主题和可获取的资源,采用半结构的、直接的、个人访谈的方式进行。笔者在访谈前,拟定关于老年美好生活与学习需求的基本提纲,但是在现场访谈时,根据被访谈者的回答,追问关键问题,深化访谈内容。

此外,访谈不仅用于正式研究中资料的获取,在预研究中也发挥着极为重要的作用。在本书正式开始写作前,笔者进行了若干被试的预访谈,预访谈采用开放式问题,以便于收集尽可能多的信息。预访谈一方面为调查问卷的编制提供了选项来源,另一方面为正式研究中基本框架的建立提供了事实依据。

预访谈与正式访谈的提纲见附录1。

(3)问卷调查法

问卷调查法属于调查法的一种,是将调查内容制作成调查问卷,让调查对象填写,然后回收分析以获得调查资料的方法。问卷调查法是目前国内外社会调查中广泛使用的一种方法,具有过程标准化、形式匿名性、调查范围广、效率高等优点,但同时也有着被试配合度不够、调查不深入等隐患。[③] 在本书中,为了增加研究结果的普适性和推广性,在以访谈法为主的同时,辅以问卷调查的方法。问卷采用封闭性题项,包括被调查者的基本信息、关于学习需求与美好生活关联的认知以及具体的学习需求这三个方面。在数据处理上,本书采用了描述性统计和推断性统计两种方法分析老年群体学习需求。描述性统计主要用于统计总体概况,如某个选项的频率或者平均数等,有助于形成老年群体学习需求的基本样貌;推断性统计主要分析差异,如不同性别、年龄、受教育程度

---

[①] 董奇.心理与教育研究方法[M].北京:北京师范大学出版社,2004:182.
[②] 袁振国.教育研究方法[M].北京:高等教育出版社,2000:128.
[③] 齐梅.教育研究方法[M].北京:北京师范大学出版社,2017:151.

的老年人在选项上的差异等,有助于理解老年群体学习需求的细节特征。通过描述性和推断性统计,尽可能准确地描述老年群体学习需求以及学习与生活的关联程度。

(二)研究框架

如果说研究问题与内容是"灵魂",研究方法是"工具",那么研究框架则可被视为"骨架"。"骨架"搭建合理与否,可能直接关乎研究有效与否。研究框架的确定,一方面是来自理论分析,另一方面则是来自实践发现。关于理论分析,在前文理论基础探讨与现有研究述评的基础上,认为老年生活世界是存在维度与层次的,他们的美好生活向往与当下生活世界是有联系的,他们的学习需求更是丰富多样的。现有的研究也告诉我们,要想对老年群体生活世界、美好生活向往和学习需求进行研究,就必须要对其内容与结构进行操作性界定。尤其对老年生活世界的维度划分,既是研究的入手点,更是整个研究框架建立的关键。然而,关于生活世界的划分维度,目前并没有统一的标准,学者们根据研究目的与研究需要,将生活世界划分为四个维度、五个维度或九个维度不等。

鉴于此,有必要结合本书的研究目的与调研情况对老年群体的生活世界进行维度划分。预访谈发现,老年群体的生活世界内容丰富且难以穷尽,大到社会环境的描述,小到思绪感受的表达,前沿到人工智能的影响,遥远到革命岁月的回忆。分析发现,老年群体的生活世界隐藏着由表入里的线索,可以按照从物质到精神、从个体到社会这样的标尺进行划分。随后,笔者又结合正式访谈的大量文本以及本书的核心问题与研究逻辑,对之不断进行调整修正,直至形成相对清晰合理的老年群体生活世界的维度。在此基础上,美好生活向往与学习需求的维度划分,也在不断研究、分析后得以确立。因此,以下研究框架,是经过理论探索、资料解读、前期酝酿、中期调整以及后期优化等一系列过程后确定的(如图1—3)。

在这个研究框架中,无论是生活世界还是美好生活,抑或是学习需求,都力图体现层层深入、层层递进的特点。其中,生活世界被划分为日常生活、休闲生活、社会生活和精神生活这四个维度。

其中,日常生活主要是指老年群体由于老年期到来而面临的、与衣食住行等相关的生活。这种生活是基础性的、几乎会发生在每个人身上的、存在于琐碎日常中的一种生活。具体包括与生理变化相关的生活、与情绪调适相关的生活、与基本权益保障相关的生活以及与适应时代变化相关的生活。

休闲生活主要是指老年群体出于享受闲暇时光而发生的生活。这种生活是休闲性的、在日常生活之上的、与个体相关的一种生活。具体包括与享受时

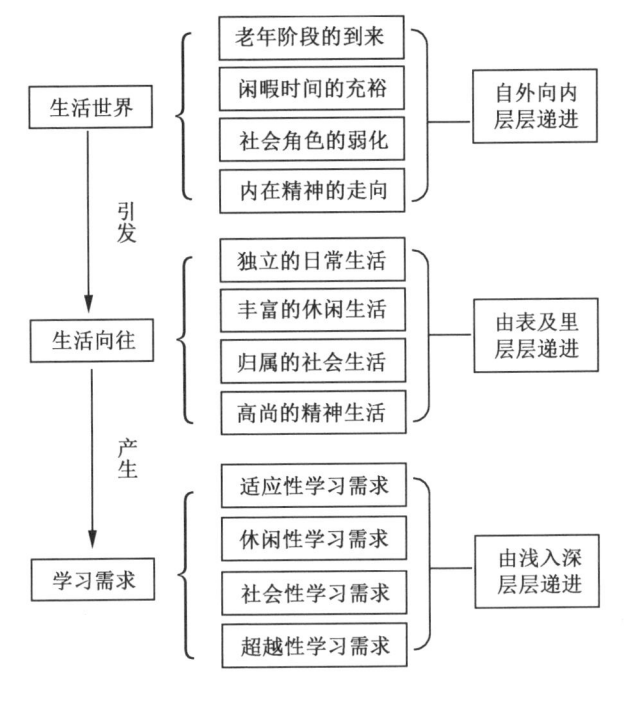

```
┌──────┐    ┌──────────────┐
│      │───▶│ 老年阶段的到来 │
│      │    ├──────────────┤     ┌──────────┐
│生活世界│───▶│ 闲暇时间的充裕 │────▶│ 自外向内  │
│      │    ├──────────────┤     │ 层层递进  │
│      │───▶│ 社会角色的弱化 │     └──────────┘
│      │    ├──────────────┤
│      │───▶│ 内在精神的走向 │
└──────┘    └──────────────┘
   │
   │引发
   ▼
┌──────┐    ┌──────────────┐
│      │───▶│ 独立的日常生活 │
│      │    ├──────────────┤     ┌──────────┐
│生活向往│───▶│ 丰富的休闲生活 │────▶│ 由表及里  │
│      │    ├──────────────┤     │ 层层递进  │
│      │───▶│ 归属的社会生活 │     └──────────┘
│      │    ├──────────────┤
│      │───▶│ 高尚的精神生活 │
└──────┘    └──────────────┘
   │
   │产生
   ▼
┌──────┐    ┌──────────────┐
│      │───▶│ 适应性学习需求 │
│      │    ├──────────────┤     ┌──────────┐
│学习需求│───▶│ 休闲性学习需求 │────▶│ 由浅入深  │
│      │    ├──────────────┤     │ 层层递进  │
│      │───▶│ 社会性学习需求 │     └──────────┘
│      │    ├──────────────┤
│      │───▶│ 超越性学习需求 │
└──────┘    └──────────────┘
```

图 1—3　本书研究框架图

间有关的生活、与弥补遗憾有关的生活、与发展兴趣有关的生活以及与陶冶性情有关的生活。

社会生活主要指老年群体社会角色改变后，随之发生的社会接触、社会参与方面的生活。这种生活，并非人人所必须，也不一定人人会经历，但是在一定程度上关涉老年群体的社会属性发展，社会生活相比于日常生活和休闲生活，更关注老年人的社会功能，也是进一步将老年人视为平等的人、完整的人而划分的生活。具体包括与遵守社会规则有关的生活、与回归职业舞台有关的生活、与更新家庭角色有关的生活、与建立社会团体角色有关的生活。

精神生活主要指老年群体作为精神个体的存在，所产生的与生命、精神有关的生活。这种生活，直指老年群体的生命体悟与生命价值，是最内核性的生活，也是最为深刻的生活。具体包括与自我实现有关的生活、与认识过去人生有关的生活、与面对未来生命有关的生活以及与自我奉献有关的生活。

当然，生活本就是一门博大精深的学问，任何的维度划分，都难以将生活世界以只言片语而透彻阐述。本书将生活划分为四个维度，只是一种帮助理解生活世界、操作性地开展研究的方法与手段。虽然对生活世界中的各个维度进行了内容方面的限定，但是生活本就是融会贯通的，难以割裂的，维度之间也可能会存在交叉之处。比如休闲生活中，也会包括精神生活成分，比如对美的享受以及对自我性情的熏陶等。但是，休闲生活的核心是指闲适和享受，精神生活的核心是超越与奉献，这两者的内核是存在区别的。因此，在行文过程中，笔者会抓住每个维度的核心要点，尽可能保证各维度之间清晰明了，尽可能在四个维度的分析中揭开生活世界、美好生活和学习需求的面纱。

生活世界的四个维度，与美好生活向往，以及学习需求的四个维度，总体上是相互呼应的。此后的分析，也就是以生活世界的四个维度为起点，结合访谈与问卷的资料，一步一步演绎扩展。

### 三、路径与过程

研究目标的达成，需要通过具体路径来实现，科学有序的研究过程在一定程度上能够保证研究结果的可信度和有效性。

（一）研究路径

围绕着老年群体"美好生活"与"学习需求"的主题，本书从观察现象、发现问题、确立问题、框架确定、资料收集以及结论分析等步骤，一步一步完成整个研究，具体如图1—4所示。

具体而言，研究始于老龄化社会的大背景，来源于老年人的生活现象，在成人教育研究纲领的指引下，结合社会学、心理学的知识，引发对美好生活与学习需求内在关联的思考。再借助积极老龄化理论、人类需求理论、美好生活理论等，建构研究基本理论框架。带着研究框架，开展实践调查，通过问卷与访谈，获取老年生活世界、美好生活向往与学习需求等方面信息，分析各自特征与三者之间的内在逻辑联系，提出推进老年教育工作的新思考。

（二）研究过程

遵循着以上的研究路径，笔者着手于每个环节与内容的研究。理论梳理已经在第二章进行了呈现，而正式研究中最关键的过程就是访谈和问卷资料的收集与分析过程。鉴于此，在此对访谈与问卷收集过程进行阐述。

1. 访谈过程

（1）预访谈的开展

访谈法是本书的主要方法，为保证访谈法实现最大的效果，笔者自正式研究开始半年前便开始实践访谈法的应用。在学习访谈法的步骤与要求的过程中，随机寻找老年人进行预访谈。访谈对象从身边的亲人以及朋友的家人等相对熟悉的人开始，慢慢拓展至公园里锻炼的老人、培训班等候接送孙辈放学的

图 1—4　研究路径图

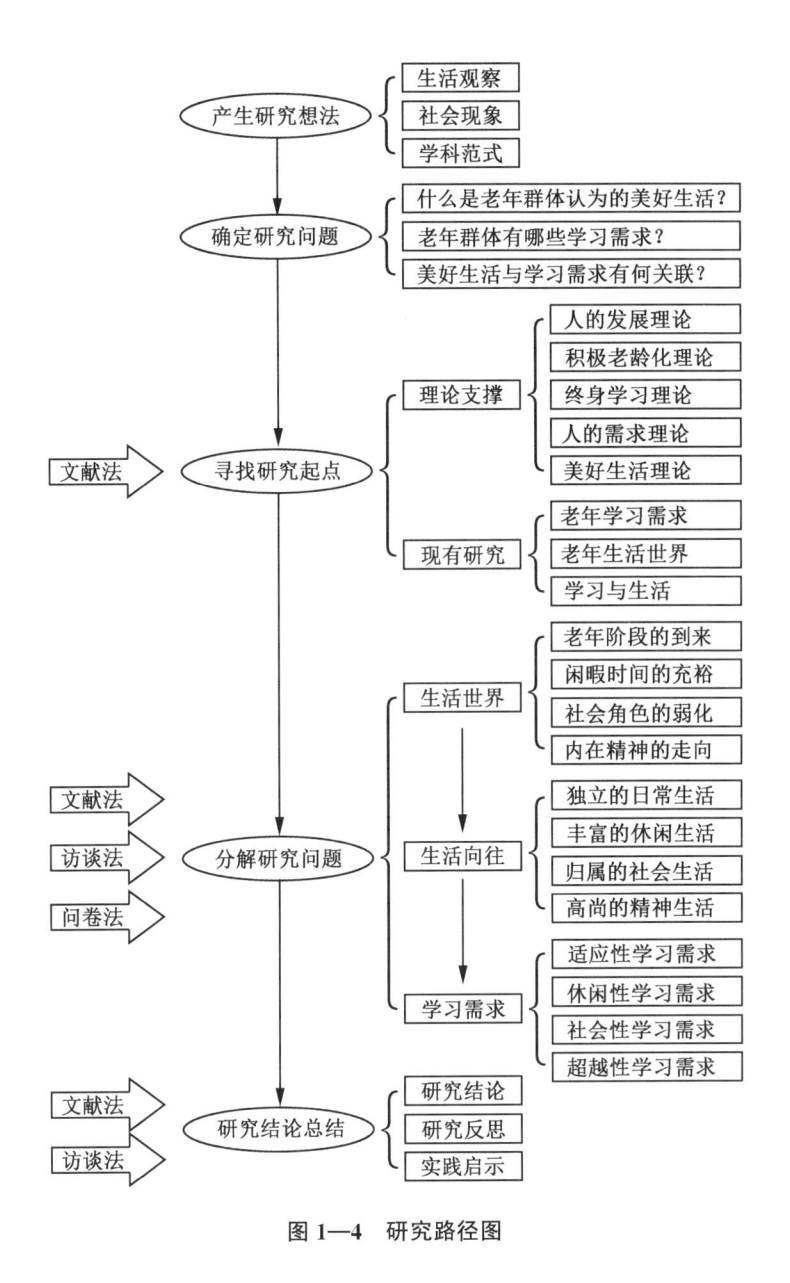

老人等陌生人群。预访谈中主要采取开放式问题进行提问,如"您认为老年人的学习与生活有什么关系""您认为老年人需要哪些方面的学习"等。预访谈的开展,一方面为后续正式研究提供了资料来源、搭建了论文结构框架雏形;另一方面也在实际操练中熟悉了研究方法、增加了与老年人交谈的技巧,积累了访

谈经验。

(2)访谈提纲的编制

经过预访谈,笔者积累了一定的资料,对老年人生活向往与学习需求有了初步的认识。但是,预访谈中收集的资料毕竟有限,因此结合相关理论研究,补充梳理与此相关的内容,编制了访谈提纲。访谈提纲主要包括三个部分:

一是被访谈者的基本信息,如年龄、受教育程度、居住情况等;

二是与生活相关的问题,如"您目前的生活中,最重要的事情是什么?""您目前的生活中,还有哪些方面您觉得希望能够变得更好?""您对美好生活是怎么理解的?";

三是与学习需求相关的问题,如"您觉得生活变得更好和学习有关系吗?""如果让您自由选择,您希望学习哪些方面的内容?""您希望学习的内容和您的生活有什么样的关系?"。

准备访谈提纲并不意味着访谈时一定要完全依赖它,即使拿着反复推敲的访谈提纲,正式的访谈中也会按照不同的路径进行。① 因此,访谈提纲的制定,是为了在访谈中指导笔者的思路,帮助笔者在丰富的信息环境中寻找重点。

(3)访谈对象的确立

访谈对象的组成,既要基于研究的对象与主题,也要考虑研究中实际可获取资源的途径。本书的访谈对象为老年人,包括正在参与学习的老年人和没有参与学习的老年人,包括身体健康的老年人和身体抱恙的老年人,包括受教育程度高的老年人和文化程度低的老年人等。本书的对象泛指所有老年人,理应将调查铺散至全国层面。但是,在实际调研过程中,笔者将范围锁定在上海,以上海的老年群体作为代表加以研究。究其原因,有以下三方面的考虑。一是上海的终身教育体系建设走在全国前列,老年教育事业的发展也领先其他省市,因此身处上海的老年人,对于老年教育、老年学习有着更加直观且深刻的理解。二是研究注重内在学习需求的挖掘,尤其注重以实现完整的人、有价值的人为目标的学习需求的探索,这在马斯洛需求层次理论中,属于高级需要。高级需要通常在低级需要得以满足的基础上才能显现。上海作为全国最发达的特大城市之一,为老年人提供的物质基础、政策环境、文化氛围等,在很大程度上能够满足其低级需要。在这样的情况下,他们的高级需要更容易凸显,由此引发的更内核的学习需求,也更容易发掘。三是鉴于笔者能够掌握并利用的资源,主要集中在上海,对于全国的取样,存在一定的困难,更加可能因为样本的代表

---

① [美]赫伯特·J.鲁宾,艾琳·S.鲁宾.质性访谈方法:聆听与提问的艺术[M].卢晖临,连佳佳,李丁,译.重庆:重庆大学出版社,2010:131.

性不够而导致研究结果的可信度不高。鉴于此,笔者将研究对象锁定为上海的老年群体,以上海为个案代表,研究老年群体的美好生活向往与学习需求生成。

本书中访谈对象的取样,通过随机取样与目的取样相结合的方式来进行。笔者联系了上海市老干部大学、静安区老年大学、上海老年大学浦东分校、松江区老年大学、闵行老年大学、杨浦区五角场社区文化中心6所机构的管理人员,通过他们的引荐,对部分学员展开访谈。与此同时,笔者通过日常活动中所接触到的老年人,如社区邻居、朋友父母、公园里早锻炼的老年人乃至陪孙辈读兴趣班的老年人等,展开随机访谈,以进一步丰富样本的多元性。最终,获取访谈样本70个,具体信息如下(详见表1—2):

表1—2　　　　　　　　接受正式访谈的个体基本信息

| 序号 | 代码 | 时间 | 来源 | 年龄 | 文化程度 | 退休前职业 |
| --- | --- | --- | --- | --- | --- | --- |
| 1 | WYPSJYY | 2018.9 | 上海开放大学校园 | 75 | 初中 | 公司员工 |
| 2 | WYPRGZN | 2018.9 | 上海开放大学校园 | 69 | 大专 | 工程师 |
| 3 | WYPYY | 2018.9 | 上海开放大学校园 | 71 | 大专 | 财务 |
| 4 | WYPWSGW | 2018.9 | 上海开放大学校园 | 73 | 大专 | 教辅人员 |
| 5 | WJABJGL | 2018.10 | 静安区老年大学 | 60 | 大专 | 集团团委书记 |
| 6 | WJATJQ | 2018.10 | 静安区老年大学 | 60 | 大专 | 居委会干部 |
| 7 | WJAPRXD | 2018.10 | 静安区老年大学 | 60 | 大专 | 教师 |
| 8 | MJAPRXD | 2018.10 | 静安区老年大学 | 63 | 大专 | 教师 |
| 9 | WJAYQ1 | 2018.10 | 静安区老年大学 | 65 | 大专 | 公司员工 |
| 10 | WJAYQ2 | 2018.10 | 静安区老年大学 | 60 | 本科 | 居委 |
| 11 | MPDWD | 2018.9 | 川沙公园 | 61 | 初中 | 监理 |
| 12 | WPDKF | 2018.9 | 川沙公园 | 65 | 高中 | 律师 |
| 13 | WPDFL | 2018.9 | 川沙公园 | 65 | 高中 | 律师 |
| 14 | MPDJTGX | 2018.9 | 川沙公园 | 63 | 小学 | 务农 |
| 15 | WYPYE | 2018.9 | 杨浦区五角场社区文化中心 | 57 | 高中 | 教育工作者 |
| 16 | MXHSF | 2018.12 | 上海市老干部大学 | 65 | 本科 | 公务员 |
| 17 | MXHBJ | 2018.12 | 上海市老干部大学 | 75 | 本科 | 单位高管 |
| 18 | MXHZZ | 2018.12 | 上海市老干部大学 | 75 | 本科 | 单位高管 |
| 19 | WXHDN | 2018.12 | 上海市老干部大学 | 85 | 本科 | 离休干部 |

续表

| 序号 | 代码 | 时间 | 来源 | 年龄 | 文化程度 | 退休前职业 |
|---|---|---|---|---|---|---|
| 20 | MXHYY | 2018.10 | 上海市老干部大学 | 70 | 本科 | 律师 |
| 21 | WXHLS | 2018.10 | 上海市老干部大学 | 63 | 本科 | 公务员 |
| 22 | MXHHUS | 2018.10 | 上海市老干部大学 | 68 | 本科 | 总工程师 |
| 23 | MXHSY | 2018.10 | 上海市老干部大学 | 78 | 本科 | 公务员 |
| 24 | WSJDN | 2018.10 | 松江区老年大学 | 70 | 本科 | 教师 |
| 25 | WSJWX | 2018.10 | 松江区老年大学 | 69 | 本科 | 会计 |
| 26 | MSJGE | 2018.10 | 松江区老年大学 | 64 | 本科 | 公务员 |
| 27 | MPTSM | 2019.1 | 华东师范大学 | 65 | 博士 | 教授 |
| 28 | MSJSM | 2018.10 | 松江区老年大学 | 70 | 大专 | 管理人员 |
| 29 | WSJWD | 2018.10 | 松江区老年大学 | 65 | 大专 | 医务人员 |
| 30 | MSJXZ | 2018.10 | 松江区老年大学 | 73 | 研究生 | 公务员 |
| 31 | MSJYY | 2018.10 | 松江区老年大学 | 73 | 研究生 | 公务员 |
| 32 | WSJWX | 2018.10 | 松江区老年大学 | 66 | 本科 | 教师 |
| 33 | WSJYY | 2018.10 | 松江区老年大学 | 57 | 大专 | 自由职业 |
| 34 | WSJSY | 2018.10 | 松江区老年大学 | 57 | 大专 | 自由职业 |
| 35 | MPDGQ | 2018.11 | 上海老年大学浦东分校 | 67 | 大专 | 自由职业 |
| 36 | WPDGZ | 2018.11 | 上海老年大学浦东分校 | 56 | 大专 | 企业管理 |
| 37 | MPDHC | 2018.11 | 上海老年大学浦东分校 | 63 | 本科 | 银行职工 |
| 38 | WPDTJ | 2018.11 | 上海老年大学浦东分校 | 57 | 大专 | 财务人员 |
| 39 | WPDZX | 2018.11 | 上海老年大学浦东分校 | 57 | 大专 | 财务人员 |
| 40 | MPDSY | 2018.11 | 上海老年大学浦东分校 | 61 | 大专 | 公司工会 |
| 41 | MPDHH | 2018.11 | 上海老年大学浦东分校 | 67 | 大专 | 公务员 |
| 42 | MPDSF | 2018.11 | 上海老年大学浦东分校 | 67 | 大专 | 公务员 |
| 43 | WPDZC | 2018.11 | 上海老年大学浦东分校 | 56 | 大专 | 公司员工 |
| 44 | MPDYY | 2018.11 | 上海老年大学浦东分校 | 63 | 大专 | 公司员工 |
| 45 | WPDYS | 2018.11 | 上海老年大学浦东分校 | 69 | 高中 | 财务人员 |
| 46 | WPDWD | 2018.11 | 上海老年大学浦东分校 | 65 | 高中 | 公司员工 |
| 47 | WPDHC | 2018.11 | 上海老年大学浦东分校 | 68 | 大专 | 财务 |

续表

| 序号 | 代码 | 时间 | 来源 | 年龄 | 文化程度 | 退休前职业 |
|---|---|---|---|---|---|---|
| 48 | WMHGQ | 2018.11 | 闵行老年大学 | 58 | 高中 | 自由职业 |
| 49 | WMHWD | 2018.11 | 闵行老年大学 | 63 | 本科 | 管理者 |
| 50 | MMHDN | 2018.11 | 闵行老年大学 | 61 | 大专 | 精密量具测验 |
| 51 | WMHWD2 | 2018.11 | 闵行老年大学 | 68 | 大专 | 教师 |
| 52 | WMHGQ2 | 2018.11 | 闵行老年大学 | 54 | 大专 | 企业员工 |
| 53 | WMHHC | 2018.11 | 闵行老年大学 | 60 | 大专 | 公司财务 |
| 54 | MMHYY | 2018.11 | 闵行老年大学 | 62 | 博士 | 企业高管 |
| 55 | MMHLC | 2018.11 | 闵行老年大学 | 65 | 高中 | 营销 |
| 56 | WMHGQ4 | 2018.11 | 闵行老年大学 | 60 | 本科 | 教师 |
| 57 | MMHGQ3 | 2018.11 | 闵行老年大学 | 65 | 高中 | 营销 |
| 58 | MPDYS | 2019.2 | 浦东新区随访 | 65 | 小学 | 打工 |
| 59 | WPDZY | 2019.2 | 浦东新区随访 | 58 | 大专 | 公司财务 |
| 60 | WPDCY | 2019.2 | 浦东新区随访 | 56 | 大专 | 公司员工 |
| 61 | WPDSJ | 2019.2 | 浦东新区家庭访问 | 63 | 无 | 务农 |
| 62 | WPDWD | 2019.3 | 浦东新区家庭访问 | 58 | 小学 | 务农 |
| 63 | WPDJZ | 2019.3 | 浦东新区家庭访问 | 62 | 大专 | 教师 |
| 64 | MPDYS | 2019.3 | 浦东新区家庭访问 | 57 | 本科 | 公务员 |
| 65 | WYPCG | 2019.4 | 杨浦区家庭访问 | 64 | 大专 | 企业员工 |
| 66 | MPDYS | 2019.4 | 浦东新区家庭访问 | 64 | 小学 | 私营业主 |
| 67 | MPDGCW | 2019.4 | 浦东新区家庭访问 | 61 | 高中 | 工人 |
| 68 | MXHYY | 2019.6 | 上海市老干部大学 | 65 | 大专 | 事业单位干部 |
| 69 | WXHLJFL | 2019.6 | 上海市老干部大学 | 63 | 本科 | 公务员 |
| 70 | WXHZYZ | 2019.6 | 上海市老干部大学 | 75 | 本科 | 单位副书记 |

为了便于后续资料使用，笔者对每一位访谈对象进行了编码，按照"性别—地区—学习需求"这样的规律进行编码。男性用"M"表示，女性用"W"表示；地区用行政区拼音的首字母表示，如"YP"表示"杨浦"、"PD"表示"浦东"；后面的字母表示具体的学习需求，同样是用汉语拼音的第一个字母表示，如"SJYY"表示"手机预约"、"RGZN"表示"人工智能"等。采用代码进行表示，一方面有利于

保护被访谈者的隐私,另一方面在论文中便于以简洁的方式予以呈现。需要说明的是,同一个访谈对象身上可能同时存在不同的学习需求,这里的编码就以访谈中第一个提到的学习需求为基准赋予字母代码。在文本分析中,根据各章节的主题,同一个受访者虽然使用同一个编码,但是其不同学习需求将会在相应的章节里分别予以呈现。

(4)访谈过程的开展

访谈主要采取面对面的方式进行,不限于访谈提纲中所规定的问题,对访谈中所涉及的事实、思想、感受进行随时追问。访谈以建立良好的关系为前提,研究关系深深影响着访谈的进行。[1] 因此在有他人推介的情况下,访谈进行得比较顺利,获取的信息较为深入。每场访谈在 30 分钟以上,在访谈过程中遇到关键问题或特殊问题,进行进一步追问。但是,在公园或公共场合路访的过程中,老年人则显得防范心和阻抗性较强,访谈时间较短且不够深入,但是也能够在一定程度上丰富研究的样本和资料。

为了便于资料的整理,访谈前征求被访谈者的同意,进行全程录音。同时,还添加了部分被访谈者的微信或联系方式,便于后续进一步联系、补充信息。

(5)访谈资料处理

在完成访谈资料的收集后,对访谈资料进行分析处理。本书的访谈资料处理主要采用定性的方式,即围绕着研究的理论框架,抽取能够表达观点的文本加以分析论证。

2.问卷收集过程

由于学习需求的个体色彩较为浓烈,如果单纯采用访谈法,在有限的样本中虽然能够获取深度信息,但是代表性和普适性仍有所欠缺。因此,在通过访谈法获取资料的同时,辅以问卷调查法扩充研究的广度。

(1)问卷题项来源

在一份完整的调查问卷中,应包括标题、指导语、问题及选项、感谢语这几个部分。[2] 在这几个部分中,问题及选项是核心内容。根据研究主题,笔者确定了问卷的主要结构,包括被调查者的基本信息、学习与生活的关系、具体学习需求这三个方面。通过预访谈与现有文献研究,编制了问卷的具体题项。为便于后续处理,问卷采用李克特 5 点计量法,按照"非常不需要"或"非常不赞同"到"非常需要"或"非常赞同"进行 1 到 5 的题项选择。

---

[1] [美]赫伯特·J.鲁宾,艾琳·S.鲁宾.质性访谈方法:聆听与提问的艺术[M].卢晖临,连佳佳,李丁,译.重庆:重庆大学出版社,2010:72.
[2] 风笑天.社会调查中的问卷设计[M].北京:中国人民大学出版社,2014:58.

在问卷初稿编制完成后,邀请心理学、教育学专业的博士研究生和硕士研究生5名对问卷提出修改建议。同时邀请上海市老干部大学、静安区老年大学、上海开放大学的有关专家和一线管理人员对题项的语言表达进行修改,以便更符合老年人的理解特征。

(2)问卷样本构成

问卷的发放涉及样本抽样、问卷发放、问卷回收等步骤。

关于被调查者的规模,统计学中规定超过30个以上,就算是大样本。当然,在教育学、社会学的调查中,一般默认300份的样本是能够代表总体情况的数值。鉴于笔者可以掌握的资源,决定将问卷发放的数量定为1 800份左右。其中1 500份在上海市老干部大学、静安区老年大学、上海老年大学浦东分校、松江区老年大学、闵行老年大学、杨浦区社区学院等学习机构发放,300份采取随机方式进行调查。老年学习机构的问卷发放委托管理人员和班主任进行,随堂发放并统一回收。随机调查即笔者与2位教育学研究生(陶孟祝、程豪)在公共场合对随机遇到的老年人进行问卷调查,并赠予小礼物表示感谢。实际调查中,老年大学回收1 365份,随机随访203份,共1 568份问卷,回收率为87.1%。

调查问卷的样本组成如下(详见表1—3):

表1—3　　　　　　　　问卷调查样本基本信息

| 项目 | 类别 | 人数 | 百分比(%) |
| --- | --- | --- | --- |
| 性别 | 男 | 387 | 24.7 |
| | 女 | 1 131 | 72.1 |
| | 缺失值 | 50 | 3.2 |
| 年龄 | 50～55岁 | 267 | 17.0 |
| | 56～60岁 | 276 | 17.6 |
| | 61～65岁 | 473 | 30.2 |
| | 66～70岁 | 321 | 20.5 |
| | 71～75岁 | 141 | 9.0 |
| | 76～80岁 | 38 | 2.4 |
| | 80岁以上 | 25 | 1.6 |
| | 缺失值 | 27 | 1.7 |

续表

| 项目 | 类别 | 人数 | 百分比(%) |
|---|---|---|---|
| 健康状况 | 良好 | 888 | 56.6 |
| | 一般 | 628 | 40.1 |
| | 不好 | 46 | 2.9 |
| | 缺失值 | 6 | 0.4 |
| 文化程度 | 不识字 | 4 | 0.3 |
| | 小学 | 14 | 0.9 |
| | 初中 | 202 | 12.9 |
| | 高中(中专) | 544 | 34.7 |
| | 大专 | 419 | 26.7 |
| | 本科 | 304 | 19.4 |
| | 硕士及其以上 | 41 | 2.6 |
| | 缺失值 | 40 | 2.6 |
| 退休前职业 | 国家干部 | 200 | 12.8 |
| | 企业管理人员 | 453 | 28.9 |
| | 私营企业主 | 51 | 3.3 |
| | 事业单位管理人员 | 202 | 12.9 |
| | 专业技术人员 | 320 | 20.4 |
| | 个体工商户 | 6 | 0.4 |
| | 商业服务 | 81 | 5.2 |
| | 产业工人 | 182 | 11.6 |
| | 农民 | 7 | 0.4 |
| | 无业人员 | 16 | 1.0 |
| | 缺失值 | 50 | 3.2 |
| 目前月收入 | 1000元以下 | 9 | 0.6 |
| | 1 000～2 000元 | 49 | 3.1 |
| | 2 000～4 000元 | 459 | 29.3 |
| | 4 000～6 000元 | 456 | 29.1 |
| | 6 000～8 000元 | 290 | 18.5 |
| | 8 000元以上 | 191 | 12.1 |
| | 缺失值 | 114 | 7.3 |

续表

| 项目 | 类别 | 人数 | 百分比(%) |
|---|---|---|---|
| 居住地 | 浦东新区 | 276 | 17.6 |
| | 黄浦区 | 23 | 1.5 |
| | 静安区 | 88 | 5.6 |
| | 徐汇区 | 76 | 4.8 |
| | 长宁区 | 33 | 2.1 |
| | 普陀区 | 61 | 3.9 |
| | 虹口区 | 12 | 0.8 |
| | 杨浦区 | 230 | 14.7 |
| | 宝山区 | 14 | 0.9 |
| | 闵行区 | 264 | 16.8 |
| | 嘉定区 | 2 | 0.1 |
| | 松江区 | 479 | 30.5 |
| | 缺失值 | 10 | 0.6 |
| 居住人 | 和子女居住 | 383 | 24.4 |
| | 和老伴居住 | 996 | 63.5 |
| | 自己一个人住 | 101 | 6.4 |
| | 缺失值 | 88 | 5.6 |
| 照顾孙辈 | 每天照顾 | 348 | 22.2 |
| | 周末照顾 | 230 | 14.7 |
| | 不用照顾 | 739 | 47.1 |
| | 缺失值 | 251 | 16.0 |

(3)问卷数据处理

问卷回收后,制定数据录入模板,进行数据录入。数据录入采用"1""2""3""4""5"的赋分方式,分数越大,表示需要或赞同的程度越大。

数据利用SPSS19.0软件进行分析,采用频数统计、平均分统计、T检验、F检验等方法进行处理。

# 第二章　直面生活更替：
# 适应生活的学习需求

从第二章开始,将结合问卷调查及访谈资料,解读老年群体对美好生活的向往以及由此产生的学习需求。本章首先从老年群体的职业生涯转变这一突出的特征入手,开启老年人美好生活向往及学习需求的发现之旅。当个体进入老年期后,他们的生活就发生了一系列显著的变化。他们在日常生活的更迭方面表现得尤为突出,比如他们的生理功能逐渐衰落、负面情绪时常涌现、信息渠道日益狭窄、信息技术望尘莫及。这些变化是老年群体不可逃避的问题,也几乎是每个老年人都可能遇到的生活挑战。面对其中需要适应及解决的问题,老年群体产生了哪些美好的生活期待,又希望通过怎样的学习实现这种美好期待?

## 第一节　学习,为了适应生理变化

退休,是指职工因年老或者因病残丧失劳动能力而退出工作岗位养老的制度。① 在我国,根据《国务院关于工人退休、退职的暂行办法》的规定,正常情况下,职工在 50～60 周岁之间办理退休手续。职工退休后,可在个人账户中按月领取养老金,②并不再缴纳基本医疗保险费,按照国家规定享受基本医疗保险待遇。③ 由此可见,老年人离开工作岗位的年龄至少在 50 岁以上。在年过半百的阶段,个体的生理机能逐渐下滑,更年期症状日益显著,各种急慢性疾病随时侵扰。面对此种情况,老年人有何种生活期待,又希望如何在学习中实现期待?

---

① 王益英. 中华法学大辞典: 劳动法学卷[M]. 北京: 中国检察出版社,1997:328.
② 上海市人民政府关于印发修订后的《本市贯彻〈国务院关于机关事业单位工作人员养老保险制度改革的决定〉实施办法》的通知[EB/OL]. 上海市人民政府. [2019-07-29]. http://www.shanghai.gov.cn/nw2/nw2314/nw2319/nw12344/u26aw61386.html.
③ 中华人民共和国社会保险法[EB/OL]. 中国人大网. [2010-12-09]. http://www.npc.gov.cn/wxzl/gongbao/2010-12/09/content_1614055.htm.

## 一、生理衰退:"大不如以前了"

随着时代的发展,人口寿命较之以往大大延长。据上海市卫生健康委员会统计,2018年上海户籍人口期望寿命83.63岁,其中男性81.25岁、女性86.08岁,比40年前提升了10岁。[①] 人口寿命的不断延长,虽然在时间上扩展了老年期的长度,但是在身体机能上,却无法避免衰退现象的到来。衰老是指有机体在生命形态、结构和功能上的逐渐衰退,是有机体生命过程的自然规律。[②] "年纪大了,身体大不如前了"(MXHBJ-P3)、"年龄快60岁了,筋骨都硬了"(WJATJQ-P1)、"现在身上毛病太多了"(WPDKF-P1),这些都是老年人自觉衰老的表述。

(一)"还没做好准备就这么来了"

歌德曾说,"衰老会突然袭击我们"。老年期的到来,有时猝不及防。当个体步入老年时,会往往变得无所适从,会追问"为什么,这是怎么回事?"对于老年状态的感知,大多始于更年期。女性更年期,是指从卵巢功能开始衰退直至绝经后一年内的时间段。[③] 更年期同青春期一样,是生理机能的转折时期,会遇到始料未及的挑战。有受访者表示:"现在正好是更年期,我感觉我还没做好准备就这么来了。没想到更年期会这么痛苦,身上一阵一阵地冒汗,睡到半夜衣服都会湿掉。我以前身体一直是蛮好的,后来就莫名其妙地不舒服。我的更年期主要反映在肠胃问题上,我肠胃怎么都不舒服,我就开始焦虑,每天都钻在这个问题里面出不来。我看了好多医生,都说没问题,但是我就是觉得自己有问题。后来,我跟小姐妹交流了一下,我们好多人都遇到这样的问题。"(WP-DTJ-P5)更年期的不适,很多女性老人曾经历过,但是却说不清道不明。医学认为,由于更年期卵巢功能的衰退,不仅导致了生育能力的丧失,而且引起了与激素有关的身心变化,引发精神上抑郁、焦虑、恐惧、烦恼、不安等不良情绪,为自己和家人带来生活困扰。近年来的研究表明,男性也会出现由于激素下降而导致一系列临床症候群,也存在更年期现象。[④] 因此,更年期无论是对于男性老年人还是对于女性老年人,都是一种新的转折。

(二)"记忆力一下子衰退了"

在神经系统方面,老年人感受最深的是记忆力方面的变化,尤其是对老年

---

[①] 李蓓.2018年上海户籍人口期望寿命83.63岁再创新高[EB/OL].网易网.[2019-02-15].http://sh.news.163.com/19/0215/07/E81O6JE104189AJL.html.
[②] 邬沧萍,姜向群.老年学概论[M].北京:中国人民大学出版社,2017:52.
[③] 上海市妇幼保健中心.更年期妇女自我保健手册[M].上海:上海交通大学出版社,2017:21.
[④] 李汉忠,郭应禄,李宏军.对男性更年期综合征的再认识[J].中华医学杂志,2005,85(26):1 801—1 802.

痴呆症的担忧。记忆是大脑的基本功能之一,也是个体日常生活中必不可少的重要功能。记忆一旦受损,将会影响部分生活。正如一名原从事信息情报工作的受访者表示,"年轻时记忆莫尔斯电码,一组就是四个字,七八组一起出现,看一眼便能记住,并能现场解码",但是如今却"绝对不行了,发现自己的记忆力一下子衰退了。现在人家讲个手机号码,1234567之类的,我都记不住。什么东西都要记几遍,所以觉得记忆力大幅度衰减了"。(MXHYY-P3)除了专业记忆能力方面的衰退之外,还会"丢三落四的,我出去买东西,其实家人也没让买,我老婆问我为什么到菜场去买东西?老是买好菜不拿回来,给了钱,没找零钱就走了"(MXHYY-P3)。记忆力减退,在老年期是一个不争的事实。认知科学领域的研究表明,记忆力随着年龄的增长呈现下降态势。[①] 医学上,记忆力下降是不可避免的,但是老年人对记忆力的怀疑和困惑,大于记忆力衰退本身。在一项关于老年群体记忆力感知的研究中,70%的老年城市居民觉得自己记忆力有问题,并且这种怀疑的比率从45岁到85岁,随年龄增长而越来越高。记忆力衰退以及对记忆力衰退的担忧,对老年人的生活产生了影响,是老年人生活中需要适应的内容。

(三)"动不动就生病"

衰老,不仅表现在正常的机体功能下滑,而且体现在各种疾病的发病率上。有受访者表示:"现在这个年纪,动不动就生病。别人只要一感冒,我肯定要被传染上。这个和以前年轻的时候不好比的。所以,家里只要一有人感冒,我就开始担心,生怕被传染。一旦被传染,又是好几天的事情。"(WPDZY-P2)随着年龄的增长,免疫系统的功能也在逐渐弱化,造成了老年人经常生病的现象。此外,慢性病,如高血压、冠心病等是老年人最常见的健康担忧。国内调查显示,在65岁以上的老年人中,高血压患病率为49%～57%,80岁以上为65.6%。[②] 正如受访者所述:"我的高血压已经好多年了,但是这几年我有时候觉得头昏昏的,感觉更严重了。"(MPDYS-P2)年龄渐长,个体心血管系统发生了错综复杂的变化,如心肌收缩率减弱、心脏负荷增加、血管硬化、弹性减弱、血管内膜增厚,进而导致血流阻力增加、血压上升等情况,这些都成为老年健康生活的大敌。

## 二、追求健康:"有健康才有生活"

基于老年人对于自身生理状态的感知,他们都承认自己日渐衰老的事实。但

---

[①] [美]费尔德曼. 发展心理学[M]. 苏彦捷,邹丹,译. 北京:世界图书北京出版公司,2013:632.
[②] 邬沧萍,姜向群. 老年学概论[M]. 北京:中国人民大学出版社,2017:64.

是,面对身体器官老化、机能下滑的事实,他们依然对未来的生活抱有期待。他们希望衰老来得慢一点,生病来得少一点,健康来得多一点。对健康的追求,是对美好生活向往的一种最初表达,也是在其他方面实现美好生活向往的重要基础。

(一)"有健康才有生活"

健康,是一种躯体、精神与社会和谐融合的完美状态,而不仅仅是没有疾病或者身体虚弱。[①] 健康不仅是指可自理、无生病的状态,而且是指身体、精神、社会功能的完整、健全和乐。身体健康,是积极老龄化框架中的首要因素,也是老年人美好生活向往中的第一愿望。他们认为"肯定要身体健康啊。身体健康,心情就好,心情好了以后生活就意义。所以说,有健康才有生活"(MXHBJ-P4)。谈及未来的生活规划时,他们表示:"现在人的寿命都很长,以后还有很长的时间。一个好的身体,对我们是很重要的,尤其是在现在高科技时代,有很多东西是我们看不见、摸不着的,但是身体健康是我们最能感觉到的。钱再多,身体不好,也是白搭,所以我觉得身体健康是最重要的。"(MPDYY-P4)老年人渴望健康,认为健康是生活的首要因素,有了健康才可能有更好的生活。正如英国哲学家、思想家培根(Francis Bacon)所说,"健康的身体是灵魂的客厅,病弱的身体是灵魂的监狱"。法国思想家、教育家卢梭(Jean-Jacques Rousseau)也曾说过,"身体虚弱,它将永远不会培养有活力的灵魂和智慧"。可见,身体健康是美好生活的本钱,更是老年人心中美好生活的一种本身。《健康老龄化中国方案》也认为,提升老年人的身体功能,有助于提高老年人的生命质量。因此,良好的机能状态,是老年人的生活期盼,也是老年群体最为关心的问题之一。

(二)"希望自己老得慢一点"

自古以来,延缓衰老就是人类美好的愿望和追求的目标。衰老所带来的机能退化,给老年人生活也带来了影响,同时也增加了各种陪护成本。[②] 医学研究指出:"如果能够延缓个体独立活动能力的丧失,那么老年人的生活质量将得到改善,同时用于老年体弱人群的社会成本和经济成本都将减少。"[③]对于老年人而言,他们希望衰老来得慢一点,这也是他们面对生活所表现出来的一种最朴素、最直接的美好向往。他们对于延缓衰老,简单而质朴的表达就是"人终有一老,老得慢一点吧"(WPDTJ-P4)。再具体一些,他们希望"我这个手吧,希望能

---

[①] Rosini M D. Constitution of the World Health Organization[J]. World Health Organization,2002,80(12):983—984.

[②] Rice K L,Paterson A D,Jones G M. Ageing and physical activity:evidence to develop exercise recommendations for older adults. [J]. Canadian journal of public health = Revue canadienne de santé publique,2007,98 Suppl 2(supplement 2):69.

[③] Ip H H,Wong V W,Lelie P N,et al. Physical activity in old age[J]. The Lancet,1986,328(8 521—8 522):1 431.

举得高一点,虽然比不上年轻时候那么灵活,但是好歹让我能活动的时候不受限制"(WJATJQ-P1)、"更年期啊,每个人都会有的,每个人的现象(症状)也都不一样,我就希望更年期来得平稳一点、慢一点。人们常说更年期一来,人就老了,所以还是想更年期来得晚一点、慢一点吧"(WPDTJ-P8)。从访谈中可以看出,老年人都能接受衰老这一事实,但是在接受事实的基础上,又希望身体衰退得慢一点,尽可能地保证生活质量。有受访者一语中的地说道,"老了不要紧,我们不怕老,但是希望自己的身体不要影响生活"(WPDZY-P3)。老年人并不害怕老去,他们害怕的是失去生活质量。可见,延缓衰老,是老年群体对高品质生活向往的表达。这样的延缓,并不是对生物医学的对抗,而是在顺应身体变化的前提下,让当前的身体能够达到更好一些的状态。

（三）"希望以后少跑点医院"

生病,是每一个个体都会经历的事件。但是到了老年期,疾病似乎来得更不可预料。也就是说,由于人体进入老年期,生理机能老化、器官代谢衰退、身体抵抗力下降等,各种疾病更加容易甚至频繁侵袭。生病,给老年人带来的不仅是身体上的不适,而且带来经济上的负担,增加照护成本。因此,不生病或者少生病也成为老年人一种非常特定而且常见的生活期望。正如有的受访者表示:"去年,我生了一场大病。我在医院住了好多天。那个时候,我真的担心自己醒不过来了。现在身体慢慢好了,希望以后少生点病,少跑点医院,健健康康,生活得有质量。"(WPDKF-P4)除了希望减少日常的小病小灾以外,老年人对于老年期最易患上的老年性疾病,也希望尽可能"敬而远之"。有受访者说道:"我担心患老年痴呆啊,现在不是有好多老年痴呆的事情(报道)嘛,想想应该是蛮痛苦的,所以想尽量预防,不希望自己得。肯定是好好的,一家人生活才能奔头啊。"(MXHYY-P2)与正常衰老相比,疾病更容易导致老年人的功能丧失。疾病可能会伴随着老年期,但是减少生病的频数和严重程度,"防止疾病提早地到来"(WPDYS-P2),可以理解为是对可能到来痛苦的回避,是对不美好事物的反向躲避,但反过来,也可以理解是一种对美好生活的特殊表达,即避开生活中的不美好,那么迎接的将是美好。

## 三、需求浮现:渴望养生保健类学习,追求健康的生活

为了应对老年期身体功能的衰退,他们引发了对健康生活的向往,进而寻求以学习的方式来实现对这一美好生活的期盼。老年人身体的衰退,一方面与自然的生物代谢有关,另一方面与老年人自身的认知、生活方式以及日常保健有关。在影响健康的各种因素中,教育也成为学者们关注的因素之一。在国内

关于老年群体健康与教育之关系的研讨中,有人认为中国的中高龄老年人先前受到的教育较少,通过老年教育恰恰能够显著提升他们的生理健康水平。[①] 既然教育对老年群体的健康能够产生正向积极的影响,那么,在实际生活中,老年群体是否存在生理健康方面的学习需求呢?

(一)问卷数据呈现

关于健康方面的学习需求,调查问卷设计了两个问题,分别是"参加学习能够让人健康"和需要学习"健康养生(如健康饮食、常见疾病防控、安全用药、养生保健等)"内容这两个题目。第一个题目在于调查老年群体学习让生活变得更健康美好的观念,第二个题目在于调查老年群体对于学习健康养生方面内容的需要程度。

问卷调查显示,在"参加学习能够让人健康"的选项中,57.2%的受调查者选择"非常赞同",32.6%的受调查老人选择"比较赞同"。也就是说,约九成的受调查者认为学习能够促进个体的健康(如图2—1所示)。此外,该选项的平均得分为4.586分。按照李克特5点量表的平均分而言,此选项的平均得分已经远远高于理论的平均分(理论平均分为3分),即被调查的老年人认为学习与健康存在正向影响的关系。

通过描述性统计,可知老年人对于学习与促进健康的关系持有肯定态度。通过推断性统计,则可以获取更细致的结论,如不同性别、不同年龄段、不同职业、不同受教育程度、不同经济收入的老年人是否对此有统一的观念。这种细节特征的发现,可以借助差异检验来实现。在本题项的差异检验中,尚未在性别、年龄、受教育程度、退休前职业、经济收入、健康状况等方面呈现显著性差异。这表明,无论何种年龄、何种职业、何种身体状况的老年人,都认为学习能够促进身体健康,进一步提高生活质量。需要说明的是,根据统计学表达规范,但凡出现显著性差异的因素,需将具体数值予以报告;尚未呈现显著性差异的数据,可以不作展示。本书也遵从统计学表达规范,对于呈现显著性差异的题项,以表格形式予以呈现;对于没有显著性差异的因素,则不作数值上的报告。

在具体的学习内容上,关于需要学习"健康养生(如健康饮食、常见疾病防控、适合老年人的运动、安全用药等)"的选项,51%的被调查者选择"非常需要",35.7%的被调查者选择"比较需要",约九成的老年人需要养生保健类的学习内容(如图2—2所示)。描述性统计显示,该选项的平均分为4.437分,远高于理论平均分,再次验证老年群体对于养生保健类学习的需要程度之高。相较

---

[①] 程令国,张晔,沈可.教育如何影响了人们的健康?——来自中国老年人的证据[J].经济学(季刊),2014(3):309—334.

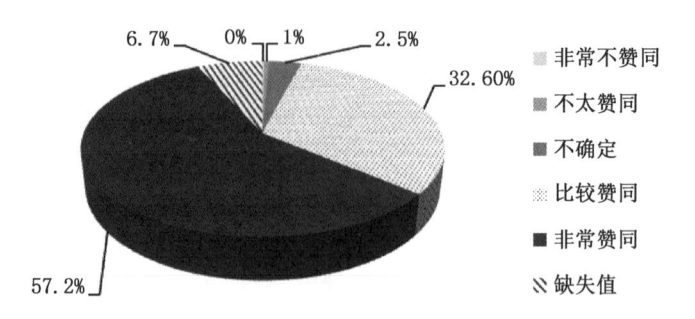

图 2—1 认同"参加学习能够让人健康"观念的人数比例分布

于其他的学习需求内容,该选项的得分也位居榜首。同样,在老年大学、社区学校中,医学保健类课程,如食疗营养、中医按摩等课程的需求也呈最高。[1][2][3][4]

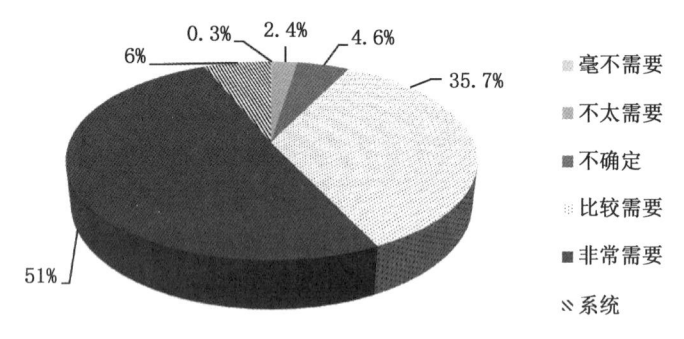

图 2—2 需要学习"健康养生"内容的人数比例分布

进一步对数据进行差异性检验,在性别方面,发现女性对健康养生方面的学习需求高于男性。($P=0.002$,$<0.01$)至于年龄、学历、健康程度等方面,则未检测出显著性差异,表明老年群体无论教育背景如何,无论目前是否健康,都对健康养生类的学习内容表示出高度需求。因此,对健康的渴望,以及对健康知识与能力方面的学习渴望,是老年学习需求的首要内容,他们希望了解自己身体的变化、通过学习预防疾病,学习保健的技能和知识,提高对身体状况的满意度。积极老龄化将"健康"作为第一内容,就是主张人们在进入老年期后能够保持健康生活,享受更长时间、更高质量的生活。[5]

---

[1] 刘昱杉. 我国老年教育供需问题研究[D]. 天津:天津财经大学,2017:21.
[2] 李红. 上海老年群体学习需求研究[D]. 重庆:西南交通大学,2016:29.
[3] 胡迪利. 宁波城市老年人学习需求分析及对策研究[D]. 宁波:宁波大学,2011:31.
[4] 陈超仪. 老年人学习需求特征及其影响因素分析[D]. 广州:暨南大学,2017:27.
[5] 世界卫生组织. 积极老龄化政策框架[M]. 中国老龄协会,译. 北京:华龄出版社,2003:48.

(二)访谈资料分析

关于对健康养生方面的学习需求,访谈中有了更为详尽的发现。

1."想提前学习这方面知识"

个体到了老年期,身体的各个部位都在发生变化,有些变化可以被明显感知,如视力、听力、体力等方面的下降,有些是不易被察觉的,比如钙质流失、激素下降等。这些变化都会对生活带来影响,面对这些影响,老年人希望能够减少生活中已经存在或者可能存在的苦痛,因此希望通过学习来减缓衰老带来的生活困扰。比如面对更年期可能带来的一系列反应,受访者希望"提前学习这方面的知识,帮助我们了解更年期可能会遇到的问题,怎么解决这些问题。真正到了更年期,遇到问题的时候,就没那么焦虑了"(WPDTJ-P8)。恐惧源于未知,焦虑源于不确定。老年人对自身身体的担心,有时是对真实情况的不了解。对事实的告知,就是对老年群体的尊重。可见,面对老年期的生理变化,老年群体希望能够提前了解到自己身体的特征,以此来应对必然经历的特殊阶段,提高对于生活的掌控度。

2."想要学习一门运动来保健"

老年人所希望的健康,不仅仅是不生病,还希望通过学习主动调整身体状况,保持良好的状态。关注健康、投资健康,健康则会保值或增值。合理膳食、适量运动、戒烟限酒、心理平衡是世界卫生组织提出的健康四大基石。老年人对于运动和日常保健保持较高的学习需求。希望通过学习一门运动,来达到强身健体的功效,几乎是老年人共同的心愿,有受访者说道:"就是想要学习一门运动来保健。我这个年纪,剧烈的运动也做不了,加上我的肩膀有伤痛,也只能做做比较缓慢的运动,所以就想着学学太极拳。"(WJATJQ-P2)他们不仅希望学会这一门运动,而且希望通过坚持运动来调整身体状态,他们表示:"想学太极,不是打着玩的,而是学会了,以后可以在家锻炼了。这样在家有事做了,身体也好了,生活就充实起来了,美好起来了。"(WPDTJ-P4)大量的流行病学研究已经证实,有规律的身体锻炼可以降低衰老引起的各种疾病的发病率和死亡率。[①] 把通常的唱唱跳跳、打打拳,升华到对美好生活的一种追求,决然不失为一种新的看法。除了学习新的运动技艺以外,老年人也希望通过平日常见的活动保持健康,比如唱歌就成为老年人锻炼身体的另一种方式。为此,他们也希望学习唱歌的技巧与技能,增进锻炼身体的效果。如受访者表示:"听说学唱歌可以长寿。唱歌要用气,用气的话,就是一种肺活量锻炼,就是一种长寿运动,

---

① 陈万,章岚,谷忠德.衰老的生物学特征与运动健身效果的国外研究进展[J].山东体育学院学报,2011,27(1):38-43.

所以想来学一学怎么运气、用气,想让自己的身体更好一点,让自己更长寿一点吧。"(MPDHC-P5)曾几何时,老年人对于健康的理解是"有病看病,无病太平",但是如今他们的健康观念发生了变化,逐渐接受"大健康"的概念,更加希望通过学习来预防疾病,将健康干预的措施前移。除了动态的运动,静态保健也是老年人热衷的学习内容之一,比如他们"想学中医保健,尤其是中药对身体保健方面的功效,这样平时就可以自己在家调理。这样毛病减少了,跑医院的次数也会少,生活中就可以做更多自己想做的事情了"(WPDZY-P3)。老年人有着学习中医保健类知识的心愿,但是随着近几年中医中药的复兴,各大媒体对养生保健的大肆宣传,各种养生信息交错,众说纷纭,有时信息甚至是相悖的,让老年人无从判断,难以选择。因此,他们"很想学一学中医保健养生之类的,不是来个专家随便讲讲的那种,要科学的、专业的。希望能听到专业的知识,比如老年人常规保健穴位有哪些、常见病的中药方子有哪些之类的。毕竟现在外面讲这个的很多,讲的都不太一样,搞得我们也不知道听哪个的好。所以希望能找到专业的,能相信的"(WPDYS-P2)。可见,无论是动态方面的运动学习,还是静态的知识学习,都是指向更加健康的身体。而健康的身体,恰恰就是美好生活组成的一部分,甚至堪称极其重要的一部分。

3."想学英语防止老年痴呆"

正如前文所述,老年群体对疾病的担忧已经成为生活中的困扰,因此减少疾病的发生,就是他们美好生活中的一部分。他们希望通过运动、饮食等多方面来预防,同时也希望通过参加学习来预防乃至治疗疾病。调查发现,虽然不少老年人年轻时不擅长某项技能,但是到了老年期却很愿意学习一门新的技艺。寻其原因,原来是希望通过学习让大脑保持运转,防止疾病发生。比如不少受访者希望学习英语,表示"老年人不停地用脑,也能够防止好多疾病提早到来。世界上好多养生专家都认为一个忙忙碌碌的老年人比在家里整天不动的人活得时间长,而且也不容易得老年痴呆症。学英语就是让脑子不停地动,所以我想学"(MPDYY-P4),"学英语能够防止记忆力衰退,能防止老年痴呆症"(MXHYY-P3)。同样的,也有老年人认为退休后没有工作,需要开动脑筋的机会少了,觉得自己"脑子好像是用得枯竭了,脑子退化很快"(WMHGQ4-P7),所以希望"学钢琴,可以防止老年痴呆症"(WMHGQ4-P7)。心理学研究表明,教育可以延缓语义记忆的衰退速率。[①] 对于已经身患疾病的老年人,他们也希望通过学习某种运动来达到治疗疾病的目的,比如有受访者说道:"我想学太极,

---

① Herlitz A, Nilsson L G, B Ckman L. Gender differences in episodic memory[J]. Memory and Cognition,1997,25(6):801-811.

因为说打太极可以降血压。我这个高血压好多年了,一直在吃药,担心越来越严重,听人说打太极对降血压有帮助,所以我想学来看看(效果)。而且太极动作慢,适合我们这个年纪的人。"(WPDTJ-P4)医学研究表明,积极参加太极剑或者是太极拳锻炼的老年人,其血压水平能够得到有效控制。[1] 在这里,无论是学习英语、钢琴还是学习太极拳,他们的目的往往并不在于掌握多少这方面知识技能的本身,而是在于通过这样一种学习的过程,来保持身体机能良好运作的状态,减缓疾病的发生,达到积极生活的状态。

综上所述,老年群体身体状态的下滑,引发了他们追求健康的渴望。健康,就是他们向往的美好生活中最为直接、最为质朴的内容。他们认为学习能够促进健康的生活。为了保持健康、减少疾病,他们希望通过学习运动、中医保健类的知识来实现对健康生活的追求,对美好生活的追求。

## 第二节 学习,为了调适消极情绪

人非草木,孰能无情。人类在改造世界、生存发展过程中,必然接触到各种顺境与逆境,得到与失去,必然会产生喜、怒、哀、乐、忧等各种情绪。情绪与情感是客观事物是否符合人的需要、愿望与观点而产生的体验,是人对客观事物与人的需要之间关系的反映。[2] 老年群体,随着年龄的增长,情绪体验日趋稳定与深刻,但是他们的积极情绪逐渐减少,消极情绪逐渐增多。[3] 老年人在退休后的一段时间里,由于环境的重大变化,一时间会难以适应,极易出现各种不良情绪反应,比如失落感、空虚感、孤独感、寂寞感、焦虑感和抑郁感等等,就会出现人们口中常说的"退休综合征"。这些不良情绪弥散在老年人的生活中,他们对此有何认识和期待,又希望通过怎样的学习来驱散这些消极情绪、实现所向往的美好生活?

### 一、不良思绪:"好像哪里不对劲"

由于老年人大脑情绪控制中心的老化,抑制性大于兴奋性,因此,负面情绪大于正面情绪,常见的负面情绪有无聊、抑郁和失落。

---

[1] 毕业,陈文鹤.太极拳运动对高血压患者血液流变性的影响[J].中国运动医学杂志,2005,24(5):606-607.
[2] 张履祥,葛明贵.普通心理学[M].合肥:安徽大学出版社,2002:34.
[3] 刘荣才.老年心理学[M].武汉:华中师范大学出版社,2009:149.

## (一)"感觉无聊"

老年人退休后直接面对的第一变化,就是工作停止,时间增多。他们表示:"退休下来之后,做的最多的事情,就是每天买汰烧(上海话,意为买菜、做饭、收拾),天天都是这样,真的有点无聊。"(MPDWD-P2)与年轻时忙碌的工作状态相比,老年人退休后由于不用规律性地上班,紧张的状态一下子松弛下来。没有了强制性的组织行为,有些老年人产生了不适应感,有受访者说:"刚刚从那个管理工作上下来,原先工作的时候比较忙,退休下来后真有点不习惯、不喜欢,不知道做什么好,一开始就晃荡晃荡。后来就睡觉,没事就睡觉。睡的时间多,活动的时间少。"(MSJSM-P1)。如此这般,或许有些人会产生短时间的舒适感,但一段时间后,无聊的情绪也会侵袭而来。有受访者这样表达:"毕竟上班那么多年,想着退休了,终于可以休息休息了。一开始退休在家感觉还可以,还觉得休息休息挺好。但是,时间久了就感觉空虚了,好像自己无所事事,除了每天买菜做饭,其余时间不知道怎么去打发了。所以,没事的时候在家里就感觉无聊了。"(WPDZC-P1)导致老年人感到无聊的原因,不仅仅是由于工作的断崖式停止,更是由于无事可做、无人可聊,有老人就这样说起:"除了做点家务,最后跟孩子也谈不到一块,对不对? 孩子有孩子的工作,你跟谁去说话,反正就觉得无聊。"(WPDHC-P4)无聊,是由于不充分环境刺激引起的不满意的状态[1],表达了个体存在的无意义感。[2] 在访谈中,老年人表达出的无聊,虽然是一种低沉的状态,但也恰恰是这样的无聊感,让他们唤醒了水平较高的情感期待[3],激发了老年人追求更加充实生活的愿望。

## (二)"什么事情都开心不起来了"

除了无聊的情绪,还有部分老年人产生了抑郁的情绪。老年人是抑郁情绪的高发人群,抑郁情绪危害老年人的身心健康,影响他们的生活质量。[4] 世界卫生组织的统计研究发现,老年人的抑郁障碍随着年龄的增长呈现增加的趋势。[5] 对于抑郁的感受,受访者这样描述:"退休下来,会有一种好像缩了一点的感觉,就是接触面越来越窄,整个人好像越来越没有再生长的这种力量"(MSJGE-

---

[1] Vodanovich, S. J., Weddle, C. & Piotrowski, C. The relationship between boredom proneness and internal and external work values[J]. Social Behavior and Personality: An International Journal, 1997, 25: 259—264.

[2] Martin, M., Sadlo, G., & Stew, G. The phenomenon of boredom[J]. Qualitative Research in Psychology, 2006, 3, 193—211.

[3] Balzer, W. K., Smith, P. C. & Burnfield, J. L. Encyclopedia of Applied Psychology[M]. Academic Press. 2004: 289—294.

[4] 赵瑛,肖世富,夏斌,等. 老年神经精神病学[M]上海:第二军医大学出版社,2005:705—715.

[5] Unützer J, Patrick D L, Simon G, et al. Depressive symptoms and the cost of health services in HMO patients aged 65 years and older: a 4-year prospective study[J]. Jama, 1997, 277(20): 1 618—1 623.

P3),"岁数大了容易抑郁,特别是更年期以后什么事情都开心不起来了,没意思,不像年轻时候啥事情都开心"(WMHHC-P2)。从访谈中可以看出,生理的变化以及退休事件的发生,是导致抑郁情绪的导火索。环境变迁,如退休、随迁、人际环境变化等因素是抑郁情绪的影响因素。[①] 抑郁让个体处于机能压抑的状态,但是,抑郁情绪也被称为"精神上的感冒",是可以通过行为干预来缓解和改变的。

(三)"失落感是无法避免的"

退休意味着不用工作,一方面是对老年人体力、精力的保存、保护,但另一方面,工作角色的丧失,也可能会导致对自我价值感的怀疑。有受访者认为:"退休以后离开了单位,和单位的人接触少了,好像人家都不需要你了。在家里也就那么大的地方,家里人也都自己做自己的事情,我没事做,没人需要,好像有我没我一个样,不知道自己是啥样。"(WJAYQ-P1)对于个体而言,自我价值很大一部分通过工作来体现,一旦工作停止,那么自我价值也受到了威胁。这就是老年人退休后产生失落感和自我怀疑的原因所在。特别是对于在职时担任一定领导岗位的老年人而言,在位时能够切实感受到被需要、被肯定,人际交往频繁,但是退休后情况往往相去甚远,有受访者回忆起以前工作,表示"以前的工作是很忙碌的,在每个科室每个所基本都有比较谈得来的,都有比较要好的人"(MSJGE-P2),但是,离开职务岗位之后,情况就一落千丈,就变成"甩手大掌柜了,什么具体工作都没有了,开会你愿意来你就来,当然他们反感你,因为这是基层所里,你要一说话别人又不好意思堵住你,你不在位置了,你一说话还管东管西的,人家有点厌恶,自己心里也明白。以前经常谈得到一起的人,慢慢也疏远了,到人家那里聊天,变成人家接待的负担了"(MSJGE-P2)。在一般的道理层面上,他们能够认识到"退休并没有失去什么,而仅仅是人生环境的转变而已"(MSJGE-P3),但是在情绪体验上,他们表示,"那种失落感是无法避免的"(MSJGE-P3)。退休前,老年人在单位扮演的是"主角",退休后变成了"配角",工作责任的交接、人际关系的疏离,都造成了老年人失落的情绪体验。

无论是无聊、抑郁还是失落的情绪,对于老年人而言,都是真实体验到的境遇,但同时也是他们希望进行调整的状态。

## 二、重心调整:"重新想一想后面的生活"

老年人在退休后引发空虚、无聊、抑郁等消极情绪,对生活产生了不利影

---

[①] 王永丽,张媛.城市社区老年人抑郁症状及其影响因素调查分析[J].内蒙古医学杂志,2005,36(12):1 069—1 070.

响。面对不适的消极情绪,老年人没有"得过且过"、更没有"坐以待毙",而是依然对生活充满了期待和希望,渴望改变现状,他们希望能够填满时间、改善情绪、充实生活。

(一)"希望找点事情做"

老年人退休后工作骤停、时间增多,导致了他们无聊的情绪,导致了生活的无意义感。面对此种情况,他们渴望积极寻求改变,希望"打发打发时间"(MP-DWD-P3),"希望要找点事情做"(WJAYQ-P1)。无所事事,可能会成为摧毁一个人精神力量的导火索。老年人面对退休后的百无聊赖,希望能够有事可做。感到余生有事可做的老人,其对生活的满意度要高于其他老人。[①] 究其原因,可能是有事可做可以转移一部分注意力,占用一部分心理资源。认知资源理论认为,人在一定时间内认知容量是有限的,当一部分被占据后,另一部分就暂时无法存储。[②] 老年人闲下来容易胡思乱想,然而一旦有事情可做,便会占用一部分认知资源,剩下的心理资源"内存不足",胡乱的念头就不再容易侵占思想,对生活的负面影响也随之会有所减少。有事可做,就是寻找生活的希望,希望生活更加充实更美好。

(二)"想办法让自己开心点"

负面的情绪是老年群体退休后的困扰之一,也是老年人希望解决的问题之一。老年人希望"想办法让自己开心点"(WPDHC-P4),认为"心情好,生活才会好"(WPDHC-P4)。他们所指的"开心点",就是希望提高生活的满意度。满意度和幸福感,本就是一种主观的心理体验,而良好的情绪,能够增加正向体验,能够提高个人的生活质量。心理学中有"踢猫效应"一说。"踢猫效应"是一种恶性的情绪传染,是指自己有了坏情绪,通过人际传递会让坏情绪蔓延和传染,最终影响自己的生活。[③] 可见,情绪状态与生活状态是息息相关的,情绪是生活的一部分,生活受到情绪的直接影响。老年的抑郁情绪、焦虑情绪会造成生活质量的下降。[④] 因此,老年人希望自己开心点,就是希望保持积极的情绪,以此让自己舒心,让生活顺心。

(三)"重新想一想后面的生活"

如前文所述,老年人无所事事的状态,可能会导致生活意义感的丧失。面对此种情况,老年人积极寻求改善,表示"我觉得我需要重新想一想后面的生

---

① 牛润科.生活充实益长寿[J].家庭医药·快乐养生,2014(5):83-83.
② 梁宁建.当代认知心理学[M].上海:上海教育出版社,2003:99.
③ 郑亦军,于泱,车丽.简明心理咨询工作手册[M].苏州:苏州大学出版社,2014:32.
④ 姜玲,范洁,丁立群.老年高血压患者焦虑抑郁情绪与生活质量的相关性分析[J].中国实用医药,2013,8(9):236-237.

活,以后的日子还长着,不能一直这样下去,不然生活哪里会让人开心,哪里会有美好呢？我希望生活得更充实,我想找点有意义的事情做"(MSJSM-P1)。"重新想一想后面的生活",渴望重新规划退休后的老年期生活,就是老年人寻找自我的存在感,寻找生活的意义感。生活意义就是生活本身所表达的东西,以及人对自己的生活所理解的东西。[①] 亚里士多德(Aristotle)曾说过:美好的生活在于同人的真实本质和谐一致。因此,个体的生活充盈,他的生活意义感也是充满着他的生活世界的。对生活的遗忘,对过去生活的怀念以及对当下生活的无措,可能是导致生活意义感丧失的原因,而"过去和现在都是我们的手段,唯有未来才是我们的目的"[②]。有意义的生活本身就是美好生活的一部分,也是促使个体发现并体验生活中美好的助推器。

### 三、需求浮现：渴望各种门类的学习,追求积极的生活

老年群体面对退休带来的消极体验,渴望时间能够填满、心情能够舒畅、生活能够积极,他们也希望通过参与学习来实现这一目标。

(一)问卷数据呈现

关于学习可以消遣时间、转移情绪等方面,笔者设置了"参加学习能够让人暂时忘记烦恼"的题项。该题平均得分为 4.008 分,高于理论平均分。其中,31.2%的被调查者选择"非常赞同",42.4%的被调查者选择"比较赞同",共超七成被调查者赞同学习可以忘却烦恼这一观点(如图 2—3 所示)。

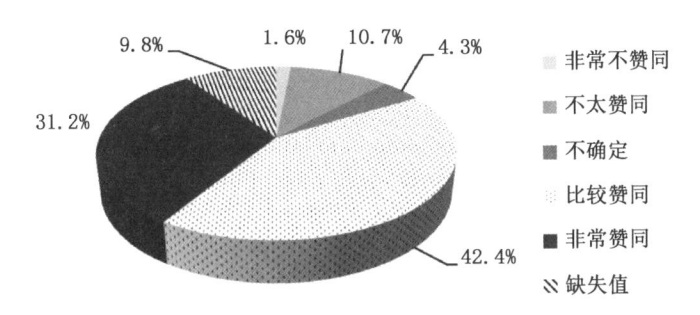

图 2—3　认同"参加学习能够让人暂时忘记烦恼"观念的人数比例分布

差异性检验分析发现,女性更加认同该观点($P=0.001,<0.01$),并且在文化程度上($P=0.000,<0.01$)、经济收入($P=0.009,<0.01$)存在显著性差异(详见表 2—1)。

---

[①]　刘铁芳.生活意义的失落与当代教育的使命[J].教师教育研究,1997(2):15—23.
[②]　A.J.赫舍尔.人是谁[M].隗仁莲,安希孟,译.贵阳:贵州人民出版社,1988:94.

文化程度方面，文盲程度的被调查者对该题项的认同度显著低于其他学历的被调查者。经济收入方面，月收入8 000元以上的被调查者对该题项的认同度显著低于6 000元以下的被调查者。也就是说，文化程度低的老年人和收入高的老年人，并不认为学习可以让人暂时忘记烦恼。文化程度低的老年人，可能由于自身的学习能力，难以参与学习，因此对该选项的认同度较低。而收入高的老年人，也可能代表着社会地位较高，因此生活中遭遇的烦恼，相对更加复杂，需要更多的资源和方案来解决，并不一定可以通过单一的学习来消解烦恼。

表2—1  认同"参加学习能够让人暂时忘记烦恼"观念的差异显著性检验

| 检验因素 | | 均值（M） | 检验值（T/F） | 显著性（P） | 事后检验（LSD） |
|---|---|---|---|---|---|
| 性别 | 男 | 3.862 | −3.256 | 0.001** | |
| | 女 | 4.063 | | | |
| 文化程度 | 不识字 | 2.000 | 5.148 | 0.000** | 1<2,1<3,1<4,1<5,1<6,1<7,6<3,6<4,6<5 |
| | 小学 | 4.357 | | | |
| | 初中 | 4.062 | | | |
| | 高中(中专) | 4.113 | | | |
| | 大专 | 4.018 | | | |
| | 本科 | 3.835 | | | |
| | 硕士及以上 | 3.757 | | | |
| 经济收入 | 1 000元以下 | 3.778 | 2.852 | 0.009** | 6<2,6<3,6<4,6<5 |
| | 1 000~2 000元 | 4.065 | | | |
| | 2 001~4 000元 | 4.063 | | | |
| | 4 001~6 000元 | 4.064 | | | |
| | 6 001~8 000元 | 3.960 | | | |
| | 8 000元以上 | 3.800 | | | |

注：* 表示在0.05级别（双尾）相关性显著，** 在0.01级别（双尾）相关性显著，下同。

（二）访谈资料分析

关于打发时间、消除烦恼的具体学习需求，在调查问卷中难以设定题项，但是在访谈中则有了更多的发现，即老年群体希望学习退休前的规划、书法、舞蹈等方面的内容来转移注意力，积极改变生活状态。

1."学一点东西,总比闲着好"

为了解决退休后无所事事造成的各种消极情绪,老年群体希望通过参与学习改变这样的状态。为了填充时间,他们参与学习可能是无倾向性的,或是无固定选项的。比如,有受访者表示:"我就想我学一点东西,总比闲着好。但其实我也不知道自己学什么。现在老年大学报名很火,我就想哪个能报上名就去学哪个。学习就为了打发打发时间吧。"(WJAYQ-P1)也有老年人表示为了打发时间,会有倾向性的选择自己喜爱的学习内容,他们"想学一点自己喜欢的东西",认为"既然想学习,那就要学点自己感兴趣的东西吧,毕竟这也不是一天两天的,不像买菜那样一次性的交易。后面有这么长时间要学习,学喜欢的东西才能让自己开心,才能让生活更好啊"(WPDHC-P4)。无论是有学习内容倾向还是没有学习内容倾向的老年群体,他们的学习都在于填充空白时间。老年人退休后生活失去重心,感到无聊,就希望通过学习填补生活的空白。[1] 学习,就成了老年人生活中的一种寄托。面对负性情绪时,精神寄托和行为解脱是有效的缓解方式。[2] 本书中的老年群体,就是采取积极的应对压力的方式,将学习作为精神寄托,通过学习来舒缓压力,让心理变得轻松、生活变得轻松。

2."想学书法,想让心静下来"

由于老年人的神经中枢的抑制作用,老年人的消极情绪不随年龄增长而消失,反而往往表现得比较持久,会出现"耿耿于怀""久久难平"的情况。针对不良情绪,转移法是情绪调节的最直接的方法。注意转移是指有意识地将注意从当前对象转移至其他对象,从而使情绪得到调节的一种先行关注策略。比如,当遇到不愉快的事物时,通过远离不愉快的刺激源,寻找新的刺激源的方式达到调节情绪的目的。[3] 老年群体为了摆脱消极的情绪,除了散散步、看看电视、听听音乐等方式来转移情绪,也会把学习作为注意力转移的方式之一。有受访者表示,"唱歌的时候我就感觉特别开心,整个人都觉得特别舒畅,好像身上的气从上到下都是通的,生活中的烦心事自然就没有了。这种学习的开心能够延续在精神层面,整个人的生活状态都会感觉不错"(WMHHC-P2)。所以"想去学唱歌,经常唱一唱,心情肯定不会差"(WMHHC-P2)。也有些老年人想学习一门技艺来转移注意力,比如"想学书法,我看过人家写书法,特别安静。我在旁边看的时候,都不敢大声喘气。他们说写书法能让心静下来,我经常会想这

---

[1] 李雅慧,魏惠娟.低教育程度退休者的学习历程之探索:转化学习的观点[J].台湾高雄:高雄师范大学学报,2015(39):25-47.
[2] Seley H. The strees concept. In: I L Kutash, L B Schlesinger & Associates (Eds), Handbook on stress and anxiety[M]. San Francisco: Jossey-Bass. 1980:135.
[3] 傅小兰.情绪心理学[M].上海:华东师范大学出版社,2016:290.

想那,以前不开心的事情经常冒出来,有点心烦意乱。我想学书法,让心静下来"(WPDZY-P4)。对于老年人而言,生活中的烦恼不可避免。但是如何避免让烦恼挟持生活,老年人将目光投向了学习。学习,有时候不见得能够直接解决烦恼,但是却可以通过改变老年人自身的状态,以更加积极的姿态来应对生活中的烦恼,实现愉悦的生活。

3."要是能够在退休之前就能对这方面的知识进行学习就好了"

退休可以算得上是老年生活中的重大事件,他们希望在退休前就学习了解这方面的内容,希望能够接受退休预备教育,表示"自己经历了退休,才知道什么是退休综合征。我虽然已经走过来了,但是作为给老年人提供的学习,我认为要是能够在退休之前就能对这方面的知识进行学习就好了,这样就有点心理准备,应该会好点。在发生各种情况的时候,能够不慌不乱,而且能提前做好生活规划,生活肯定会更顺当更美好"(MSJGE-P5)。正如老年人所说,退休是个体适应生涯的转折点,也意味着第二生涯的开始。退休准备教育(pre-retirement education),在美国、日本、韩国以及我国台湾省等地区早已开展,是指通过对临退休人员进行教育、培训以及指导,来稳定其职业生涯后期的胜任能力,提升其对于角色转换的心理调适能力,进一步促进其退休后的发展规划力,最终实现从工作到退休的顺利过渡。[①] 退休准备教育的内容非常丰富,包括自我认识、健康保健、财务规划、休闲娱乐、人际关系等,本书中老年人迫切需要的是对退休后可能遭遇的心理状态的提前知晓,以及所需要进行的提前预备,从而顺利实现从工作状态到退休生活的过渡。对退休准备的学习需求,就是希望生活在重大过渡期来临时,能够依然平稳,不因退休而变得"一地鸡毛",而是主动掌控生活,让生活有条不紊。

综上所述,老年群体因为退休后的生活转折,造成了无聊、抑郁、无意义感等消极情绪,让生活蒙上了阴沉的色彩。为此,他们渴望跳出自我的消极情绪,渴望擦亮鲜艳的生活色调。他们认同学习对于调控情绪的积极作用,渴望通过学习一切可能的内容来转移自我的不良情绪,同时还提出了退休准备的学习需求,希望生活能够在预知中保持美好。

## 第三节 学习,为了获取安全保障

单位,是个体社会生活的组织,是社会运作的基础细胞,国家的各项政策、

---

[①] 刘静.韩国的退休准备教育:现状、特点及启示[J].教育科学,2015,31(4):92—96.

各种信息通过单位进行有组织、有计划的传达。如退休制度改革、税费改革等国家重大政策,通过单位高度组织性的信息传递,能够准确、有力的到达个体层面。然而,当个体退休离开单位后,就无法及时接收来自单位的各项政策宣传与解读。当然,离开单位后的个体并不意味着没有组织,他们归属于社区管理。近年来,社区工作在党建、自我治理、社区工作者队伍建设等方面取得了较大的成效,但依然存在一些问题,比如居民参与社区活动比例较低、动力不足、活力不够,较少涉及群众切身利益和公共事务等。[1] 即便同在一个小区,也存在"朝夕相处、形同陌路"的情况。事实上,在当今飞速发展的社会形势下,各项政策与个体生活休戚相关,各种信息纷繁复杂,老年群体虽然离开了单位,但是作为一个社会个体,依然存在了解政策、获取信息的需要。

## 一、生活趋好:"现在的生活不用愁了"

在职在岗状态下,个体人际交流范围大、获取信息渠道多。一旦退休后,信息源就会减少,信息获取的深度就会减弱。但是,老年群体依然有着了解与自身相关信息的需求,比如养老政策、经济理财、遗产继承等方面的信息。这些,都是老年人在生活中直接面临的问题,不仅与老年个体自身有关,而且涉及一定的社会治理问题。

(一)"有好多对我们老年人的福利"

老年人最为关心的,当属养老政策、养老福利等信息。养老,就是赡养和照料老人。过去的养老,几乎完全依靠子女,就是所谓的"养儿防老",称之为完全居家养老。然而,如今的养老模式越来越丰富,居家养老、社区养老、寄宿养老、教养结合等多种方式层出不穷。老年人的养老,也从单纯的完全居家养老方式走向了多样化的养老模式。尤其是作为独生子女一代的父母,面临着子女对父母"2 VS 4"的养老压力,他们更倾向于社会养老和社区养老。[2] 因此,在安排养老事项时,就需要获取更多的信息以便于甄选。此外,随着我国对养老问题的日益重视,养老政策也在日趋利好。因此,老年人对这些利好政策可谓十分关切,比如有受访者表示:"国家说养老金每年都在增加,我也感觉到了每年都在涨,但是这个养老金怎么增加的,我不是很清楚。还有,国家现在对老年人越来越重视,也有好多对我们老年人的福利,这个我也不清楚。"(WPDZY-P5)。上海作为人口导入重地,不少老年人也随着子女来到上海,并选择在这里安度

---

[1] 何海兵,陈煜婷,赵欣,等.社区治理创新的成效、问题与对策——基于上海市的问卷调查[J].华东理工大学学报:社会科学版,2017,32(2):79—90.

[2] 伍海霞.城市第一代独生子女父母的社会养老服务需求——基于五省调查数据的分析[J].社会科学,2017(5):79—87.

晚年。正如有位单身随女儿来到上海的老人所述:"我现在一个人,过来这边帮女儿带孩子。今后多半要生活在这里。听说上海的养老是很好的,但是,像我们这样的人在上海养老,是怎么办的?上海的政策和老家不一样,但是好多养老政策我都不清楚,比如养老院、看病这些方面,还没搞清楚。"(WPDZY-P6)由此看来,老年人的生活条件越来越好,但是对与之相关的信息了解得并不多。除了基本的养老政策,还包括医疗保险的使用、抚恤金的发放、其他福利待遇、养老机构的判别等问题,都是老年人退休后切实关心的问题,这些问题与生活密不可分,直接影响着老年人的生活。

(二)"手上还有点积蓄"

老年人的经济生活来源是养老的核心问题之一。在国富民强的大好形势下,在国家各项政策的保护下,如今的老年人已经基本实现"老有所养"。在我国,养老金制度保障了老年人的经济来源。此外,我国丰富多样的商业养老保险,也大大缓解了老年人经济生活方面的后顾之忧。从2005年到2020年,老年人养老金比例不断上升。① 在上海,早在2004年,就有近90%的老年人享有固定收入。② 新时代的老年人,不再像以往那样经济拮据,他们表示:"和以前的日子相比,现在的生活不用愁了,也不用担心钱的问题。你看,我们现在有房子,收入也不错。而且手上还有点积累(积蓄),有一定的财富。我们是从苦日子过来的,习惯了省吃俭用,也不乱花钱,攒下来的钱嘛,不算是特别多,但是对我们来讲,也不算少。"(MMHLC-P3)如今的老年人,收入稳定、生活有保障,还有一定的生活结余,这是国家进步的表现,也是老年人生活稳定的体现。

(三)"不少老年人都想写遗嘱"

新时代的老年人寿命不断延长,且健康状态越来越好。但是,他们依然会考虑料理后事的问题。老年人在考虑这个问题时,并不是消极的、被动的等待或逃避,而是主动的、积极的安排。其中,老年人对遗产分配、遗嘱撰写等问题表现出较大的关注。他们表示:"现在和以前不一样了,我知道有不少老年人都想写遗嘱,他不知道怎么写,找谁写、怎么写、这样做有没有效这样的问题,好多老年人都不知道。"(MPDYY-P6)老年人对确立遗嘱的关注,实际上是体现了老年人的财产保护与继承的意识,是当代老年人独立意识、法律意识萌发的标志。

---

① 侯佳伟,吴楠. 中国老年人口主要生活来源变迁:1994—2020[J]. 南方人口,2022,37(5):1—14.
② 蔡骐. 城市老年人收入的性别差异与性别差别——基于上海市区户籍老年人经济状况调查的分析[J]. 北京师范大学学报:社会科学版,2007(3):126—131.

我国法律规定,老年人有处理自身财产权的权利。[①] 传统观念中,立遗嘱意味着子女的不孝、家庭的分裂等问题;而在法律层面上,法律保护老年人通过立遗嘱的方式行使自己的权利,对财产进行自主分配。然而,面对遗嘱的法律效应、遗嘱的使用范围与规范等实际操作问题,老年人却了解甚少。

## 二、寻求安心:"养老的时候更安心"

老年人生活的基本保障已后顾无忧,但这并不代表他们的生活中没有危机感。由于退休后与社会连接的边缘化,他们依然存在着生活安全方面的担忧。他们渴望生活得更加安心。安心和保障,是他们所认为的美好生活的一个重要部分。

(一)"养老的时候更安心一些"

安度晚年,是老年人共同的生活期盼。但是对于养老政策的不了解、养老信息的缺失,导致了他们对晚年养老生活的不确定,有受访者希望:"养老的时候更安心一些。就一门心思地养老,不要有其他乱七八糟的事情啊。尤其是进了养老院之后,不要今天叫我办这个,明天又有什么事情。要是国家的养老院还好,那些要赚钱的养老院,搞不清楚什么时候就从你身上搜挖点钱。我就想养老的时候不要再今天担心明天担心,安心一点最好嘛。"(WPDZY-P4)在积极老龄化框架中,"保障"这个版块的内容就提到要"主动为老年人提供社会保障,解决老年人社会、身体、经济的保障权利与需要"。[②] 我国人口老龄化的加速与独生子女家庭结构的现状,导致我国的养老的模式逐渐从家庭走向社会,[③] 目前我国社会照料服务存在养老机构数量少、供养水平低、结构不合理、发展不平衡等问题,远远不能满足社会对养老服务的需求,养老资源在一定程度上也成了稀缺资源。正因为养老资源稀缺,尤其是安全的、可靠的资源稀缺,所以老年人才会渴望寻求安心、安全地养老。面对社会"未富先老""未备先老"的现状,"老有去处"也成为老年人渴望安心生活的表达。

(二)"想安全地理财"

有了剩余财富,老年人便开始将目光转向财富增值。早在20世纪末,金融产业就成为十大老年产业之一。[④] 2008—2013年的沪深证券市场数据显示,虽

---

① 中华人民共和国老年人权益保障法[EB/OL]. 中华人民共和国民政部网站.[2013-02-07]. http://www.mca.gov.cn/article/gk/fg/ylfw/201507/20150715848507.shtml.
② 世界卫生组织. 积极老龄化政策框架[M]. 中国老龄协会,译. 北京:华龄出版社,2003,55.
③ 俞卫,刘柏惠. 我国老年照料服务体系构建及需求量预测——以上海为例[J]. 人口学刊,2012(4):3-13.
④ 顾大男. 中国人口老龄化与未来商机分析综述[J]. 市场与人口分析,1999(5):40-43.

然证券市场不稳定,但是老年投资者所占比例一直比较稳定,是证券市场中比较稳定的投资者。[①] 本书中,发现老年人也表现出明显的理财投资愿望,希望实现财富增值,他们提出"不想搁置财富",认为"搁置也是一种浪费,要想法把这些资金流转起来",希望"自己手上的钱更安全一点,也能做点理财投资之类的事情。"(MMHLC-P3)在思想上,老年人具备一定的理财意识,并且认同理财观念。但在行动上,各种金融诈骗的新闻报道却让他们"不敢轻易去投钱(理财),不知道哪家是正规的,万一被骗,省吃俭用一辈子的积蓄就这么没了。现在报道跑路的各种公司也很多,不少是骗了老年人的钱,就跑路了。剩下那些老人,都不知道去哪里把钱要回来。我们想要理财,但是更想要安全地理财。不安全的理财,生活不但不美好,反而增加各种烦恼。"(MMHLC-P3)可见,老年人在渴望投资的同时,也表现出非常强烈的风险意识。研究表明,随着投资者年龄的增加,其风险规避意愿更加强烈,因此老年人参与证券投资规避风险的意愿更加强烈。[②] 老年人拥有财富,渴望投资,但是面对生活中理财投资的各种不确定,心中存有疑惑不安。理财,是为了给生活增加收益。但是,更安全、安心地理财,才是美好生活中迫切需要的成分。

(三)"老年人的权益应该要受到保护"

对晚年生活的规划,对自我权益的保障,也是老年人追求美好生活的必要保证。有受访者表达说:"想提前安排好后面的事情,这样也就没什么牵挂。而且,我觉得我们老年人的权益应该要受到保护,这样才能更好地生活。"(MP-DYY-P6)老年人的权益保护,主要在法律的范围内行使权力,保证自我的正当权益不受损害。我国某法院连续几年受理的老年人案件数据显示,老年人维权的内容主要涉及婚姻、赡养、房产、继承、相邻、民间借贷等。[③] 法律与每个公民形影不离,美好的生活并不是指不遇到任何纠纷与矛盾,而是在遇到如此各种情况时,能够通过正确的方式、科学的途径行使正当权利,避免后顾之忧。因此,对老年人而言,他们渴望自我权益得到保护并且在权益受损时能够通过恰当的途径给予解决,减少生活中不必要的担忧,让生活更有底气。

### 三、需求浮现:渴望权益保障类学习,追求安心的生活

养老保障、理财投资、法律维权,这些都是老年人的生活底线,也是安全感的来源。马斯洛需求层次理论认为,安全感是个体生活在世界上的基础,是除

---

① 刘华富,李敏. 老年人证券投资现状及发展态势研究——基于中国证券登记结算数据分析[J]. 改革与战略,2016(6):70-73.
② 任婷婷. 基于代际人口结构对股票市场价格影响研究[D]. 大连:东北财经大学,2013:1-5.
③ 马语卿. 关于老年人法律意识及权益保护调查报告[J]. 法制与社会,2016(1):169-170.

了生理方面的安全需求以外,对来自外界环境中的确定性和稳定性的感受与获得。① 现下老年人退休生活的安全感,主要表现在他们希望拥有更加丰富的养老资源、更加健康的理财环境和更加全面的法律知识。这些美好心愿的达成,一方面需要全社会的共同努力,另一方面也可以通过老年人的学习逐步实现。

(一)问卷数据呈现

在关于老年人学习需求让生活更安全方面,设置了"学习能够让生活更安全"、需要学习"财务管理(如养老财务规划、科学理财、遗产继承)"和"自我保护(如防范各种诈骗、老年人权益保护法律知识、老年人社会福利等)"内容这三个题项。

在"学习能够让生活更安全"的题项上,平均得分为 3.941 分,高于理论平均分。28.2%的被调查者选择"非常赞同",39.4%的被调查者选择"比较赞同",总近七成被调查者认为学习是能够增加生活的安全感(如图 2—4 所示)。

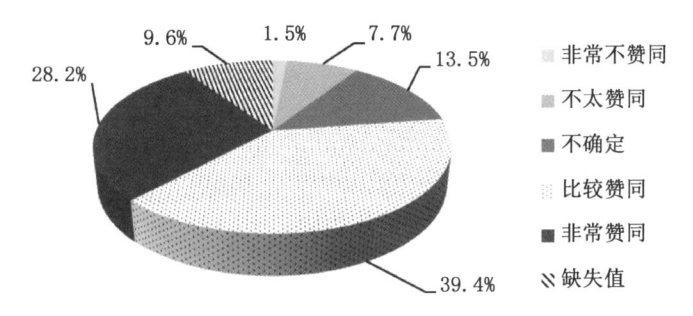

图 2—4　认同"参加学习能够让生活更安全"观念的人数比例分布

经差异显著性检验,该题项在性别(P=0.011<0.05)、文化程度(P=0.001<0.01)、经济收入(P=0.001<0.01)等方面呈现显著性差异(详见表 2—2)。其中,女性对于"参加学习能够让生活更安全"的认同度显著高于男性。硕士以上的老年人以及经济收入 8 000 元以上的老年人对于学习与生活安全两者关系的认同度显著偏低。

表 2—2　认同"参加学习能够让生活更安全"观念的差异显著性检验

| 检验因素 | | 均值(M) | 检验值(T/F) | 显著性(P) | 事后检验(LSD) |
|---|---|---|---|---|---|
| 性别 | 男 | 3.833 | −2.562 | 0.011** | |
| | 女 | 3.985 | | | |

---

① [美]亚伯拉罕·马斯洛.动机与人格[M].许金声,译.北京:中国人民大学出版社,2012:27.

续表

| 检验因素 | | 均值（M） | 检验值（T/F） | 显著性（P） | 事后检验（LSD） |
|---|---|---|---|---|---|
| 文化程度 | 不识字 | 3.750 | 3.759 | 0.001** | 2>6,3>6,4>6,5>6 |
| | 小学 | 4.357 | | | |
| | 初中 | 4.050 | | | |
| | 高中(中专) | 4.030 | | | |
| | 大专 | 3.917 | | | |
| | 本科 | 3.732 | | | |
| | 硕士及其以上 | 3.921 | | | |
| 经济收入 | 1 000 元以下 | 3.667 | 4.012 | 0.001* | 1>6,2>6,3>6,4>6,5>6 |
| | 1 000～2 000 元 | 4.106 | | | |
| | 2 001～4 000 元 | 4.012 | | | |
| | 4 001～6 000 元 | 4.000 | | | |
| | 6 001～8 000 元 | 3.821 | | | |
| | 8 000 元以上 | 3.870 | | | |

在具体学习内容上，集中在"财务管理（如养老财务规划、科学理财、遗产继承）"和"权益保护（如防诈骗、权益保护知识、老年人社会福利等）"这两点。

在"财务管理（如养老财务规划、科学理财、遗产继承）"的选项上，平均得分为 3.841 分，23.4%的被调查者选择"非常需要"，39.2%的被调查者选择"比较需要"，因此，约七成的被调查者需要财务管理类的学习内容（如图 2—5 所示）。

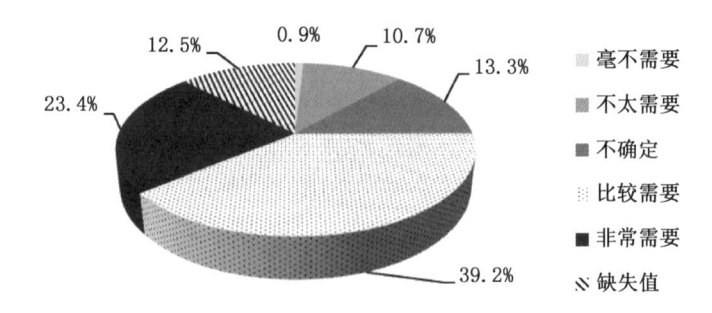

图 2—5 需要学习"财务管理"内容的人数比例分布

在差异性显著性检验中,女性的得分显著高于男性(P=0.002,<0.01),在年龄上(P=0.000,<0.01)、经济收入上(P=0.044,<0.05)呈现出显著性差异(详见表2—3)。年龄方面,50—55岁的被调查者学习财务管理的需求显著高于其他年龄组别;月收入方面,退休后月收入8 000元以上的被调查者对学习财务管理的需求显著高于其他组别。

表2—3　　　　　需要学习"财务管理"内容的差异显著性检验

| 检验因素 | | 均值(M) | 检验值(T/F) | 显著性(P) | 事后检验(LSD) |
|---|---|---|---|---|---|
| 性别 | 男 | 3.701 | −3.033 | 0.002** | |
| | 女 | 3.899 | | | |
| 年龄 | 50～55岁 | 4.081 | 5.780 | 0.000** | 1>2,1>3,1>4,1>5,1>6,1>7,2>5,2>7,3>5,3>7,4>7 |
| | 56～60岁 | 3.919 | | | |
| | 61～65岁 | 3.808 | | | |
| | 66～70岁 | 3.767 | | | |
| | 71～75岁 | 3.583 | | | |
| | 76～80岁 | 3.630 | | | |
| | 80岁以上 | 3.263 | | | |
| 经济收入 | 1 000元以下 | 4.081 | 2.020 | 0.044* | 6>2,6>3,6>4,6>5 |
| | 1 000～2 000元 | 3.519 | | | |
| | 2 001～4 000元 | 3.608 | | | |
| | 4 001～6 000元 | 3.667 | | | |
| | 6 001～8 000元 | 3.583 | | | |
| | 8 000元以上 | 3.930 | | | |

关于"权益保护(如防诈骗、权益保护知识、老年人社会福利等)"的选项,平均得分为4.268分。42.4%的被调查者选择"非常需要",37.8%的被调查者选择"比较需要",约八成的被调查者表示需要自我保护类的学习内容(如图2—6所示)。

经差异显著性检验,在权益保护的学习需求上,女性的得分显著高于男性(P=0.000,<0.01),并且在年龄(P=0.021,<0.05)、文化程度(P=0.000,<0.01)经济收入(P=0.000,<0.01)呈现显著性差异(详见表2—4)。

年龄方面,71岁以上年龄的老年人学习权益保护的需求显著高于70岁以

# 莫道桑榆晚

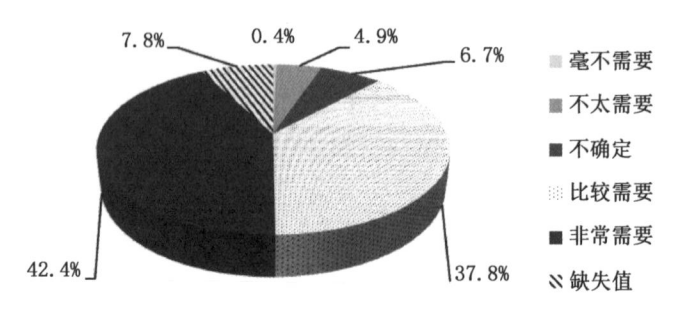

```
7.8%  0.4%  4.9%
              6.7%    ■ 毫不需要
                      ■ 不太需要
                      ■ 不确定
                      ▨ 比较需要
42.4%         37.8%   ■ 非常需要
                      ▧ 缺失值
```

图 2—6　需要学习"权益保护"内容的人数比例分布

下的被调查者。文化程度方面，文盲程度低的老年人学习权益保护的需求显著低于其他群体。经济收入方面，退休后月收入 8 000 元以上的老年人对学习权益保护的需求显著低于其他组别。

表 2—4　　　　　需要学习"权益保护"内容的差异显著性检验

| 检验因素 | | 均值(M) | 检验值(T/F) | 显著性(P) | 事后检验(LSD) |
| --- | --- | --- | --- | --- | --- |
| 性别 | 男 | 4.108 | −4.224 | 0.000** | |
| | 女 | 4.325 | | | |
| 年龄 | 50～55 岁 | 4.311 | 2.485 | 0.021* | 1＞5,2＞5,3＞5,4＞5,6＞5 |
| | 56～60 岁 | 4.326 | | | |
| | 61～65 岁 | 4.266 | | | |
| | 66～70 岁 | 4.284 | | | |
| | 71～75 岁 | 4.031 | | | |
| | 76～80 岁 | 4.387 | | | |
| | 80 岁以上 | 4.000 | | | |
| 文化程度 | 不识字 | 3.250 | 8.027 | 0.000** | 3＞1,4＞1,5＞1,6＞1 |
| | 小学 | 4.333 | | | |
| | 初中 | 4.353 | | | |
| | 高中(中专) | 4.424 | | | |
| | 大专 | 4.194 | | | |
| | 本科 | 4.070 | | | |
| | 硕士及以上 | 4.025 | | | |

续表

| 检验因素 | | 均值（M） | 检验值（T/F） | 显著性（P） | 事后检验（LSD） |
|---|---|---|---|---|---|
| 经济收入 | 1 000 元以下 | 4.750 | 5.773 | 0.000* | 1＞6,2＞6,3＞6,4＞6,5＞6 |
| | 1 000～2 000 元 | 4.356 | | | |
| | 2 001～4 000 元 | 4.364 | | | |
| | 4 001～6 000 元 | 4.278 | | | |
| | 6 001～8 000 元 | 4.269 | | | |
| | 8000 元以上 | 3.953 | | | |

（二）访谈资料分析

除了问卷数据资料以外，访谈文本也呈现了老年人关于安全保障底线方面更详细的学习需求。

1."希望学习怎么选择养老机构"

不少老年人表示目前养老环境的不断改善，让他们感受到社会对老年人的关心和重视。与此同时，仍有不少老年人迫切需要了解与自身相关的养老信息。他们"希望学习怎么选择养老机构，怎么理解养老政策，怎么知道养老福利，以及社会对老年人有哪些优待"（WPDZY-P5）等方面的知识，并且认为"这是关于老年人基本的权益，我们想知道，也应该知道"（WPDZY-P5）。关于养老方面，老年人表达出的学习需求重在养老信息的获取。学习并不能扩大乃至优化养老资源，但是通过学习，却可以掌握更全面的养老信息，以便在做出选择时能够不慌不忙，做出让自己放心的决定。在区域性调查中发现，上海的老年人对养老政策的知晓度不高，[1]北京的农村女性老年人对社会服务政策知晓情况不理想，[2]天津六成以上老年患者对医保政策知晓程度低。[3] 恰恰也是因为对各项养老、医疗政策的知晓度低，导致了老年人渴望学习此方面的知识。这样的学习需求指向未来生活中养老信息的选择，力图让选择更加理性、更加可靠。

2."需要一些防诈骗的知识"

老年群体经济收入的增加，加上充满诱惑的金融市场，让他们在金融理财门槛边缘也跃跃欲试。面对纷繁复杂的理财信息，有受访者表示："希望开设一

---

[1] 徐军.上海市老年人权益保障状况调查报告[J].统计科学与实践,2014(11):15—17.
[2] 王磊.北京女性老年人的生活境况与社会服务需求[J].老龄科学研究,2016,4(4):54—63.
[3] 王玉君,马蔚姝.天津市两家医院老年患者医疗保障及费用负担调查[J].医学与社会,2016,29(8):26—28,49.

门经济学理财方面的课程,教教我们怎么规划自己的财务,哪些正规的理财渠道可以相信,什么样的投资对老年人来说既安全又能获得回报,要给老年人今后的生活道路上提供一点安全保障。"(MMHLC-P3)他们还"需要学习一些防诈骗、防诈骗理财的知识。另外,银行卡使用的安全,手机支付的安全,包括外面租借充电宝的安全等,都想学习"(MMHLC-P3)。研究显示,老年人理财意愿强烈,但理财观念得分不高。[1] 访谈发现,老年群体一方面希望能够正向学习理财投资的技能,另一方面他们也需要反向学习理财投资中的风险因素,养成风险防范意识。老年人在意念上希望参与经济市场,在技能上需要学习基本的理财知识,比如理财观念、理财类型、理财风险、陷阱识别等,从而帮助他们实现财富增值与生活稳定的美好愿望。

3."写遗嘱、分配财产都需要学习"

新时代的老年人的受教育水平、独立意识、维权意识逐步提高,对于财产分配、权益保障等方面的自我保护意识已经较为强烈。但是,他们对于自我权益的保护途径还是知之不多,由此产生了这方面的学习需求。有受访者说道:"像写遗嘱、分配财产之类的,这都是我们老年人应该要(被)普及的。尤其是具体怎么操作,遇到问题怎么办,像这样具体的操作流程,特别需要学习。虽然不一定是每个老人都要去写遗嘱、分割财产,我们知道怎么去做,至少心中有数,知道我们这样做也是受保护的,让我们生活的硬气一点。当然,我相信我们的孩子也不会让我们晚年落魄的。"(MPDYY-P6)法学领域认为,老年人应该具备一定的法律常识,安排好自己的晚年生活,如果出现财产分配、子女赡养等问题,老年人能够在事件初期就采取措施,有效地进行自我保护。[2] 访谈中的老年人也表示出类似的学习需求:一是他们希望知道自己合法的权益有哪些;二是当他们的合法权益受到侵犯时,自己如何去保护,包括维权的途径、维权的程序等问题。而这些内容的获取,都能够增加老年人生活的底气。

综上所述,随着社会的发展,老年群体的养老资源逐渐丰富,剩余财富得以积累,法律意识也愈益强烈。然而,面对错综复杂的信息环境,他们的生活也变得更加迷惘。他们渴望生活得更加安心,认为安心是美好生活中必备的元素。他们认同学习能够增加生活安全感。由此,他们产生了掌握养老信息、学习理财知识、学习维权方法等方面的需求,希望通过这样的学习,让生活更加安全、更加有底气。

---

[1] 吕文娟. 我国老年人学习活动参与和成功老龄化关系研究[J]. 河北师范大学学报:教育科学版,2016(6):86—92.

[2] 马语卿. 关于老年人法律意识及权益保护调查报告[J]. 法制与社会,2016(1):169—170.

## 第四节　学习,为了追赶科技发展

中国的人口结构越来越"老",但是媒体形态却越来越"新"。青少年是"数字原生代"(digital natives),中年是"数字移民"(digital immigrants),而老年却成为"数字难民"(digital refugees)。[①] 老年人退休后,面对着科技化、信息化的迅猛发展,其自我更新的速度往往赶不上时代进步的速度,学习新技术的速度跟不上科技的更新速度。在知识技术领域,知识老化的周期是5~10年。而在信息技术领域,这个周期则更短。正如联合国教科文组织终身学习研究所前所长阿恩·卡尔森(Arn Carlson)在演讲中所提到的那样:"老年人不一定与年轻人不一样,只是老年人以前生存的环境不同。年轻人可以轻松使用手机,但是老年人不一定能够会。随着社会的发展,年轻人也会变老,也会有需要适应新技术的时候。"同时,他也提出,"在终身教育领域,老年人数字化技能方面,非常需要关注,这对老年人是新事物的好奇和生活的需要"。本书研究也发现,老年人关于信息化造成的困扰以及对新技术的学习需求非常突出。

### 一、时代变迁:"身边全是二维码"

"互联网+"的时代,我们的视野更加开阔,信息更加广阔,沟通更加便捷。信息技术越来越深入我们的日常生活,人工智能也逐渐应用于生产与生活的各个领域,且越来越被人们所依赖。面对这翻天覆地的变化,老年人则显得有些应接不暇。

(一)"拿着智能手机像傻瓜"

智能手机,已经"飞入寻常百姓家"。从第一部智能手机的应运而生,到如今各种品牌智能手机的百花齐放,只用了短短十余年的时间。我国智能手机的持有率,在2013年已超美英,达66%。[②] 对于老年人而言,他们也认同智能手机对自己的生活十分重要。[③] 访谈中发现,接受访谈的老年人基本上都拥有智能手机,但大多是子女的手机更新换代所淘汰的旧手机。手持智能手机,他们一

---

[①] 周裕琼.当老龄化社会遭遇新媒体挑战 数字代沟与反哺之学术思考[J].新闻与写作,2015(12):53—56.
[②] 胡蕊.从手机电视看融合媒介的管理与盈利模式[J].青年记者,2013(21):95—97.
[③] 前瞻产业研究院.2018年中老年网民群体增长现状分析 智能手机成中老年人社交消遣重要工具,网络安全问题不容小觑[EB/OL].前瞻产业研究院.[2018-09-14]. https://www.qianzhan.com/analyst/detail/220/180913-442ed91d.html.

方面感觉很新奇,另一方面也觉得有些苦恼,有受访者说道:"我这个手机是儿子不用了给我的,还是苹果的呢,说是很好的手机。但是我以前用的都是按按钮(按键)的,现在拿着这个也只会接电话、打电话,其他好多功能不会用,拿着这个手机跟傻子一样。"(WPDSJ-P2)松江区老年大学的一位学员意识到了这个问题,针对老年人智能手机的应用专门做了一个调查,在访谈中他告诉笔者:"我问了身边的同学,问了一些大概情况,就在报告里面分析了一下,现在拥有手机的人有多少,现在基本都用手机。但是,手机又分老人手机和智能手机,对吧?有智能手机的人只会打电话,不会用微信的有多少?大家有钱买智能机,但是不会用微信,困难在哪里?因为不能问小孩。小孩工作很忙,也不愿意教,小孩能好好教老人的不太多。"(WSJDN-P3)国外一项研究也发现,多数 50 岁以上的用户只使用手机的基本功能。[1] 受教育程度、年龄、畏难情绪、记忆力下降等是老年人使用信息技术的主要障碍。[2] 在访谈中也发现,受教育程度不高或高龄老年人,容易遭遇拥有智能手机、但却不会使用的情况。新时代的老年人,可能人人拥有手机,但却不是人人能够玩转手机。

(二)"身边全是二维码"

随着支付宝和微信等移动支付手段的飞速盛行,二维码消费颠覆了传统的支付模式。"二维码"由于其储存量大、保密性高、抗损性强等特性,被广泛运用于日常生活和商业活动中。[3] 从商场到菜场,二维码随处可见,智慧支付已经成为民生工程之一。二维码支付,给现代出行带来了便利,当然也存在一定的隐患。二维码盗取信息、二维码窃取银行卡等案件也让人谈"二维码"色变。老年人也深切感受到二维码给生活带来的变化,表示"不知道什么时候,身边全是二维码。有时候去菜场买菜,他们都说没零钱找,不愿意收零钱"(WYPWSGW-P5)。面对二维码支付,他们也表示苦恼,"儿子老是怕我们被骗,二维码不让我们乱扫,东西不让我们乱买"(WYPRGZN-P2)。可以说,二维码时代,颠覆了老年人的生活方式,让老年人在毫无准备的情况下,被裹挟进了时代的潮流。

(三)"看病有时候挂不上号"

智能手机的普及和二维码的星罗棋布,表明"互联网+"的时代已经到来。越来越多的便民咨询及公共生活与互联网相结合,比如政务的信息追踪、教育的电子化书包、医院的手机预约挂号、网络购买车票等。互联网为更多的人带

---

[1] Lee KS, Kim B. A study on the usability of mobile phones for the elderly[C]. Kitakyushu: International Conference on Aging and Work, 2001: 80—101.
[2] 盖龙涛,李松林,陈月华. 老年人与手机:基于五个引文索引的研究综述[J]. 中国老年学杂志, 2016,36(5).
[3] 宗合. 什么是二维码[J]. 老年教育(老年大学),2014(9):52—52.

来了便利,但却忘记了给老年人留下适应的空间。有受访者表示:"我现在最害怕的就是看医生。每次去医院,像我们老年人去,只能排队,每次都花好长时间。而且有时候排队排到了,说挂号满了,挂不到号了,白跑一趟。"(WYPSJYY-P6)正如预约挂号这样的信息化服务,大大节约了时间,整合了资源,但是享受这一红利的大多是年轻人或中年人,赶不上时代变化的老年人则成为互联网时代的"文盲"。无独有偶,2018年老人在火车站跪哭的新闻也引起了一阵关注,一位老人六次赴火车站买票未果,究其原因,无外乎老人现场购票速度始终赶不上网络预售,一次次无功而返让老人百感交集而选择在车站下跪。[①] 此外,也有老年人表示想尝试网购,但是却不知如何操作:"虽然儿子很孝顺,我要什么他都网上帮我买好,但是我也想自己网上买,不用麻烦他们。前些天我就是想买个洗衣机,我想上网买,但是这样的操作我不会。"(WYPWSGW-P5)调查发现,上海近一半(48.2%)的老年人不知道如何操作上网,因此选择不使用互联网。[②] 互联网的飞速发展,忘记了还有一群接受程度低的老年人存在,或者说,互联网的红利还没有关照到出生在非互联网时代、却退休在互联网时代的老人们。互联网时代下,老人们既好奇,又担忧;既跃跃欲试,又无从下手。

## 二、适应变化:"总有一天要用到"

科技的发展,虽然给老年群体的生活带来了些许不适应,但是面对新技术对生活的改变,他们依然充满好奇与向往,他们希望能够像年轻人一样,用技术服务生活,用技术改变生活。

### (一)"不要被时代淘汰"

新科技的应用已经变成了一种时尚,老年人由于在社会中拥有的资源与权利较少,难免在社会结构中处于"弱势地位"。但是,对于此,他们一方面承认自己的确不如年轻人,认为"自己的确老了,好多东西不会"(WYPWSGW-P3)、"年纪大了,知识也老化了"(WYPRGZN-P2),但是,另一方面他们也希望自己能够与时代并肩,表示:"自己尽管退休了,虽然工作上用不到了,但人的思想,还是不能落伍的。工作可以退休,思想不能退休,不要被时代淘汰"(MXHBJ-P1)。老年人作为社会的成员,存在着与社会发展保持一致的需求。如今的老人,曾经也是社会生产中的中流砥柱,曾经也是时代的弄潮儿。面对着社会的发展,他们虽然觉知得慢一些,但是从人的社会属性而言,仍有融入社会环境的需要。心理学家弗里

---

[①] 冷洋.不会网购火车票的老人需要什么?[EB/OL].贵州手机报.[2018-01-15].http://comment.gog.cn/system/2018/01/15/016351661.shtml.

[②] 吴信训,丁卓菁.新媒体优化老年群体生活方式的前景探索——以上海城市老龄群体的新媒体使用情况调查为例[J].新闻记者,2011(3):65-69.

茨·海德(Fritz Heider)认为,人具有控制环境的需要。[①] 老年人对科技的失控感,使得他们需要了解科技、学习技术,以更好地适应时代,在心理层面实现控制环境的需要。研究也发现,智能设备的使用对老年人也有一定益处,有利于脑半球同步,延缓大脑衰老,[②]能够补偿老年人的记忆障碍[③],改善老年人执行认知任务的能力。[④] 因此,老年人渴望使用新科技,主观上希望与时俱进,让生活更加自如;客观上也有益于应对晚年的生理衰退,让自己更加时尚。

(二)"还是要自己独立自主"

由于对新媒体、新技术不熟悉,导致老年人在某些方面对子女产生依赖。生活独立性被认为是晚年健康的指标之一,也是老年人追求的美好生活目标之一。[⑤] 这里的生活独立性,不仅是经济上、生理上,而且包括社会适应方面。新时代的老年人已经实现了经济独立和基本的生活独立,他们希望能够在全部的生活空间中,自己做主、自己行动,对自己的承诺和行为负起责任。有受访者表示:"像上网买东西的问题,孩子帮着你买,他们觉得是应该的,没什么的。但是,我们不想老是麻烦他们,总不能每次都叫孩子帮忙,还是要自己独立自主。"(WYPWSGW-P5)老人们不愿意麻烦子女,虽然在遇到技术问题时,他们会去问子女,但是也认为"要一天到晚去问小孩,小孩也工作忙,不能总是这么打扰他们"(WSJDN-P2)。新时代的老年人不再将子女当做附属品,而是尊重彼此的独立人格,同时也认为自我应具备独立的生活能力。面对着"技术绑架"带来的生活不便,老年人渴望生活独立,渴望在心理范围与生活能力上保持独立的状态,这样的状态,让他们感觉更舒适、更美好。

(三)"想在网络上经常联系联系"

智能手机、微信、互联网的普及,不仅加快了信息沟通的效率,而且促使人际沟通更加频繁化、沟通渠道更加多样化。老年人由于退休在家,交流渠道本就有限,再加上看到年轻人网络交往的乐趣,他们也渴望在自己的人际交往中融入技术的手段,有受访者表示:"小年轻天天抱着个手机,手机不离手,一直在

---

① 王大华,申继亮.老年人的日常环境控制感特点及其与主观幸福感的关系[J].中国老年学杂志,2005,25(10):1145—1147.
② Vecchio F, Babiloni C, Ferreri F, et al. Mobile phone emission modulates inter-hemispheric functional coupling of EEG alpha rhythms in elderly compared to young subjects[J]. Clin Neurophysiol, 2010, 121(2):163—71.
③ Massimi M, Baecker RM. An empirical study of seniors'perceptions of mobile phones as memory aids[C]. Toronto: 2nd International Conference on Technology and Aging, 2007:45—57.
④ Ng TP, Lim ML, Niti M, et al. Long-term digital mobile phone use and cognitive decline in the elderly[J]. Bioelectromagnetics, 2012, 33(2):176—85.
⑤ 钱军程.中国老年人口健康老龄化四个社会效果维度的测量研究[J].老龄科学研究,20131(1):73—79.

看微信,跟这个联系跟那个联系,还经常对着手机傻笑。有时候也会给我们看看一些好玩的东西,给我们看看他同学的样子。我们也有自己的老同学,老同学不经常见面,也想在网络上经常联系联系。"(WMHHC-P5)老年人希望通过网络增加人际连接,他们希望增加与家人联系的深度,与朋友联系的广度,与时代联系的速度。[1] 老年人渴望使用信息技术,一方面是基于对技术本身的好奇,另一方面也是希望通过技术手段促进理想生活的达成。

### 三、需求浮现:渴望科技应用类学习,追求智能的生活

诺尔斯指出,成人教育在于"帮助成人在一个加速变化的世界里更加成功地生活"。[2] 科技进步带来了生活的革命,老年人同样渴望跟上时代步伐,希望学习信息化时代下的新技术,以此让生活变得更便利、更智能。

(一)问卷数据呈现

关于信息技术的学习需求与老年美好生活的向往上,设置了"参加学习能够跟得上社会的发展"和需要学习"信息技术方面(如手机、平板电脑、智能家电使用、手机支付、预约挂号、人工智能等)"的内容这两个问题。

在"参加学习能够跟得上社会的发展"题项上,平均得分是 4.519 分,高于理论平均分。52.7%的被调查者选择"非常赞同",34.8%的被调查者选择"比较赞同",总共约九成被调查者认为学习能够跟上时代发展,且持"非常赞同"的人数最多(如图 2—7 所示)。

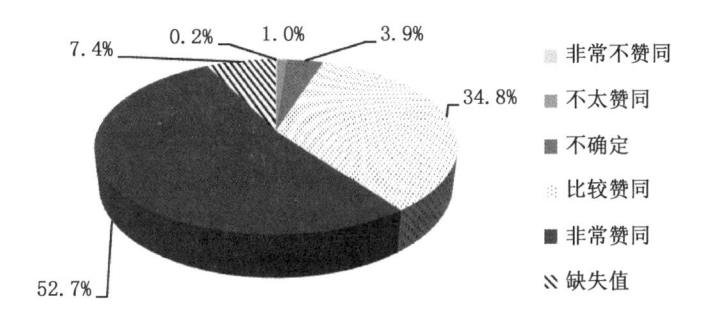

图 2—7 认同"参加学习能够跟得上社会的发展"观念的人数比例分布

经差异性检验分析发现,女性对于学习能够跟上时代发展的认同度更高($P=0.000,<0.01$)。但是在其他因素上并没有表现出显著性差异,表明老年人无论

---

[1] Hardill I, Olphert CW. Staying connected: Exploring mobile phone use amongst older adults in the UK[J]. Geoforum,2012,43(6):1 306—1 312.
[2] 高志敏.成人教育学科体系论[M].上海:上海教育出版社,2017:395.

年龄、受教育程度、先前职业如何,都认同学习能够保持与时代同步的观念。

关于"信息技术方面(如手机、平板电脑、智能家电使用、手机支付、预约挂号、人工智能等)"的学习需求,平均得分为 4.320 分,高于理论上的平均值。其中,52.7%的被调查者表示"非常赞同",34.8%的被调查者表示"比较赞同"(如图 2-8 所示)。

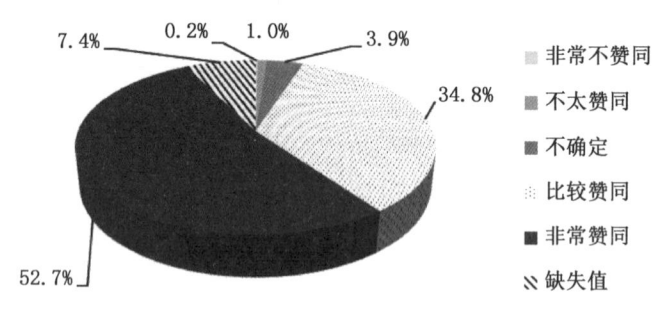

图 2-8　需要学习"信息技术"内容的人数比例分布

值得注意的是,该选项并不存在性别、年龄、文化、经济等方面的差异。可见,学习信息技术的需求,是老年人共同的心愿。

(二)访谈资料分析

通过访谈,进一步发现老年人渴望感受新技术,希望学习与生活和社交相关的信息技术。

1."想了解一下现在的人工智能"

老年人虽然承认自己技术落后,但是希望通过学习,以此来破除"时代鸿沟"和"技术鸿沟"。对此,他们在学习态度上充满信心,有受访者表示:"对于电子产品的学习和应用,我们很有学习的热情和信心。"(WMHHC-P5)老年人对新媒体、新技术具有一定的接受度,他们具有较强烈的好奇心,愿意接受新事物,主动尝试,相信新事物对生活带来的有利改变。① 新媒体环境下,老年人通过电视、广播、报纸等媒体了解到新技术的发展,他们渴望亲身体验新技术,表示:"现在人工智能在生活中已经很常见了,有时候电视上看到那种人工机器人,很神奇,我们也想了解一下现在的人工智能,也想现场体验体验。"(WYPRGZN-P3)另有调查表明,天津市的老年人也对人工智能表达出浓烈的学习兴趣。② 老年人作为社会的一分子,有权利平等享受社会进步带来的各种

---

① 吴信训,丁卓菁.新媒体优化老年群体生活方式的前景探索——以上海城市老龄群体的新媒体使用情况调查为例[J].新闻记者,2011(3):65-69.
② 周婧.人工智能时代老年学习者需求分析与对策研究[J].天津电大学报,2017(4):36-41.

体验。因此,对新技术的了解和体验,既是他们应享有的权利,也是他们学习需求的表现。他们对新技术的学习,不需要像专业学科一样系统化、科学化,他们的学习更注重体验感,渴望学习更多实用性、操作性的知识,其目的在于更好地服务美好生活。

2."想学手机预约门诊"

新技术的变革,让老年人的生活方式也随之被迫改变。这种改变,在趋势上是符合人类进步发展规律的,是服务更便捷、更有效率的未来生活。可以说,这样的改变,促进了美好生活的达成。但是,变化得太迅速,让老年人始料不及。为此,他们希望学习与生活相关的新技术。访谈发现,老年人对手机和互联网的学习需求,重点在于日常生活起居方面的应用,有受访者"想学网上购物,学会了之后,想买什么就能自己决定,就不用每次再麻烦孩子了"(WSJDN-P2)。有研究者发现老年人对手机的使用,集中在接听电话、收发短信、定闹钟、拍照片等功能方面,很少使用网络支付。① 因为不会或者不敢,导致不用。但是他们也看到网络支付的便捷,也希望能够学会手机支付,以此自如地购物。还有受访者表示"想学手机预约门诊",希望能够"教一教我们老年人怎么用手机挂号看毛病的"(WYPSJYY-P6)。新技术的使用能够提高老年人生活质量。在美国,已经有一部分老人用手机接收医疗保健服务,并且对此表示满意。② 可见,老年人渴望学习技术运用,如二维码支付、网络购物、预约挂号、手机地图等应用,希望减少信息化社会下的技术阻碍,让衣食住行等生活更方便,让自我感觉更独立。

3."想多学学微信里面的各种功能"

信息技术带来的革命,不仅带来了日常生活方式的改变,而且革新了人们的社交方式,从博客到微博,从飞信到微信,信息交流变得越来越短平快,交流的圈子也日趋开放。老年人退休后与社会逐渐疏离,因此感到孤独。老年人也有与亲友及团体活动等情感交流的需求,而移动服务就是可以维持老年人社会关系的有效途径。③ 尤其对于老年女性而言,手机是维系家庭关系的重要工具之一。④ 因此,老年人希望学习新媒体技术,来活跃自己的朋友圈,有受访者表示:"我手机里面有不少人的微信,有些人每天早上起来都发问候的消息,好多

---

① 吴信训,丁卓菁. 新媒体优化老年群体生活方式的前景探索——以上海城市老龄群体的新媒体使用情况调查为例[J]. 新闻记者,2011(3):65—69.
② 顾秀莲. 多元化的中国老年教育[M]. 北京:中国妇女出版社,2009:98,116.
③ Mikkonen M,Vayrynen S,Ikonen V,et al. User and concept studies as tools in developing mobile communication services for the elderly[J]. Person Ubiquit Comput,2002,6(2):113—24.
④ Stamato C,Moraes Ad. Mobile phones and elderly people:a noisy communication[J]. Work,2012;41:320—327.

图很好看。有些好像是他们自己做的图,我就想知道怎么做成的。我经常转发消息,因为自己发不好朋友圈,用的不熟,有时候还记不住,还是想多学学微信里面的各种功能。拿自己好的东西放在朋友圈里面,也让大家一起看看生活中美好的事情,让大家的生活一起美好。"(MSJSM-P5)不难看出,老年人在社交中,不仅有了解他人的生活状态,希望通过在线展示自己生活的需求,而且渴望得到他人的评价,有受访者希望学习照片编辑技术和网页上传技术,希望"把照片修剪一下,把它上传,让大家都能看到。但是目前这还不会,很想学一学"(MMHDN-P2)。充裕的闲暇时间,开放的媒体渠道,为老年人提供了传媒接触的可能,他们希望学习技术应用,比如微博、微信、支付宝等平台功能,以此紧跟时尚,激活生活状态,强化社交联系。

由上可见,技术的飞跃给老年群体的现实生活带来了暂时的挑战和障碍,但他们依旧对信息化技术的运用充满了热情与信心,他们希望打破技术阻碍,希望技术能够让生活变得更加便捷。他们认为,学习能够促进他们生活中新技术的掌握与运用。因此,他们萌发了体验先进技术、学习智能手机应用等学习愿望,希望通过技术的使用,让生活更加智能化、现代化。

## 本章小结

本章着眼于日常生活世界,分析了老年人因生活更迭带来的不适感,由此产生的让生活更便捷、更自主的向往,进而引发的适应性学习需求。

在生活状态方面,老年人经历着生理衰退、情绪低落、维权困扰、技术落后等困境。由于生理机能老化,他们变得不如以前能干,出现丢三落四、家务困难的情况。由于退休后的地位边缘,他们的情绪变得消极,出现无聊、抑郁、自我价值感缺失等情况。由于生活条件越来越好,他们积累了一些财富,并且具有一定的自我维权意识。由于时代飞速发展,他们在尚无准备的情况下就被推进了信息化时代,手握智能设备,使用起来却力不从心。可以说,退休是老年期的重大转变,要求老年人对当下的生活状态作出积极的应对和改变。

面对退休和时代发展带来的不适应感,老年人渴望更迭生活,避免当下生活中的不快,追求更加美好的生活。老年人所向往的美好生活,内容方面,体现在生理保健、情绪调适、自我保护和技术应用等;特征方面,可概括为从衰退到健康、从消极到积极、从不安到安心、从传统到智能。身体更加健康,心情更加舒畅,信息更加可靠,技术应用更加从容,这就是他们对美好生活的由衷表达。

第二章 直面生活更替：适应生活的学习需求

他们认为，学习有助于实现心中所向往的健康的、积极的、安心的、智能的生活。为实现这样的美好生活，他们萌发了学习的愿望。为了保持健康，他们渴望学习运动、中医保健知识；为了转移不良情绪，他们渴望学习任何自己喜欢的内容；为了平稳过渡退休后生活，他们渴望有退休准备教育；为了更舒心地养老，他们渴望学习养老信息；为了更安全理财，他们渴望学习金融知识；为了自我保护，他们渴望学习维权知识；为了跟上时代，他们渴望体验先进技术；为了便捷生活，他们渴望学习智能手机应用。在他们所表达的学习需求中，也出现了不同群体间的差异，如在健康养生学习需求方面，女性高于男性；在财务管理和权益保护学习需求方面，女性也高于男性。此外，55岁以下、退休后月收入8 000元以上的老年群体更希望学习财务管理知识，71岁以上的老年群体更倾向于学习权益保护方面的内容。总而言之，无论何种学习内容，何种群体的差异，其学习目标均共同指向告别职业、更迭生活的向往。

# 第三章　享受闲暇时光：
## 丰富生活的学习需求

美国休闲学家约翰·凯利(John Kelly)认为，休闲是一个"成为人"的过程，它意味着"探索和谐与美的原则，引导行动的能量"。[①] 老年阶段及退休，除了会带来本章所述的各种烦恼之外，也带来了生活上的惊喜。首先，他们离开工作岗位，有了更多的闲暇时间；其次，随着子女的长大，他们的家庭负担有所减轻；再次，随着自由时间的增多，他们的休闲生活比重更大。他们有时间、有条件去享受休闲生活。相对于日常生活的基础性，休闲生活在老年生活世界中，则是更向前迈进了一步，更加接近老年群体的内在发展动力。在休闲生活中，老年群体又会产生怎样的美好生活向往，激发什么样的学习需求呢？本章将从享受美好生活的角度出发，结合数据与访谈资料，探讨老年追求美好生活的学习需求。

## 第一节　学习，为了享受自由时间

时间，是老年阶段最大的财富，也是让老年人最为欣喜的地方。如今，社会中以积极健康姿态，享受生活的方式丰富多样，对于收入有保障，时间充裕的老年群体而言，享受当下的时间，成为他们的生活的主题之一。

### 一、放松时段："时间一下子多了好多"

没有了工作的牵绊，不需为家庭操劳，老年阶段的生活节奏，似乎一下子慢了下来，他们也处于相对放松的状态。他们的时间变充裕了，精神变轻松了，生活方式也变丰富了。

（一）"时间一下子多了好多"

闲暇时间充裕，是中年阶段、临退休阶段最值得期待的事。古汉语中的"闲

---

[①] 约翰·凯利.走向自由——休闲社会学新论[M].昆明：云南人民出版社，2000：265.

暇"意指悠闲、娴雅。现代汉语言中的"闲暇"意指闲空。①《现代经济词典》中闲暇是指法定工作时间以外的、由个人自由支配的用于休闲的时间,包括睡眠、吃饭、家务、社交、购物、娱乐、旅游和业余学习的时间。闲暇与工作时间之间有此消彼长的关系。② 老年人无需工作且经济有保障,因而有了更多的闲暇时间。有受访者表示:"我们以前就是白天上班,晚上下班,周末才能休息。以前就盼着周末,就盼着休息。现在轮到自己退休了,每天都是周末,时间一下子多了好多。"(MPDHH-P2)正如受访者所述,老年人生活的一个最显著特征,就是工作不再是一件强制性的事情,休闲可能代替工作成为寻找生活意义的新途径。闲暇是"自由时间",它是人的积极存在,不仅是个体的生命尺度,而且是个体的发展空间。③ 骤增的闲暇时间,变成了老年群体生活的常态,也成为老年人追求各种理想生活的前提。

(二)"精神就放松下来了"

闲暇,不仅仅是时间上的自由支配,更代表精神上的如释重负。相对于以往紧张的工作节奏,老年人没有工作的约束,精神压力一下子消除了,正如有受访者表示:"以前上班,一直做涉及(我国)台湾事务方面的事情,对政治很敏感,整个人都是紧绷的,生怕有一点问题。现在退休了,整个人的精神就放松下来了,觉得轻松了好多好多。"(WXHLS-P6)同样有受访者说道:"以前上班的时候,办公室里面很忙碌,每天忙忙碌碌就过来了,神经也是绷着的,毕竟要面对那么多人,有时候周末脑子里面也会想工作的事情。现在很悠闲的,完全没有以前那么精神紧绷了。"(WPDGZ-P3)离开了工作岗位,老年人卸下最多的是责任,因为工作的责任,让他们保持着警觉的状态。尤其对于退休前在单位担任管理或技术等核心岗位工作的老年人,其责任感更强烈,对组织与他人的承诺更强,承担过失的心理体验和行动更多,所以体会到更多的压力。④ 然而,老年人退休后无须肩负工作责任,就感受到了轻松的状态。此外,让老年人感觉放松的另外一个原因,就是子女的成熟。子女的成长独立,给了老年人更多精神自由的空间,有受访者表示:"孩子都长大了,也有了自己的工作,不需要我们操心了。虽然我现在还是帮着接送外孙女,但是跟以前接送女儿上学相比,已经轻松很多。"(WPDZY-P2)可见,家庭和工作两方面负担的减轻,让老年人在精神上得以"减负",不需要为生活奔波操劳,有了更多生活的空间。

---

① 任超奇.新华汉语词典[M].武汉:崇文书局,2006:193.
② 中国社会科学院经济研究所.现代经济辞典[M].南京:凤凰出版社,1981:345.
③ 中央编译局.马克思恩格斯全集:第 47 卷[M].北京:人民出版社,1979:532.
④ 李贵卿,井润田,吴继红.工作—生活多角色责任感的测量及影响研究[J].中国工业经济,2010(4):130-140.

## (三)"现在的各种东西太丰富了"

随着社会物质文明和精神文明的发展,人们的生活方式也日趋多元。生活方式是人们在一定的社会经济条件下形成的生产活动的稳定方式,它既是一种物质消费方式,又是一种精神生活方式,是全部自然和社会条件、物质和精神因素对人们生活综合起作用的结果。① 新时代的老年人,感受到了社会中生活方式的多样,有受访者说道:"现在的各种东西太丰富了,好多是我们以前想都想不到的。尤其是这几年,你看旅游就非常火,以前过年是过年,就是一家在一起吃年夜饭。现在过年是度假,年夜饭也不在家里吃,好多人跑到别的地方去了,不在家过年。好多变了。"(WPDZY-P4)与老年人衣食住行等相关生活资料的不断扩大,让老年人感受到生活的丰富,也有了更多的选择与改变的可能。

## 二、享受自由:"享受现在的时间"

当下的条件已经得天独厚,但是他们依然希望生活百尺竿头,更进一步。他们珍惜当下的自由,认为好好利用时间,用心享受生活,努力丰富生活就是美好生活应该呈现的样态。

### (一)"要好好利用时间"

闲暇时间是老年人的优势,但是时间流逝也是他们的弱势。从生理角度而言,随着年龄的增长,生理的日趋老化,高龄阶段闲暇时间的绝对值虽然不会减少,但是能被老年人有效利用的空间却大大下降,就会出现闲暇时间"困窘先兆"。② 老年人也似乎意识到这一点,有受访者表示虽然现在时间很多,但是也要"趁着现在还自己走得动,自己能照顾自己的时候,要好好利用时间,做点自己喜欢的事情。时间就这么多,不好好利用太浪费了"(MPDHH-P2)。时间的利用,是人们日常生活中的重要主题之一,体现在个体各项活动及其主观状态的分配上,既包括花费在实际活动中的数量,又包括对时间花费的感知与评价。③ 老年人说的"好好利用时间",更多的是指向时间的主观利用,希望时间分配在积极的、正向的事情上。老年人对时间利用充满着积极乐观的态度,也体现了他们渴望认真生活的愿望。

### (二)"该享受享受生活了"

老年人拥有大量的时间,这为他们享受生活创造了可能性。所谓"享受生活",不是指普通意义上的玩乐、消遣,而是指"为不断满足人的多方面需要而处

---

① 康绍邦,胡尔湖. 新编社会主义辞典[M].北京:中国广播电视出版社,1991:8.
② 毕可生,李晨. 老年学基础[M]. 兰州:甘肃人民出版社,1991:236.
③ Robinson J P, Martin S. Time Use as a Social Indicator[M]. Handbook of Social Indicators and Quality of Life Research, 2012:159-179.

于的文化创造、文化欣赏、文化建构的一种生存状态"。[1] 有受访者表示:"我们苦了一辈子。以前那种苦,你们小年轻是体会不到的。最苦的时候,没得吃、吃不饱,现在能想象出来吗?我们像你们这么大的时候,哪有这么好的生活条件啊。现在生活好了,不用操心了,该享受享受生活了。"(MSJYY-P2)古语云:"食必常饱,然后求美;衣必常暖,然后求丽;居必常安,然后求乐",享受生活并"扩大自己的享受范围"是人之天性,也是人类社会发展的不竭动力和永恒追求。[2]老年人已经完成了贡献社会的主要任务,希望能够享受当下的美好生活。他们所指的享受生活,主要包含三种层次:第一层次是用自由时间愉快度日;第二层次是通过文化活动充实生活;第三层次是按照自我兴趣与意愿自由从事具有创造性的高级活动。正如有受访者这样表达:"我们享受生活,肯定不是贪图享乐,跟你们小年轻肯定没法比的。我们忙了一辈子,你现在叫我们停下来,我们也闲不下来。我们享受生活,就是不想再为其他事情烦心了,就为自己开心,就是做做自己想做的事情。为别人操劳了一辈子,为家庭、为工作、为小孩,都是在为了别人。现在我们能回到自己的生活了,为自己而生活,就是我们想要的美好的生活。"(MSJYY-P2)享受当下生活,是新时期老年人精神世界的新追求。相较于早期调查中老年人基础型的生活方式,如今的老年人已经开始追求消遣型、享受型的生活方式,[3]并且认为这样的方式是对自己的尊重,也是实现美好生活的途径。

(三)"希望自己的生活更加丰富一点"

老年人在年轻时代由于时间、工作、家庭的各种限制,生活的轨迹相对单一,虽然如此,他们心中依然保持着多彩生活的愿望,而且在退休时代到来的时候,被充分地激发了出来。比如,他们会选择尝试咖啡馆品味、KTV 亮嗓等这样的生活方式,有受访者神采飞扬地表示:"你想不到吧,平日你们小年轻上班的时候,我们老阿姨就会一起去博物馆、美术馆、咖啡馆,还会一起去卡拉 OK。我们自己组织一日游,去这里逛逛,那边看看,累了就找个地方坐下来喝喝茶,吃吃东西,老开心喽。其实呢,我们也就是希望自己的生活更加丰富一点。"(WYPSJYY-P3)面对当下丰富的生活资料和多元生活方式,老年群体不甘于年轻时一成不变的生活状态,而是选择尝试时下流行的各种生活元素,并且表示:"我们工作了几十年,到了老年这个阶段,我们也希望自己的生活更精彩一点。"

---

[1] 陆剑杰.老年教育学——中国老年教育 34 年实践经验的学术研究升华[M].南京:河海大学出版社,2018:118.
[2] 中央编译局.马克思恩格斯全集(第 46 卷)(上)[M].北京:人民出版社,1979:246.
[3] 叶南客.城市现代化进程中的老年生活考察——南京市老年人生活方式与生活质量变迁的个案研究[J].社会学研究,2001(4):77—88.

(MXHYY-P1)还有受访者提到:"就想走出去看看,可以了解世界,掌握一些世界上的人文和动态。"(WXHLS-P6)到了老年阶段,在时间、经济等各种条件允许的情况下,他们渴望尝试更加多样的生活方式,而不仅仅是传统意义上的含饴弄孙,他们对生活内涵、生活方式,有着更多的追求与尝试。

### 三、需求显现:渴求文化艺术类学习,憧憬闲适的生活

充裕的闲暇时间,放松的精神状态,丰富的生活方式,促发了老年人享受生活的心愿。学习,则能够助推他们更健康、更文明、更闲适地享受生活。

(一)问卷数据呈现

关于学习与享受生活关系,笔者设计了"参加学习能够更好地享受生活"的题项。问卷调查中,该题的平均得分为 4.64 分,远高于理论上的平均值。其中,62.6%的被调查者选择"非常赞同",29.8%的被调查者选择"比较赞同",总体九成以上的被调查者赞同学习能够享受生活的理念(如图 3-1 所示)。

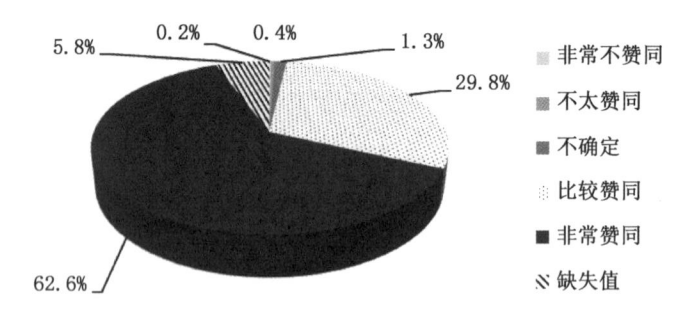

图 3-1 认同"参加学习能够更好地享受生活"观念的人数比例分布

差异显著性检验发现,该题在性别($P=0.000$,$<0.01$)、年龄($P=0.028$,$<0.05$)等因素上呈现出显著性差异(详见表 3-1)。

性别方面,女性对于学习能够更好地享受生活的认同度显著高于男性。这可能与女性老年人的生活态度有关。研究表明,女性老年人对生活有更高的满意度,且对生活有更积极的期待。[①]

年龄方面,65 岁以下的老人相对于 65 岁以上的老人,对学习能够更好地享受生活的认同感更高。由于低龄老年在社会中的参与机会更多,所以他们享受生活的可能性更大,生活态度更积极。

---

① 王潆雪,黄明雷.晨练老年人生活满意度及主观幸福感的结构方程模型[J].中国老年学杂志,2011,31(23):4 657-4 659.

表3—1　认同"参加学习能够更好地享受生活"观念的差异显著性检验

| 检验因素 | | 均值（M） | 检验值（T/F） | 显著性（P） | 事后检验（LSD） |
|---|---|---|---|---|---|
| 性别 | 男 | 4.490 | -5.867 | 0.000** | |
| | 女 | 4.486 | | | |
| 年龄 | 50～55岁 | 4.664 | | | |
| | 56～60岁 | 4.681 | | | |
| | 61～65岁 | 4.657 | | | |
| | 66～70岁 | 4.573 | 2.366 | 0.028* | 1>6,2>6,3>6,1>7,2>7,3>7 |
| | 71～75岁 | 4.644 | | | |
| | 76～80岁 | 4.455 | | | |
| | 80岁以上 | 4.389 | | | |

(二)访谈资料分析

老年群体认同学习能够更好地享受生活,由此也引发了一定的学习需求。

1."想学点英语,出去了自己交流"

有了闲暇时间,很多老年人愿意选择去别处看一看。旅游成为老年生活的新时尚。旅游作为人们游憩活动的一部分,不仅是年轻人的专利,而且也成为老年群体热衷的消费方式之一。特别是近年来,有越来越多的老年人选择走出国门,领略世界风情,出境游成为炙手可热的新宠,2018年老年出境游的比例较2017年增长超30%,足迹遍布74个国家。① 当老年人领略风光、享受生活时,语言成为他们尽情游览的障碍之一。有受访者这样表示:"我们跟团游的时候,虽然有导游,但是在飞机上,需要吃点东西或者喝点什么,都像哑巴一样,因为飞机上导游不可能一直贴身跟着你。还有就是买东西的时候,也是用手势,那些打折之类的根本看不懂。"(MXHYY-P1)因此,他们表示:"不出去玩的时候,时间也很多,就想着学点英语吧,自己会一点,出去玩的时候交流就方便一点。我们几家几乎每年都出去的,我现在有时间学习,所以想学点英语,出去了自己交流。"(MXHYY-P2)老年人渴望学习英语,在于打破语言交流障碍,在出游中更好地服务自我,更深度地体验旅游中的乐趣,让出游更精彩,让生活更多彩。

---

① 合众佑泽养老咨询.机会来了:大数据分析老年人旅游,"50后"最舍得花钱[EB/OL].搜狐网.[2018-10-26],http://www.sohu.com/a/271408271_100122244.

### 2."想学唱歌,享受聚会时刻"

除了旅游成为老年群体热衷的方式外,聚会、参观等也是他们生活中常见的休闲方式。在参观中,他们希望"了解更多知识,打开视野"(MXHBJ-P5)。虽然聚会和参观带来了快乐,但是老年群体并不满足于享乐,而是希望在享受中提升自我,比如有受访者说道:"我们经常聚会唱歌的,我们唱起来(的开心程度),肯定不输给你们年轻人。我在同学聚会唱了好几次之后,发现我唱歌是会唱,但是遇到高音就唱不上去。现在经常和以前同学聚会,一起去KTV,平时空的时间比较多,想学学唱歌,歌唱好了嘛,不就是更加享受聚会时刻,生活更加多彩了吗?"(WSJYY-P6)老年人通过尝试新生活方式来实现生活的享受,但是他们认为美好的生活不仅仅在于当下的享受,更在于通过学习提升自我,以此来提高享受的品质,而不是无目的地享用生活资源。

### 3."想学英语,去体验当地的文化"

从前文的陈述已经知道,老年群体热衷旅游,热衷"生活在别处"。在错峰出行的优势下,他们渴望深度体验别处生活,有受访者说道:"我们可以慢悠悠地走。比如看到一个教堂,走进去,可以在里面坐一个上午,会把更多的时间放在那些小镇,喝喝咖啡,感受一下那边的人文气息,希望和当地人交流一下。"(WXHLS-P5)深度别处生活,不仅仅是走进当地的建筑、品尝当地的美食,更在于与当地人的交流。因此,这部分老年人也萌发了学习语言的需求,表示"想要感受他们的文化,我就需要学习语言,而英语是通用的,所以我想学习英语,想去体验当地的文化。交流没有困难,才能够让我更好地融入当时的环境。我相信如果语言能够过关,那种感觉就完全不一样"(WXHLS-P6)。当然,除了亲身体验当地文化生活以外,也有老年人提出学习地理风貌的学习需求,认为"可以看看世界上各个国家的风土人情,看看人家是怎么生活的。看看大千世界的生活,才知道原来生活有这么美,才会感觉到我们的生活原来这么幸福"(WX-HDN-P8)。不同于前文中受访者学习英语的需求,这里受访者学习英语的原动力在于体验他人的生活,通过感知他人的生活,来体味自身的生活。借助语言来了解更立体化的世界,就是美好生活;借助语言对他处生活的深度化体验,加深对自身生活的感悟,就是美好生活。

至此可见,老年人在退休后,时间更充裕、精神更放松、加上社会多元的生活方式,使得老年人产生了把握时间、享受生活、改变以往生活方式的想法。他们认同学习能够更闲适地享受生活这一观点,产生了学习英语、声乐等需求,希望通过学习,能够体验所向往的大千世界,能够更有品质地享受生活,让自己变得更满意,让生活的空间变得更广阔。

## 第二节 学习,为了补偿年轻梦想

自新中国成立以来,尤其是自改革开放以来,中国走上了高速发展的道路。在政治、经济、社会、文化、生态等各方面,都发生了翻天覆地的变化。这些变化,"50 后"的老年人尤是亲眼所见、亲耳所闻、亲身感受。从无到有、从有到多、从多到优的过程,为老年群体提供了实现梦想的机会。圆梦,也成了老年学习世界中的关键词之一。

### 一、时代所迫:"那时候想学没得学"

教育受生产力和生产关系的影响与制约。不同的社会背景下,所倡导的政治文化、所创造的学习机会、所提供的学习资源不尽然相同。对于老年人而言,他们年轻时所处的时代,让学习成为一种"奢侈品",让不少人错过了学习的机会。

(一)"大学梦彻底破碎了"

新中国成立以来,我国的教育事业得到举世瞩目的发展,在规模上、质量上都取得了巨大的成就。但是,20 世纪六七十年代,国内的政治形势发生了巨大变化,教育也随之产生了巨大的变革。从历史唯物辩证的角度来看,我国也走过了曲折的十年。这十年,我们经历了教训,虽然看清了道路,但是也破碎了一代年轻人接受更高层次、更高质量教育的希望。在访谈中,不少受访者会提起这段特殊时期,他们表示遗憾,也会表示沉重。比如,有受访者提到自己大学梦的夭折时,说道:"我是六六届高中毕业的,所以我错过了一个最好的上学时间。我们那个时候已经准备上复习课了,马上要考大学。我感觉自己就要成为堂堂正正的大学生了。结果,大学梦一下子就彻底破碎了。"(WPDYS-P1)梦想的破灭,不仅限于学历教育,还包括各种兴趣学习。有受访者提到自己兴趣爱好的断崖,说道:"以前我是小伙伴艺术团的,在初中的时候曾经在少年宫学舞蹈,当时非常喜欢跳舞。那么后来的变化,你们是不能想象的,反正就搁置了,跳舞就放下了。"(WMHWD2-P1)教育是社会的产物,教育虽然能够推动生产方式的改变,但是明显具有滞后性和渗透性,反过来,教育也会受到不同时期不同社会变化情形的影响。因此,在当时的时代背景下,教育也成为了牺牲品,处于当时年代的学生也失去了接受文化教育的机会,用访谈中一位老人的话来说,就是他们在最应该接受教育的年龄,经历了一场"文化空白期"(MXHZZ-P2)。

### (二)"那个时候没有机会的"

所谓"皮之不存,毛将焉附?"在动荡的时代大背景下,个体生长的微环境也必然受其影响。在教育思想未开明,教育资源不丰富,教育体制不开放的情况下,个体的学习与发展就会受到阻碍与限制。访谈中,有受访者提出家庭教育思想对过往学习经历的影响,表示:"我们那个年代,父母也不会像现在这样说'输在起跑线上',那个时候父母都不管我们,吃饱就行。我父亲虽然画画很厉害,但是他也不教我。他要是教我,我现在肯定是个大画家。"(MXHHUS-P6)有受访者提出因经济条件不足而耽搁了学习,如:"那时候家里条件也不是很好,根本买不起钢琴。但是我看见人家弹钢琴就很喜欢的。家里没有钱买啊,更不用说学了,就是想学也没机会啊。"(WMHGQ-P1)正如以上老年人所述,家庭的主观和客观环境,是他们接受教育机会的另一重要因素。研究表明,子女受教育的机会与质量受到家庭的收入水平和社会资源的影响。[①] 子女教育投资的多寡,一方面与家庭经济收入相关,另一方面也受到家庭教育理念的直接影响。[②] 由此,在家庭经济尚欠发达的情况下,教育成为了奢侈品,受家庭条件的限制,很多老年人的兴趣被扼杀在摇篮,造成巨大遗憾。

### (三)"你现在这个条件不能学的"

除了时代背景和家庭背景等外界环境,个人的经历也是老年群体回忆当年学习遗憾的因素之一。比如,有受访者提到自己的个人条件,说道:"我就是从小喜欢音乐,我出生农村,小学的时候没有音体美的,我们老师上课也不讲普通话,哪有什么素质教育。后来进了四年级,我第一次见到了手风琴。当时我就着迷了,问老师'我能学吗?'老师说很难的,你现在这个条件不能学的,我心里好凄凉,我就一直记在心里,种下这个种子。"(WMHGQ4-P4)在学校教育中,老师既可能成为兴趣培养的助推者,也可能成为兴趣发展的阻碍因素。在个人成长的过程中,让学习失之交臂的不仅仅是老师,也可能是自身原因。有受访者表示因为自己过早参加工作而失去学习机会,说道:"我16岁就参军了,没怎么上学,这么小的年纪,就跟着后面做地下党工作。我也考过大学,但是当时也没学过什么东西,填的学校都是高大上的,也没录取。"(WXHDN-P2)可见,个人的成长经历中,由于条件有限,无法提供开放的、灵活的学习条件,就压制了个体的学习欲望。这一方面造成了教育的缺失,但另一方面也埋下了梦想的种子。正如格式塔心理学所提出的完型理论,人类具有填补空白的心理倾向,缺

---

① Becker G S, Tomes N. Human Capital and the Rise and Fall of Families[J]. Journal of Labor Economics,1986:4.
② 王进兰,赵刚.中国家庭子女教育成本与投资分析[J].河北师范大学学报:教育科学版,2001,3(2):43-52.

失会造成个体的心理紧张状态,而追求完整则会消减这样的紧张,因此在缺口产生(脑、心理上)张力的不平衡状态时,心理紧张系统就具有使之完结恢复平衡的倾向。[1] 无论是时代、家庭还是个人所造成的缺憾,在个体日后的发展中,一直存在使之完整的内在心理动力,也成为个体条件允许时付诸行动的动力,即成为老年群体圆梦的内在动机。

## 二、补偿梦想:"那颗种子一直都在"

因为有缺失,所以才追求补偿。因为种种原因曾经有过心愿阻断,现如今则因为时间充裕、经济许可、资源开放,补偿年轻时的梦想也就成了老年群体一种对美好生活的特殊向往。总之,他们希望好好利用当今的大好资源,实现年少时的心愿,完成心中的格式塔。

(一)"想做的事情有机会去做了"

梦想的实现需要前提。老年群体学习梦想的实现,应以教育体系的完备、教育资源的丰富、教育投入的支撑等为前提条件。老年教育,作为老龄化事业的重要组成部分,屡次被写入《老年人权益保障法》《我国中长期教育发展与规划纲要》《老年教育规划(2016—2020)》等专项法律或教育发展规划之中。在政策法规的保障和支持下,目前我国各省市均已创建老年大学,2019年底,全国的各级各类老年大学已达7万多所,逾千万老年人参与学习。[2] 基此,社区老年教育、老年大学、老年远程教育以及其他类型的老年教育迅猛扩增,极大丰富了老年群体的学习机会。对之,新时代的老年人切身感慨学习资源的丰富,有受访者表示:"我们要感谢国家,现在给了我们一个这么好的时代。国家也想到了我们老年人,给我们提供学习的机会,我们以前想做的事情现在有机会去做了。"(MPDSY-P2)同时也表示:"要好好利用现在的条件,好好做做,实现自己的心愿。"(MPDSY-P2)可见,老年人感恩于当下时代的进步,并且希望实现心中对于美好的生活向往。

(二)"我们老人有自己的上学梦"

回望过去,老年人心中最大的遗憾莫过于与大学失之交臂。一方面,是教育处于特殊年代,耽误了一大批青年学子接受更多、更高教育的机会;另一方面,当时我国的高等教育普及率极低,仅有极少数人有机会走进高等学府。因此,进入高等学府学习成为他们心中的梦想,他们表示:"以前就希望能够读大

---

[1] 申荷永.论勒温心理学中的动力[J].心理学报,1991,23(3):306—312.
[2] 宋岩.报告显示:我国老年大学在校学员数超千万[EB/OL].中华人民共和国中央人民政府网.[2021—10—19]. http://www.gov.cn/xinwen/201-10/19/content_5643710.htm.

学,但是没考取,后来上班又没机会读大学。现在最希望就是让我在大学里面读书、学习。如果有这样的机会,我一定会非常珍惜的。"(WXHDN-P3)也有受访者提到华夏中国梦和个人读书梦,说道:"所以我一直都很渴望读书,希望走进大学的课堂。后来工作了,一直都忙,没有这个时间。现在不是经常说'中国梦'吗,我们老人也有自己的梦,就是上学的梦,读大学的梦。"(WPDYS-P1)老年人所指的大学梦,包括两层意思,一是有接受正规教育,走进学校、坐在教室听课之意;另有一层也意指通过非正规或非正式教育,享受高等教育资源的愿望。诚然,无论哪种愿望,都表达了老年群体对过去的遗憾能够有所补偿的心愿,也是对当下更有品质之生活的追求与向往,正是良机难得倍珍惜,重圆旧梦暮年时。

(三)"把那些兴趣爱好都重新开始起来"

除了读书的梦想尚未完成外,还有一部分老人心存自身兴趣特长早先没有得到充分培育、发展的遗憾。虽然当年艺术教育的条件并不具备,但是个体的兴趣爱好始终存在。艺术匮乏的年代,往往一个小小的接触窗口,就能激发大大的文艺喜好。所以,有受访者提到:"我小时候喜欢,但是没得学啊。反正一看见人家谈钢琴就心痒,就感觉自己也想上去试试。"(WMHGQ-P1)儿时种下的种子,至今未泯,反而生根。有受访者说起:"我们是有一些儿时梦想的。因为工作,我们没时间去实现自己的梦想,但是梦想的那颗种子一直在,对不对?那么到退休以后,我有这些时间了,我想把我儿时的梦想逐步实现,把那些兴趣爱好都重新开始起来。"(MXHHUS-P6)他们希望"带着初心,想圆一下自己的梦"(WMHWD2-P1)。正如"不忘初心绮梦圆正"。圆梦,不仅是心中的情结,而且是对美好生活的期盼。生活与梦想,似乎是一对矛盾体,年轻时,个体为了生活,美好梦想往往退居其次。然而到了老年期,生活进入了放松、休闲的阶段,隐退的美好梦想便再次走入前台。而此时,是生活与梦想有机会、有条件相互结合、互相融合的时期,也是追求更美好生活的重要阶段。

### 三、需求显现:渴求未曾尝试的学习,憧憬圆梦的生活

未能接受正规教育和艺术教育,是老年人心中的遗憾。圆梦,就成了他们生活中的追求之一。学习,也就成了其圆梦的不二途径。

(一)问卷数据呈现

关于学习与圆梦的关系,笔者设置了"参加学习能够实现大学梦或童年梦"的题项。问卷调查中,该题项的平均分为4.10分。其中,37.2%的被调查者选

择"非常赞同",33.2%的被调查者选择"比较赞同",共约八成的被调查者认为学习是能够圆梦的(如图3—2所示)。

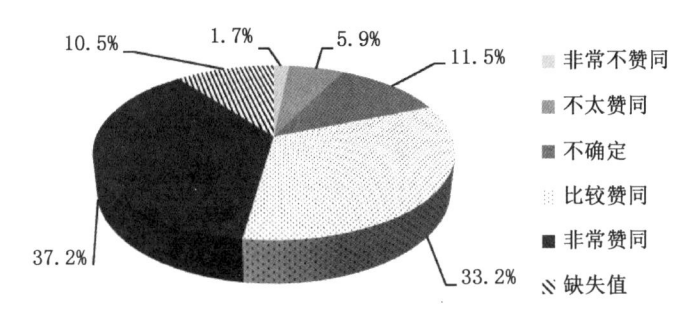

图3—2 认同"参加学习能够实现大学梦或童年梦"观念的人数比例分布

经差异显著性检验,发现该题项在性别(P=0.000,<0.01),年龄(P=0.002,<0.01),健康(P=0.000,<0.01),经济收入(P=0.007,<0.01)等因素存在显著性差异(详见表3—2)。

性别方面,女性对学习可以圆梦的认同度更高。

年龄方面,65岁以上老年群体对学习可以圆梦的认同度显著低于低龄老年群体,可能是低龄老年群体的生理、心理等方面依然较为活跃,对以往的缺憾弥补感较为强烈,因此对圆梦的学习需求也较高。

健康方面,自认为身体健康状况一般的老年群体对学习可以圆梦的认同度显著低于自认为身体状况良好的群体,可能由于健康是圆梦的前提,当身体健康成为老年群体的负担时,不仅会限制圆梦的欲望,而且会限制老年人生活中更多的需求。

经济方面,退休后月收入6 000元以上的老年群体对学习可以圆梦的认同度显著低于收入6 000元以下的群体,经济收入在一定程度上代表个体的社会地位,而社会地位的获得与早期的受教育机会有密切相关,无论是法国学者皮埃尔·布尔迪厄(Pierre Bourdieu)的"文化资本"研究,还是近代关于家庭教育背景对子女教育机会获得的研究,都证明父母所拥有的包括政治资本、经济资本、文化资本和社会资本在内的四大社会资源对子女教育机会有重大影响。[1]而退休后收入较好的老年群体,可能早期的家庭环境较好,接受了一定的教育,产生的缺憾较少,因此对于学习为了圆梦的认同感较低。

---

[1] 郭丛斌,闵维方.家庭经济和文化资本对子女教育机会获得的影响[J].高等教育研究,2006(11):24—31.

表3—2　认同"参加学习能够实现大学梦或童年梦"观念的差异显著性检验

| 检验因素 | | 均值（M） | 检验值（T/F） | 显著性（P） | 事后检验（LSD） |
|---|---|---|---|---|---|
| 性别 | 男 | 3.806 | −6.723 | 0.000** | |
| | 女 | 4.206 | | | |
| 年龄 | 50～55岁 | 4.182 | 3.438 | 0.002** | 1>4,2>4,3>6,1>5,2>5,3>5 |
| | 56～60岁 | 4.233 | | | |
| | 61～65岁 | 4.141 | | | |
| | 66～70岁 | 3.941 | | | |
| | 71～75岁 | 3.917 | | | |
| | 76～80岁 | 4.036 | | | |
| | 80岁以上 | 3.833 | | | |
| 健康状况 | 良好 | 4.183 | 8.234 | | 1>3,2>3 |
| | 一般 | 4.206 | | | |
| | 不好 | 3.968 | | | |
| 经济收入 | 1 000元以下 | 4.222 | 2.981 | 0.007** | 2>6,3>6,4>6, |
| | 1 000～2 000元 | 4.205 | | | |
| | 2 001～4 000元 | 4.212 | | | |
| | 4 001～6 000元 | 4.110 | | | |
| | 6 001～8 000元 | 3.973 | | | |
| | 8 000元以上 | 3.868 | | | |

(二)访谈资料分析

关于学习是为了圆梦的需求,国内有学者通过焦点团体访谈分析12位高龄者参与电影赏析课程的学习动机时发现,满足小时候的梦想是他们参与学习的重要动机之一。在笔者的实际访谈中,老年群体也强烈表达了希望通过学习圆梦的美好心愿,最为突出的,一是单纯的圆学习梦,二是圆大学梦,三是圆艺术学习梦。

1."总之可以进来上学了"

由于年少时代学习机会的缺失,中年时期奔波于工作和家庭之间,缺乏学习的时间,故而到了老年,圆学习梦成了不假思索的选择。这里的圆梦学习,不仅仅指非正规和非正式学习,如通过电视、广播、报纸以及网络等各种媒体的学习;更是指正规学习,就是师生面对面的、坐在教室里的、有组织、有计划的学习形式。可以说,这也是他们最期待的一种学习方式。在对老年大学学员进行访谈时,当提及他们当初为何前来学习时,不少人的回答是为了圆小时候没能实现的学习心愿,比如有受访者说道:"我一开始想学跳舞,因为小时候喜欢,没机会学。但是舞蹈班早就报满了,我报不上名。我就问还有什么班可以报名,这里的老师就推荐了主持人班。我觉得也挺好,总之可以进来上学了。"(WPDZC-P3)可见,对于老年人而言,学习之梦往往不因学习内容的载体而改变,只要能够进入学习的环境,就是其生活梦想的实现。

2."想去大学里面读书"

对于另一部分接受过一定教育,但是由于种种原因没有接受正规高等教育的老年人而言,他们的学习需求更主要集中在进入高等学府学习。他们对老年大学、社区学校等专门为老年人提供学习的各类机构表示赞赏,但是也感慨说:"国外好多大学是对老年人开放的,像我们老年人如果想去大学读书,都可以去申请。但是国内就不行,至少现在不行,所以我现在想去大学里面读书的话,就不行了。"(WXHLS-P7)在国外,老年人是被允许与年轻人同堂学习的,比如美国的正规大学招收老年学生,英国传统大学允许老年人旁听课程,日本的高等教育机构允许老年人通过函授、科目选修等方式参与学习等。[①] 但是目前在国内,这样的案例少之又少。因此,老年人渴望走进大学校园学习,一方面是想圆真正的大学梦,另一方面也是对老年教育的举办主体、网络结构等方面提出了更高的期待。

3."想学跳舞,像小时候那样无忧无虑地跳"

除了儿时的学习梦之外,不少老年人也心存文艺梦。虽然当年物质与精神双双贫乏,但是人类对文艺的追求与爱好,是不随时代所改变的。在艺术资源、教育资源丰富的今天,老年人希望通过学习来圆满自己的文艺梦。艺术的门类多种多样,老年人所需要的学习内容是丰富多样的,比如有老年人希望学绘画,表示:"现在有机会了,我就想学画画,毕竟从小看着父亲画画,总觉得自己也可以画。"(MXHHUS-P6)有老年人渴望学习弹钢琴,说道:"我退休就买了钢琴,就想学钢琴,退休不就是给你更多的时间空间让你做你想做的,但这是以前没时间没机会做的事情,是吧?"(WMHGQ-P1)还有老年人希望学跳舞,畅想道:"我就想学跳舞,像小时候那样无忧无虑地跳,很享受地跳。"(WMHWD2-P5)可以看出,老年群体渴望圆文艺梦而所需的学习内容,大体上可以归纳为声乐、

---

[①] 郑令德,高志敏.和谐社会与老年教育[M].上海:上海教育出版社,2007:238-276.

舞蹈、绘画、乐器等传统的文艺方式,也是过去年代中能够接触到的艺术类型。

由上可知,老年人因为时代背景的限制、家庭环境的窘迫、个人经历的影响,虽然错失了实现梦想的机会,但却播种下了梦想的种子。在资源丰富、机会开放的新时代,老年人渴望圆梦,渴望走进知识课堂、走进艺术殿堂,实现儿时心中的梦想图景,满足长期以来的夙愿。他们认为这些夙愿的满足,可以通过学习得以实现。因此,老年人对学习机会梦寐以求,希望进入高等学府学习,希望参加各种艺术类的学习。他们认为,通过这样的学习,能够帮助他们补偿心愿,实现长久封存但却一直心神向往的美好生活。

## 第三节 学习,为了发展兴趣爱好

兴趣,也称爱好,是个人力求接近、探索某种事物和从事某种活动的态度和倾向,是个体认识需要的情绪表现和活动动机的重要方面。[1] 兴趣引发个体的注意,促使个体的探究,推动个体的认知。当兴趣被满足后,则可能被丰富与深化,产生更高水平、更深层次的兴趣。[2] 兴趣可以表现为不同的形式,如物质兴趣与精神兴趣、直接兴趣与间接兴趣、短暂兴趣与持久兴趣等。[3] 按照兴趣的分类,老年群体所表现出来的兴趣类型,大多集中于精神兴趣和持久兴趣方面。老年群体有自己的亚文化和时代文化,也有着相对稳定的个体兴趣与群体兴趣。兴趣的追求,即是对美好生活的追求;兴趣的满足,即是对美好生活需求的满足。学习——作为满足兴趣的方式,顺理成章地也就成为助推达成美好生活的重要方式。

### 一、兴趣使然:"自然就喜欢上了"

人们在空闲时,都会选择做一些自己喜欢做的事情。退休的人比起那些还在工作的人,明显有更多的时间用来休闲。但是,很少有人能够在退休之后培养起新的兴趣爱好。[4] 由于熟悉的事物更能够给个体带来安全感和舒适感,唤起温暖的正面体验,因此个体对熟悉事物的接受度较高。老年群体在谈及自己的兴趣时,就常常饱含过去生活的痕迹。

---

[1] 车文博. 心理咨询大百科全书[M]. 杭州:浙江科学技术出版社,2001:103.
[2] 时蓉华. 社会心理学词典[M]. 成都:四川人民出版社,1988:135.
[3] 车文博. 心理咨询大百科全书[M]. 杭州:浙江科学技术出版社,2001:103.
[4] [美]克里斯托弗·彼得森. 打开积极心理学之门[M]. 侯玉波,王非,等译. 北京:机械工业出版社,2016:205.

(一)"自然就喜欢上了"

兴趣,具有较强的个体差异。兴趣的产生,与个体内在的需要、认知加工模式等心理特质相关,也与外界的环境供给、条件刺激有关。[①] 由于老年人的情绪体验更加持久与稳定,因此他们的兴趣更加稳定,并且大多建立在与过去生活经历相关的基础上。比如,有受访者回忆道:"我们小时候没什么书读的。主要就是读毛泽东选集、毛主席语录,对吧?要么新华字典,要么地图,就这一类的,要么小说看看什么的。那个时候最喜欢的就是毛泽东的诗词,基本都能背出来,就是喜欢到这个程度。而且,到现在也还是很喜欢。"(WSJWX-P5)也有受访者指出自己的兴趣是在工作中培养起来的,比如:"我在部队待了13年多,在搞情报工作。那个时候主要做军事情报工作,经常用英语,我曾经翻译了一些资料,一些情报资料。我一直和军事、英语打交道,好像自然就喜欢上了,经常会不自觉的关注这方面东西。"(MSJYY-P1)可见,老年人的兴趣,在时代环境和工作环境中产生,在年轻时就开始发生、发展,并且持续到老年期,成为他们生活的一部分。

(二)"年轻的时候参加过文艺活动"

老年人的兴趣,源于生活事件,也体验于生活中的各种机会。比如,有受访者说起自己的文艺经历:"我当时是产业小分队的,喜欢唱歌,也经常表演。后来就给他们拉到上海市工人文化馆唱。我年轻的时候还是参加过一些文艺活动的。"(MPDHC-P2)类似的经历,不止一位受访者这样表示:"自己本身就嗓音条件也比较好,一直喜欢唱歌,在之前的工厂里面,就参加了业余的那种像小分队一样的组织,经常搞活动,经常在单位演出。"(WMHHC-P1)访谈发现,大多数老年人在年轻时所展现的兴趣爱好多为唱歌、跳舞。因为这一代的老年人年轻时所处的时代,是提倡歌舞文化运动的时代,耳濡目染之下,老年人的兴趣体现出了浓浓的时代文化和群体亚文化。

(三)"以前都是闹着玩的,都是自娱自乐"

兴趣,经过专业的、精心的指导,加上个人长期的、反复的练习,才有可能发展成专业。兴趣,如果仅限于娱乐,可能只是引发个体愉悦感的途径而已。许多老年人在年轻时不乏兴趣,但缺乏专业指导,因而对自我的兴趣发展抱有不满意的态度。比如有受访者说:"因为那时我在内蒙,我们家族都喜欢跳舞,虽然我也没有什么基础(天赋),但我从小就爱唱歌跳舞,原来在单位上也喜欢,工会活动我都要参加的,可以说是个文艺积极分子。其实以前都是闹着玩的,都

---

[①] 章凯.兴趣发生机制研究的进展与创新[J].心理科学,2003,26(2):364-365.

是自娱自乐,就是跟着大家一起跳,很少有老师来指导。我们以前来指导过的老师,好像也就是自己捣鼓,不是专业的。"(WSJWD-P2)同样有受访者说起自己"喜欢唱歌,唱歌的时候感觉很轻松。但是我唱不好也是真的,有的高音因为没有经过专业的训练,就唱不上去"(WPDZC-P4)。老年人以往生活中的兴趣满足,大多局限于"瞎闹闹"(WSJSY-P1)。他们对自己的兴趣发展有一定的客观认识,与理想也产生了一定的心理差距,而正是这种差距存在,到了老年阶段,恰恰又成了他们追求更为美好生活的缘由。

### 二、深化情趣:"当作生活一部分"

过去的生活体验激发了老年人的兴趣,长久的生活经历固定了他们的兴趣。到了老年期,兴趣已经成为他们生活的一部分,并且他们认为满足兴趣,可以让生活变得更加多姿多彩。

#### (一)"变成了生活的一部分"

老年阶段的生活,在不参加任何活动的情况下,是相对单调的。休闲是丰富生活、重建个人角色的一种手段,也是生活现象界的一个重要维度。[①] 在休闲生活中,兴趣成为他们最好的陪伴。老年人认为兴趣爱好可以让他们的生活更加美好,有受访者说道:"为了拍照片,我也走了好多地方,拍照片让我看到生活的美。拍照片让我走走路,身体也变得比以前好,看到各种美好的事物,心情也好了,不知不觉就好像自己的生活也变得越来越好了一样。"(MPDSY-P2)兴趣能够让人产生愉悦感,而这种愉悦感能够蔓延至老年人的整个生活状态。也有受访者提到,兴趣已经是如今生活必不可少的一部分,并且是让生活变得更美好的一部分,说道:"我每天都会去跳广场舞啊,变成了生活的一部分。我每天吃完饭就去跳一跳,有个盼头,而且对身体也好。"(MPDSY-P2)"有个盼头",就是老年人生活的一种寄托,也是一种动力,更是一种向往。虽然这样的向往可能是简单的、易得的,但是相对于单调的老年生活,兴趣所带来的期盼,就是对越来越多彩生活的期盼。

#### (二)"现在还是喜欢"

老年人在年轻时所产生的兴趣爱好,在老年期也并没有发生明显改变。比如,有受访的老人提到自己年轻时就喜欢拍照、洗印照片,如今年纪大了,这样爱好一直保持:"从小,我开始玩相机的时候就自己洗照片,拿红布遮着灯光打一打(洗一洗)。那个洗照片的水,都是电影制片厂用的那种水,我买回来自己

---

① Jon Hendricks, Stephen J. Cutler. Forum: Leisure and the Structure of our Life Worlds[J]. Ageing and Society, 1990, 10(1):85-94.

洗(照片)。在暗室里面洗完了,贴在墙上上光。现在虽然没有胶卷了,不用洗照片了,但是现在还是喜欢拍照,就像年轻时候举着相机拍照。每次拍照,都是在做我喜欢的事情,心情就很好,心里很舒服。心里舒服了嘛,肯定看什么都顺眼,然后就顺心,生活里面哪怕有不开心的事情,也很快就过去了。"(MPDSY-P2)也有受访者提到自己从小喜欢毛泽东的诗词,而且扩展到对所有唐诗宋词的痴迷:"以前就喜欢唐诗宋词,现在一直还喜欢。微信里面回复朋友的时候,时不时还会作作诗。而且我们都可以(作诗交流)好几个来回的。这样是不是很有意思?你是不是觉得我们的生活很有乐趣?"(WSJWX-P5)选择自己熟悉的活动,保持稳定的活动方式,是老年人常见的行为表现之一。[①] 连续理论认为个性是相对稳定的,是扎根于过去的经历而形成并发展的。"正常的男性和女性并不会因为年龄的增长而出现明显的个性脱节,相反却日趋连贯。个性中的核心特征,随着年龄的增长,愈发明显。"[②]老年群体对以往兴趣爱好的保持,能够体验到熟悉感,进而引发舒适感,并认为一贯坚持的兴趣能给生活带来乐趣,增添生活中愉悦的体验。

(三)"想真正跳得很美的那种"

一切有效的活动需以某种兴趣作为先决条件。老年人有浓厚的兴趣,但是他们不止步于对兴趣的享乐,而是希望得到进一步深化与发展,有受访者提到:"以前都是自娱自乐,自己觉得锻炼到身体了就行。美不美的事情嘛,肯定也想更好看一点。那么现在有机会了,有时间了,可以好好练一练,能琢磨琢磨了,就想把舞真正跳好。"(WSJWD-P2)老年人所指的"好",往往不仅仅是专业技术上的好,还包括艺术欣赏中的美,如:"想真正跳得很美的那种,让自己觉得美,让别人看着美。美丽的人、美丽的舞蹈,会让人赏心悦目,对不对?都赏心悦目了,是不是就是人们现在常说的'美好生活'?"(WMHWD-P1)当休闲成为老年生活能够自由选择的重要主题时,由此迸发出来的期盼就是那种由内而外的品质追求。应该说,老年人所追求的,表面上看起来是希望自己的兴趣爱好发展得出众、出彩,但是细细分析发现,背后透射的是一种对更加精致的生活的向往。

### 三、需求显现:渴求情有独钟的学习,憧憬多彩的生活

老年阶段所受羁绊较少,可以按照内心的想法选择或坚持兴趣爱好,并且把兴趣爱好的满足与深化当作丰富生活的一部分。由此,他们也萌发了与满足

---

[①] Singleton J F, Forbes W F, Agwani N. Stability of activity across the life-span[J]. Activities Adaptation & Aging,1993,18(18):19—27.
[②] 邬沧萍,姜向群.老年学概论[M].北京:中国人民大学出版社,2016:29.

或发展兴趣爱好有关的学习需求。

（一）问卷数据呈现

问卷调查中,针对美好生活与兴趣爱好相关的学习需求,设置了"参加学习能够满足个人兴趣"和需要学习"休闲娱乐(舞蹈、唱歌、乐器、摄影、旅游、绘画、插花、书法、剪纸、棋类)"内容这两个题项。

在"参加学习能够满足个人兴趣"的选项中,平均得分为4.60分。其中,58.9%的被调查者选择"非常赞同",32.8%的被调查者选择"比较赞同",共超九成的被调查者认为学习是为了满足兴趣(如图3-3所示)。

差异显著性检验表明,该题在性别(P=0.000,<0.01),年龄(P=0.001,<0.01),受教育程度(P=0.045,<0.05),健康(P=0.000,<0.01)等因素均存在显著性差异(详见表3-3)。

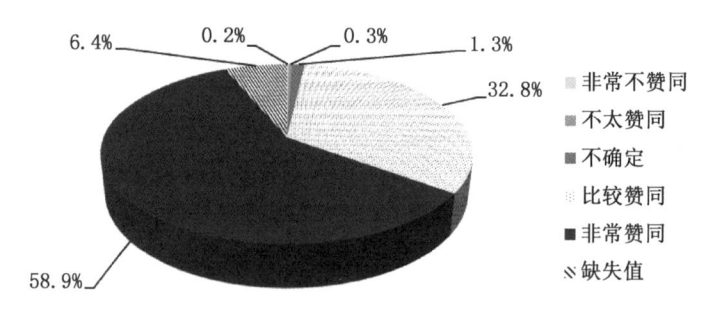

图3-3 认同"参加学习能够满足个人兴趣"观念的人数比例分布

性别方面,女性更加认同学习能够满足个人兴趣这一观点。

年龄方面,75岁以上的老人对于学习能够满足兴趣的认同度显著偏低,可能是因为随着年龄的增长,他们对外界世界的关注内容由兴趣逐渐转向对生命意义的感悟与思考。

受教育程度方面,硕士及其以上学历的老年人对于学习能够满足兴趣的认同度显著偏高。健康方面,身体状况不佳的老年人对学习能够满足兴趣的认同度显著偏低。

表3-3　　认同"参加学习能够满足个人兴趣"观念的差异显著性检验

| 检验因素 | | 均值(M) | 检验值(T/F) | 显著性(P) | 事后检验(LSD) |
|---|---|---|---|---|---|
| 性别 | 男 | 4.471 | −5.154 | 0.000** | |
| | 女 | 4.645 | | | |

续表

| 检验因素 | | 均值（M） | 检验值（T/F） | 显著性（P） | 事后检验（LSD） |
|---|---|---|---|---|---|
| 文化程度 | 不识字 | 4.500 | 2.158 | 0.045* | 1＜7,2＜7,3＜7,4＜7,5＜7,6＜7 |
| | 小学 | 4.500 | | | |
| | 初中 | 4.522 | | | |
| | 高中(中专) | 4.604 | | | |
| | 大专 | 4.640 | | | |
| | 本科 | 4.567 | | | |
| | 硕士及其以上 | 4.816 | | | |
| 文化程度 | 50～55岁 | 4.602 | 3.613 | 0.001** | 1＞6,2＞6,3＞6,4＞6,5＞6,1＞7,2＞7,3＞7,4＞7,5＞7 |
| | 56～60岁 | 4.673 | | | |
| | 61～65岁 | 4.616 | | | |
| | 66～70岁 | 4.548 | | | |
| | 71～75岁 | 4.617 | | | |
| | 76～80岁 | 4.226 | | | |
| | 80岁以上 | 4.279 | | | |
| 健康状况 | 良好 | 4.663 | 12.524 | 0.000 | 1＞3,2＞3 |
| | 一般 | 4.543 | | | |
| | 不好 | 4.515 | | | |

调查还显示老年人对"休闲娱乐（舞蹈、唱歌、乐器、摄影、旅游、绘画、插花、书法、剪纸、棋类）"类的学习表示出较高的需求，该题项平均得分为4.16分，高于理论上的平均值。其中，43.1%的被调查者选择"比较需要"，40.9%的被调查者选择"非常需要"，总共超八成的被调查者表示需要此类学习（如图3—4所示）。

经差异显著性检验发现，被调查者对休闲娱乐类的学习需求在性别（P=0.000，＜0.01）、年龄（P=0.000，＜0.01）、健康状况（P=0.000，＜0.01）等因素存在显著性差异（详见表3—4）。

性别方面，女性更渴望休闲娱乐类学习。这可能与男女自身的兴趣差异有关，总体而言，男性的兴趣更多倾向于读书看报，而女性的兴趣更多指向艺术活动。

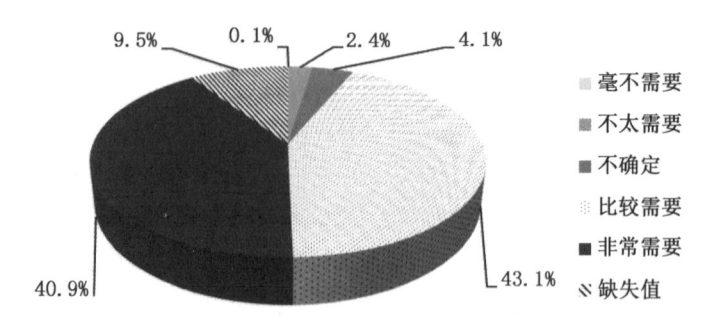

图 3—4　需要学习"休闲娱乐"内容的人数比例分布

年龄方面，70 岁以上老年人休闲娱乐类的学习需要强度显著偏低。这可能是高龄老人由于生理条件的限制，能够参与休闲类学习的空间较窄，进而需求表达也不突出。

健康方面，自认为身体健康状况不佳的老年人对于休闲娱乐类的学习需求较低，原因可能在于：一是对于身体健康不佳的老年人而言，健康成为他们最大的困扰，其生活和学习关注的焦点在于自身健康，而非兴趣爱好；二是身体健康是参加各种学习的前提，尤其是兴趣爱好的学习，比如声乐、舞蹈、摄影等，需要健康的体魄作为支撑，而缺乏身体条件的老年人，自知无法参加这些学习或活动，学习需求相应偏低。

表 3—4　　需要学习"休闲娱乐"内容的差异显著性检验

| 检验因素 | | 均值（M） | 检验值（T/F） | 显著性（P） | 事后检验（LSD） |
|---|---|---|---|---|---|
| 性别 | 男<br>女 | 4.213<br>4.402 | −4.441 | 0.000** | |
| 年龄 | 50~55 岁<br>56~60 岁<br>61~65 岁<br>66~70 岁<br>71~75 岁<br>76~80 岁<br>80 岁以上 | 4.426<br>4.416<br>4.374<br>4.348<br>4.146<br>4.069<br>3.778 | 5.646 | 0.000** | 1>5,2>5,3>5,4>5<br>1>6,2>6,3>6,4>6<br>1>7,2>7,3>7,4>7 |
| 健康状况 | 良好<br>一般<br>不好 | 4.438<br>4.375<br>4.221 | 16.659 | 0.000 | 1>3,2>3 |

(二)访谈资料分析

问卷调查为本书提供了大样本的参考,而一对一的个体访谈,能够提供老年群体为了点亮兴趣生活而萌发学习愿望的更多细节。

1."当然要学自己喜欢的"

在人类的进化与发展中,存在"趋利避害"的本能,就是追求自己所喜欢的,回避或逃避自己所厌恶的,以维系个体的生存与发展。[1] 这里的有利或者有害,一方面是客观存在,另一方面也包括主观感受。兴趣是一种积极的主观感受,兴趣能够唤起积极的情绪体验,因此老年人希望进行兴趣方面的学习,比如有受访者表示:"学习嘛,肯定想学的,当然要学自己喜欢的。我们现在又不像你们小年轻,还要学这个学那个,为了升职,为了赚钱。我们也不是小孩子,老师要求学什么就要学什么。我们老了,就应该选自己喜欢的东西学啊。像我以前就喜欢诗词,所以就想继续学一学这些诗词。"(WSJWX-P6)研究表明,个体在从事自己所喜欢的活动时,体内的各项机能能够被积极调动起来,能够产生愉悦感,进一步促进身心健康。[2] 与此同时,需要注意的是,由于老年个体的差异性,其兴趣爱好的表现也是丰富而广泛的,虽然其所需要的学习内容各有不同,但背后都是对生活乐趣的一种追求与表达。

2."想学点跟以前不一样的东西"

虽然前文提到老年人的兴趣大都产生于早期的生活经历,并且很少发展新的兴趣。然而,老年群体本身就存在差异,不同亚群体表现出明显不同的特点。例如,"年轻老年人"通常被称为"老年人中的活跃派"。[3] 而活跃派的老人,可能更倾向于发展新的兴趣爱好,尝试自己曾经未尝试过的学习活动。医学专家认为,人到老年期发展和培养与以往不同的新兴趣,可以增加心理弹性,有助于调适心理冲突。[4] 访谈中就发现仍然有一部分老年人希望尝试一些新鲜的学习内容,比如有受访者提到:"以前在电视上看到过剪纸,觉得特别有意思。自己也试一试。剪刀我用过,但是不会剪纸。我想体验一下,想学点跟以前不一样的东西,让生活也有点新鲜感。"(WPDJZ-P1)虽然剪纸并不是新鲜的事物,但是对于没有实践操作过的老年人而言,就是一种新鲜的尝试。除了对学习内容存在新的需求以外,还有些老年人渴望到新的环境中学习,有受访者这样畅想道:

---

[1] 郑健,刘力,史佳鑫.趋利避害相容效应的定义、理论与研究范式[J].心理科学进展,2013,21(9):1 686—1 695.

[2] 黄蕾,许龙,朱道民.城乡社区老年人兴趣爱好与心理健康关系的研究[J].中国农村卫生事业管理,2013,33(8):896—899.

[3] Jon Hendricks,Stephen J. Cutler. Forum:Leisure and the Structure of our Life Worlds[J]. Ageing and Society,1990,10(1):85—94.

[4] 贤惠.新兴趣——老年人的心理营养品[J].健身科学,2005(4):47—47.

"我想去博物馆、美术馆之类的地方学习,那里空间又大,能学到的东西又多,而且老师还可以随时给我们讲解,我想这样应该更有意思,我们又玩到了,又学到了,下次出去还能跟人家讲解。"(WYPRGZN-P6)无论学什么,无论在哪学,追求不一样的,给生活来点新鲜感,就是老年人的学习需求,也是他们生活的新风尚,更是破除社会对老年人有古板、守旧、固执等刻板印象的有力证明。

3."就想学的专业一点"

兴趣是行动的催化剂,老年群体除了希望学习自己感兴趣的事物以外,对完善兴趣也提出了更高的要求。他们在现有兴趣的基础上,希望进一步提高、不断接近专业的水平,有受访者说起:"我喜欢唱歌,但是根本就不懂什么叫唱歌,就是放开嗓子瞎唱唱。我就想跟着老师学专业唱歌的方法,系统地学习一下合唱方面的知识。"(WMHHC-P4)也有受访者表示:"既然想学,就想学得专业一点,从基本功开始练,举手抬眉,我都想学得像样一点,跳得有气质一点。"(WSJWD-P2)可见,老年人对于学习的追求,不满足于"做了"或者"学了"的层面,而是希望达到"做好"以及"学好"的境界。他们学习需求中透露出的自我严格要求,恰恰就是对生活品质的不懈追求。

由此可见,老年人在工作和生活经历中,培养了各种兴趣爱好。他们希望将兴趣爱好作为美好生活的增味剂,作为积极情绪的体验站,作为自我提升的着力点。他们认为,学习恰恰就可以成为深化兴趣、丰富生活的途径。为此,他们渴望有机会继续学习、发展自己的兴趣爱好,无论专业化的学习,还是娱乐性的尝新,都在于为生活增添更多的色彩,打造更优的品质。

## 第四节　学习,为了陶冶高洁性情

休闲活动对个人文化生活的重要性,在于它能满足个人的欲望与需求,并有助于建立统整性的人格,消除紧张和压力,以恢复和增进个人的力量。休闲生活不仅限于提供参与者获取享乐和转换兴趣的经验,并且能使个体感悟正确的态度和价值观。前一节中论述的老年群体学习需求来源于对兴趣爱好的满足与深化,在于娱乐生活和丰富生活,这样的需求仍停留在个人情绪层面,尚未上升至情感与情操层面。在这里,有些老年人渴望学习,恰恰是为了陶冶美好性情,体现了更高远的生活追求。对于生活美、性情美的追求,渗透在对学习美的过程体验、学习内容以及学习环境中。

## 一、自我感知:"更注重自己的情怀、情趣和情操"

"生活中不缺少美,只是缺少发现美的眼睛"。生活中处处充满美,对称是一种美,不对称也是一种美;完整是一种美,缺憾也是另类的美;阳春白雪是一种美,下里巴人也是一种美。人类有审美的本能,老年人也有自己心中的美。他们对美的体验存在于休闲娱乐生活中,注重休闲活动对性情的陶冶和熏陶。

(一)"美的东西,人人都喜欢"

人类的文化—心理结构包括三个主要方面,即智力结构(理性的内化)、意志结构(理性的凝聚)和审美结构(理性的积淀)。① 休闲不单纯是一种简单的个体方式与社会现象,而是一个深厚的文化范畴和美学命题,休闲的审美价值不容低估。② 休闲文化往往包含着对审美意象的创造和欣赏,休闲文化所展现的意象世界,常常是社会美、自然美、艺术美的交叉和融合。③ 审美是人类的本能,正如受访者所述:"美的东西,人人都喜欢,我们也不例外。其实我们的生活中处处有美的东西,那些花花草草的,看起来就好看,自然就喜欢,你说是吧?"(WPDZX-P4)美丽的事物,客观存在于生活之中。审美的情趣,弥散在生活体验中。

(二)"更注重自己的情怀、情趣和情操"

随着老年阶段的到来,人们会出现一种"内化"的倾向——越来越注重内心世界。④内心世界,指的就是精神家园,其中包括情怀、情趣和情操的成分。在这里,结合休闲生活这一主题,主要讨论情趣和情操的问题。而"情怀"这一部分,将在后文进行论述。有访谈者这样表达:"到了这个年纪,我们好像更注重自己的情怀、情趣和情操。以前就是忙忙碌碌,想着怎么把工作做好,现在老了,静下来了,好像就对精神方面思考更多。"(MXHSF-P2)情操是一种人类的高级情感,常常与个人的人格和世界观密切相关。英国心理学家威廉·麦独孤(William McDougall)认为,情操的形成和发展实质上是人的情的生活和意的生活的组织化,对个人、对社会都极为重要。缺乏情操,个人的情绪生活就会完全陷入混乱,人们的社会关系和社会行为也将因而陷入混乱而不稳定且难以预料。⑤可以发现,人到了老年,思想与情感的内向性更强,对精神世界的体验更深刻。

---

① 王希军,葛里. 审美教育[M]. 东营:中国石油大学出版社,2007:5.
② 章辉. 休闲、审美与城市生活品质研究[J]. 内蒙古社会科学:汉文版,2012,33(4):123-127.
③ 叶朗. 美学原理[M]. 北京:北京大学出版社,2009:229.
④ Neugarten B L, Weinstein K K. The Changing American Grandparent[J]. Journal of Marriage & Family, 1964, 26(2):199-204.
⑤ 时蓉华. 社会心理学词典[M]. 成都:四川人民出版社,1988:162.

(三)"有时候安静,有时候也会烦乱"

从心理学角度而言,"知情意"中的"情"包括情绪、情感和心境。心境,是一种微弱而持久的、使人的所有情感体验都感染上某种色彩的情绪状态。[1] 心境弥散性较强,对生活状态的影响较大。老年期的心境,分化现象比较严重,有些老年人常年闷闷不乐,有些老年人却平静如水,但更多老年人的心境则在这两者之间徘徊。有受访者表示,"有时候会觉得心里面很安静,因为精神没有负面的东西,所以不会觉得烦躁和嘈杂。当然,也不是时时刻刻都是这种感觉,就是有时候安静,有时候也会烦乱"(MXHSY-P12)。访谈中,并没有老人直接表达自己的消极心境,这可能与社会赞许效应有关,老年人将访谈视为展现自我形象的一部分,会尽可能地提供积极信息,回避消极信息,以维持自我形象,赢得社会赞许。[2] 无论是平静还是烦躁,都是老年人真实心境的写照,也是老年生活状态的内在元素。

## 二、陶冶性情:"生活需要点宁静"

休闲活动,本身可能是一种目的,但同时也可能成为通达生活意境的渠道。一些普通的休闲活动,比如观看电视等占用了老年人大量的时间,这些活动往往是消极的,没有挑战性的。休闲活动必须有助于个人成长,才具备深层次的意义。[3] 在现实生活中,老年人渴望的休闲活动,除了前面三节提到为了享受、圆梦以及发展兴趣爱好之外,还有一种与更高精神层次和生活意境相联系的,就是对个人美好性情的熏陶。

(一)"美好有时候是创造来的,有时候也是体会来的"

美好生活,一方面来自对未有状态的创造,另一方面也是来自对已有存在的感知。汉斯·托梅(Hans Thomae)在波恩对老龄化纵向研究的实证结果的基础上,提出了老龄化认知理论,认为对老年人行为影响最大的不是客观上的变化,而是他们对变化的主观认知,以及根据对事件的看法所作出的调整与平衡。[4] 可见,老年人主观的感知对生活的影响更为直接。对美的感知,就是他们对美好生活的追求。有受访者感叹道:"这个世界太丰富了,自己出去走了几次

---

[1] 梁宁建. 普通心理学[M]. 北京:开明出版社,2012:183.
[2] [美]阿伦森,威尔逊,埃克特. 社会心理学[M]. 侯玉波,等译. 北京:中国轻工业出版社,2005:428.
[3] Das A, Boyd N, Jones T R, et al. Inhibition of choroidal neovascularization by a peptide inhibitor of the urokinase plasminogen activator and receptor system in a mouse model[J]. Archives of Ophthalmology,2004,122(12):1 844—1 849.
[4] [美]哈瑞·穆迪,詹妮弗·萨瑟. 老龄化[M]. 陈玉洪,李筱媛,译. 南京:江苏人民出版社,2018:32.

之后,发现外面的世界真的很丰富,生活也真的很美好,我们老年人真的需要去好好感受、好好珍惜。我们用心去感受,就能体验生活的美好。美好有时候是创造来的,有时候也是体会来的。生活中已经有那么多美好,为什么很多人就不会去用心发现它们呢?"(WXHLS-P4)对美好的体验是个体在活动中对理想状态的直觉或顿悟,是个体对生存状况的当下直觉,是一种生命活动。[①] 老年人渴望发现美好、品味美好,本质在于提升审美情趣,珍惜当下生活。

(二)"要能够欣赏自己的美"

对外界美好事物的感知,依赖于自身的主观意识;而对自身美好存在的感知,同样离不开个体对自身的态度与观念。只有对自己持有肯定态度,才能够很好地感知生活之美,并且追求生活之美。正如有访谈者说道:"首先要能够欣赏自己的美,才能看到生活的美好。如果一个人每天都是愁眉苦脸的,那他眼中的生活一定不是美好的。不是有句话说是'女以悦己者容'这不是说要虚荣,而是说自己觉得自己美了,心情啊状态自然都好了。我们虽然老了,可能有些人会觉得老年人是负担,不在乎我们。但是,我们要自己喜欢自己,要学着欣赏自己。能学会欣赏自己,就能学着欣赏别人、欣赏生活,就会觉着一切都越来越好,越来越满意。"(WPDZX-P4)正如心理学研究所发现的那样,幸福感与满意度都是一种主观体验,主要通过个人知觉来发挥作用的。[②] 自我概念又是影响主观体验的关键因素之一。[③]因此,老年人对自我形象的关注、对自我概念的美化,就是寻求积极的自我接纳,追寻拥抱自我的美好生活。

(三)"自己内心波澜不惊,这才是最重要的"

平静愉悦的心境,虽然人人渴望,但却不是人人都拥有。访谈中老年人并没有直接诉说他们的消极心境,但却表达出了对平和心境的期待。有受访者感悟:"生活嘛,不可能一帆风顺的,不是有句话叫'人生不如意之事,十之八九'嘛,反过来理解,就是只有一两件是如意的事。不管是如意还是不如意,自己内心波澜不惊,这才是最重要的。"(WPDHC-P15)同时也说道"陶冶情操还是从自己做起,就是增加自己的精神抵抗力,精神抵抗力增加了,生活自然变得比之前好。"(MXHSY-P12)可见,运动让体魄健康,情操让精神健康,身心健康就是美好生活中持续追求的目标。

### 三、需求显现:渴求修身养性类学习,憧憬高雅的生活

古语云:"为学大益,在自求变化气质。"意思是说一个人求学的最大好处就

---

[①] 粟深蓉. 审美体验与文化修养[M]. 成都:电子科技大学出版社,2014:11.
[②] 孙凤. 主观幸福感的结构方程模型[J]. 统计研究,2007,24(2):27—32.
[③] 吴兰花. 老年人主观幸福感与自我概念的关系[J]. 中国老年学杂志,2010,30(7):1 873—1 874.

在于从知识的寻求中改变自己的气质。气质小而言之,成为秉性与脾气;大而言之,包括性格与气节。前文已经发现老年群体存在陶冶情操、修身养性的生活向往。这些生活的盼望与要求,他们认为可以通过学习来达成。

(一)问卷数据呈现

关于学习需求与气质培养关系方面,调查问卷中设置了"参加学习能够让人充满气质"和需要学习"文化知识类(如诗词、历史、文化礼仪等)"内容这两个题项。题项"参加学习能够让人充满气质"的平均得分为 4.63 分。其中,61.4%的被调查者选择"非常赞同",30.8%的被调查者选择"比较赞同",共约九成的被调查者认同学习可以提升个人气质(如图 3-5 所示)。

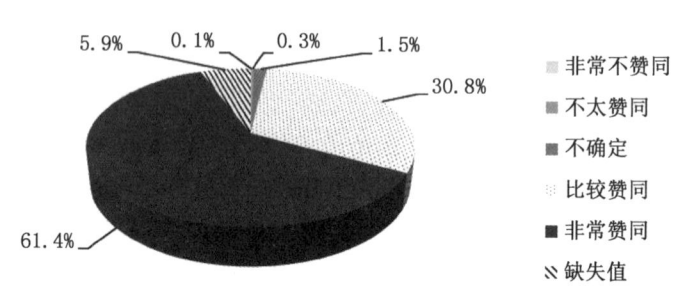

图 3-5 认同"参加学习能够让人充满气质"观念的人数比例分布

经差异显著性检验发现,该题在性别($P=0.000$,$<0.01$)、健康($P=0.000$,$<0.01$)等因素存在显著性差异(详见表 3-5)。

性别方面,女性对于学习能够提升气质的认同度显著高于男性。这可能与女性的社会性别角色有关。女子并非生而具有女性气质,男子并非生而具有男性气质。更确切地说,这些性别角色的类别是社会构建的结果,尤其受到教育的影响。[①] 在社会性别角色中,对女性所赋予的期待是美丽、温柔、善良、勤劳等特质。因此,女性老年群体相对于男性而言,更加注重自我的气质,以符合社会的性别判断标准,也更加认同学习对于气质提升的作用。

健康方面,自感身体健康的老年人比自认为身体不健康的老年人对于学习能够提升气质的认同度显著偏高。身体健康,是一切追求的基础和前提。正如马斯洛需求层次理论中提到,生理的健康和安全是最低层次的,而审美的需要是高层次的,只有当低层次的需求满足后,高层次的需求才会出现。当老年人将注意力集中于最基础的健康层面,仍为身体的健康忧心忡忡时,则无暇顾及

---

① [美]罗伊丝·泰森.当代批评理论实用指南[M].赵国新,译.北京:外语教学与研究出版社,2014:96.

更高层次的气质修炼。

表 3—5　认同"参加学习能够让人充满气质"观念的差异显著性检验

| 检验因素 | | 均值(M) | 检验值(T/F) | 显著性(P) | 事后检验(LSD) |
|---|---|---|---|---|---|
| 性别 | 男 | 4.456 | −7.046 | 0.000** | |
| | 女 | 4.685 | | | |
| 健康状况 | 良好 | 4.698 | 16.659 | 0.000 | 1>2,1>3 |
| | 一般 | 4.535 | | | |
| | 不好 | 4.457 | | | |

问卷也显示老年群体对"文化知识类(如诗词、历史、文化礼仪等)"存在学习需求,该题项的平均得分为3.14分,27.8%的被调查者选择"非常需要",43%的被调查者选择"比较需要"。总体而言,老年群体对文化知识类的学习需求低于信息技术、休闲娱乐等方面的学习内容。这个数据再次证明,文化知识类的学习属于更高层次的学习,因此需求的总体比例也相对较少,与需要层次理论的金字塔结构相吻合(如图3—6所示)。

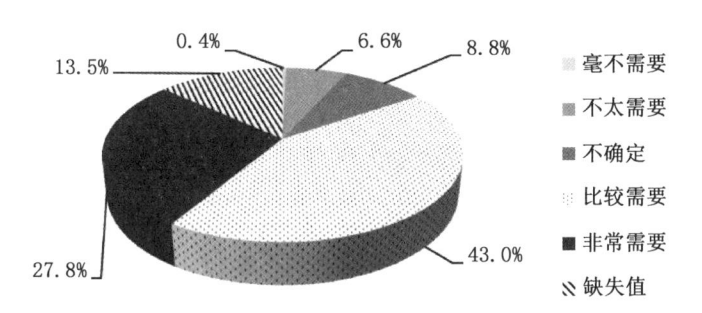

图 3—6　需要学习"文化知识"内容的人数比例分布

经差异显著性检验发现,老年群体对于文化知识类的学习需求在年龄(P=0.002,<0.01)、受教育程度(P=0.009,<0.01)、健康(P=0.008,<0.01)等方面存在显著性差异(详见表3—6)。

年龄方面,有趣的是老年人对文化知识类的学习需求随着年龄的增长呈现显著下降趋势,即年龄越大的老年人对文化知识类的学习需求越弱。这可能是与年龄和心境有关,研究显示,高龄老人随着身体的衰弱,最关心的问题是健康问题。① 低龄老人身体健康，有余力去学习文化知识，因此在年龄上显示出差异。

受教育程度方面，高中及其以上学历的老年人对文化知识类的学习需求显著低于高中以下学历的老年人。这可能与补偿心理有关。补偿理论认为"补偿"是指个人所追求的目标、理想受到挫折，或由于本身的某种缺陷不能达到既定目标时而改变活动的方向，以其他可能成功的活动来代替，从而弥补或减轻心理上的不适感。② 无论是前文中老年人的圆学习梦的心愿，还是这里学习文化知识的需求，都是他们补偿心理的反映。

健康方面，自感健康状况良好的老年人对文化知识的学习需求显著偏高。这与学习为了让人充满气质中的数据结果一致，其原因也在于健康是基础需求，文化知识学习是高级需求，基础需求未满足，高级需求便难以产生。

表3—6　　　　需要学习"文化知识"内容的差异显著性检验

| 检验因素 | | 均值(M) | 检验值(T/F) | 显著性(P) | 事后检验(LSD) |
|---|---|---|---|---|---|
| 年龄 | 50～55岁 | 4.276 | 3.499 | 0.002** | 2>5,2>6,2>7,3>5<br>3>6,3>7,4>5,4>6<br>4>7 |
| | 56～60岁 | 4.320 | | | |
| | 61～65岁 | 4.024 | | | |
| | 66～70岁 | 3.940 | | | |
| | 71～75岁 | 3.805 | | | |
| | 76～80岁 | 3.864 | | | |
| | 80岁以上 | 4.000 | | | |
| 文化程度 | 不识字 | 4.250 | 2.881 | 0.009* | 1<5,1<6,1<7,2<5,<br>2<6,2<7,3<5,<br>3<6,3<7 |
| | 小学 | 4.333 | | | |
| | 初中 | 4.463 | | | |
| | 高中(中专) | 4.044 | | | |
| | 大专 | 4.079 | | | |
| | 本科 | 4.196 | | | |
| | 硕士及其以上 | 4.024 | | | |

---

① 胡宏建.我国高龄老人健康问题研究[D].长春:吉林大学,2010:13.
② 马慧,徐静英.青少年犯罪的物质与心理原因——基于阿德勒"自卑"与"补偿"的视角[J].城市问题,2011(5):91—96.

续表

| 检验因素 | | 均值(M) | 检验值(T/F) | 显著性(P) | 事后检验(LSD) |
|---|---|---|---|---|---|
| 健康状况 | 良好 | 4.203 | 7.143 | 0.001** | 1>2,1>3 |
| | 一般 | 4.000 | | | |
| | 不好 | 3.911 | | | |

### (二)访谈资料分析

通过问卷调查,可以发现老年人存在学习文化知识的需要。在访谈中,进一步发现了老年人为陶冶情操而表现出的各种学习需求,包括自我仪表修养、艺术熏陶以及生活体验等方面。

1."只有身临其境,才能真正有感触"

前文中,老年人已经清楚表达了对美的追求,并且认为体验是审美的关键步骤。为了体验生活的美好,他们渴望体验式学习,认为:"只有身临其境,只有深入学习当地的历史文化,才能真正有感触。"(WXHLS-P3)他们渴望用眼睛看到更多的风景,用双脚丈量更多的长度,用生命体验更多的美妙。为此,他们提出"游学"的诉求,说道:"我希望这样的游学方式,可以有人随时讲解,不是那种到景点拍照。我们要慢一点,慢慢地走,慢慢地听,慢慢地想,慢慢地学。这不仅仅是旅游,我们虽然老了,但是也想有更多美好的体验和感受,这些对我们的心灵还有所触动的。"(WXHLS-P4)游学是一种旅游与学习相结合、边走边学的方式。① 游学营在美国、日本等国家已经开展起来,在上海的普陀区老年大学、徐汇区老年大学等也已经率先试点。已有实践表明,游学能够调动老年人的全部感官,促使他们全身心投入当下活动、感悟美好生活。

2."希望学习一些服装、装饰之类的东西"

从社会文化角度看来,女性往往与美紧密联系在一起。古往今来,无数的文学艺术作品极尽能事地歌颂女性的妆容美、形体美、气质美。作为女性而言,对自我的仪态、外表等方面的在意程度也远远高于男性,美好、美丽、美妙等词在她们的生活中扮演着更为重要的角色。因此,她们也更加渴望通过学习提升自己仪容的端庄。有访谈者表达到:"我希望学习一些服装、装饰(搭配)之类的东西,一方面可能是与原来的职业有关,我原来就是服装学院的,我看到一个人,第一眼就会关注她的衣着,是不是合身,是不是得体之类的。另外一方面我觉得老年人也要注重自己的形象,不要总是穿子女淘汰的衣服,不要把不适合自己的衣服也套

---

① 丁海珍.老年教育形式创新的思考与探析[J].继续教育研究,2015(4):16-18.

在身上,我们要把自己收拾得干净利落。这体现了一个人的修养,走出去也会有自信。一个人充满了自信,生活就都充满了阳光。"(WMHGQ4-P5)同样有研究发现,女性老年人重视自我着装,认为老年着装比年轻时更重要,愿意在着装上花费更多的时间和精力。① 当然,服装搭配只是自我形象管理的一小部分,老年人对仪表装饰的学习需求,实际上是对自我形象管理的学习需求,因为自我形象是生活的一部分,学习自我形象的提升是追求美好生活的积极表征。

3."希望学习传统文化"

陶冶心性,可以通过接受艺术熏陶来实现,另一方面也可以通过知晓学问来达到。老年人表达出了接受艺术熏陶的需求,有受访者说道:"我想学唱歌,因为唱歌可以陶冶身心。唱歌的时候,整个人心胸都开阔了,而且那些歌曲当中的情感,和自己的情感也是相通的。唱得好了,就能走进歌曲中的境界,很神奇。"(WPDHC-P5)正如英国前首相丘吉尔(Winston Leonard Spencer Churchill)在他91岁时感慨道:"如果不是绘画给我的精神支持,我恐怕活不到今天。"艺术不仅是老年人精神的粮食,而且是生命的滋养。还有受访者表达了学习传统文化的需求:"我就希望学习一点传统文化,我们国家那么多优秀的文化,里面有那么多智慧,太博大精深了。我特别喜欢传统文化中修身养性的部分,比如修身齐家治国平天下,多伟大的格局。学习传统文化可以提高个人的修养。修养高了,很多问题自然看开了,生活的烦恼也没那么多了。"(WSJWX-P7)对于老年人而言,无论是希望在艺术的学习中感悟,还是在文化的海洋中浸染,最终的指向都是个体心性的儒雅、高洁,并以此来化解消极杂念,感悟美好生活。

可以看出,进入老年阶段,个体对审美、对生活的情趣以及自我的心境表达出更多的关注,他们渴望感悟周围的美好,希望能够欣赏自己的美丽,并且保持平和的心境,认为这些可以让生活变得更高雅。与此同时,他们还认为学习可以帮助他们不断接近心中优雅的生活。由此,他们希望在游学中体悟生活,希望学习形象管理、传统文化的内容,以及接受各种艺术的熏陶,以此帮助他们珍惜生活的恩赐,通晓生活的真理,提升生活的境界。

# 本章小结

本章集中于休闲生活世界,分析老年人在享受闲暇时光时所引发的让生活

---

① Mary Shaw Ryan,Clothing-A study in human behavior[M]. Heidelberg:the United States of Amercia,1966:44.

更丰富、更愉悦的向往,以及所产生的休闲性学习需求。

在生活状态方面,老年人时间充裕、精神放松,在生活中有足够的时间与精力。他们的生活中有遗憾,也有未完成的心愿。他们有相对稳定的兴趣爱好,喜欢熟悉的事物。随着年龄的增加,他们对审美、心性修炼也表现出了更大的关注。

当下的闲适、过去的遗憾、熟悉的兴趣以及审美的本能,促使老年人追求更丰富的生活。本章的美好生活向往,在内容上主要体现在生活方式尝新、儿时梦想补偿、兴趣爱好深化以及心性修炼等方面。在特征上可以总结成从忙碌到闲适、从遗憾到圆梦、从单调到多彩、从普通到高雅。生活的空间更广阔,生活的内容更丰富,生活的品味更精致,生活的感悟更深刻,就是他们所向往的美好生活。

他们认为,学习有助于实现心中所向往的闲适的、圆梦的、多彩的、高雅的生活。为达成这样的向往,他们萌发了学习的愿望。为了体验异域风情,他们希望学习英语,实现自主交流、深度感悟不同文化;为了高品质休闲,他们渴望学习提高自己已有的休闲技能;为了圆大学梦,他们渴望走进课堂学习;为了圆艺术梦,他们渴望学习心向往之却没有机会接触的艺术,如钢琴、画画等;为了获得生活中的熟悉感,他们希望学习自己喜爱并熟悉的艺术,如声乐、诗词等;为了追求更高水平的兴趣发展,他们希望学习专业化的艺术,如舞蹈、插画等;为了修炼儒雅心性,他们希望学习传统文化以及书法等静态艺术的表达方式。在他们学习需求的表达中,也出现了不同群体间的差异。在休闲娱乐类的学习需求方面,女性、70岁以下以及身体健康的老年人表达出的需求程度较高。此外,老年群体对于文化知识类的学习需求随着年龄的增长呈现显著下降趋势,高中以下学历的老年人、健康状况良好的老年人对文化知识的学习需求显著偏高。总之,无论差异如何,这里所反映出来的学习需求,目标都指向了对享受闲暇、丰富生活的向往。

# 第四章 发挥参与动能：
## 融入社会的学习需求

人是大自然的产物，同时也是社会的产物。马克思认为人有两大类属性，分别是自然属性和社会属性。其中，社会属性是人的本质属性。[①] 老年群体作为社会成员的组成部分，其社会属性就决定着他们需要继续社会化。继续社会化指的是个人在基本社会化完成后，通过不断地学习新知识，更好塑造新自我，担当新角色，建立新关系的过程。[②] 在老年人的社会生活中，包括了社会规范、再就业、家庭关系、人际交往等内容。本章所集中探讨的社会生活，就是尊重与关照老年人的社会存在与社会属性。老年人的社会生活中，存在社会规范的部分失序、就业市场的潜在机会、家庭关系的重新调整、人际交往的再次融入等元素。这些元素，给他们的社会生活带来了新的变化。由此，他们会有哪些美好生活的期待？又引发了哪些方面的学习需求？本章试从满足社会生活角度出发，探讨老年群体继续社会化的学习需求。

## 第一节 学习，为了内化社会规则

规则，又称规范，是指大家共同遵守的具体规定。社会规范是协调人们相互交往与相互关系，维护社会正常秩序与社会共同生活，并以各种形式表现的行为方式和准则。[③] 社会规范可分为两种：一是经过一定程序成为条文的规范，如宪法、政策法规、规章制度、公约守则等；二是不成文的规范，如习俗、道德、观念等。个体只要生活在社会中，就必然受到各种社会规范的约束与保护。老年人虽然离开了工作岗位，在社会生产关系中处于相对边缘的地位，但是他们对于当下社会规范的部分失序，也表示出了一定担忧，并希望情况得到进一步改变。

---

① 谭培文,陈新夏,吕世荣.马克思主义经典著作选编与导读[M].北京:人民出版社,2005:45.
② 陈涛.老年社会学[M].北京:中国社会出版社,2009:93.
③ 张仙桥,李德滨.中国老年社会学[M].北京:社会科学文献出版社,2011:259.

## 一、社会乱象:"是老人变坏了还是坏人变老了"

哈贝马斯在交往理论中指出:"现代性社会实现社会整合的根本基础与核心方式是交往,是主体之间的平等性商谈,是自由多极主体在平等商谈基础上所形成的自主自决。从社会分工、社会系统结构看,也就是使市民社会、公民社会成为社会规则的真正的合法性来源。"[1]正所谓"无规矩不成方圆",社会规则一旦混乱,社会成员的行为则会变得随意且不可预测,社会秩序则会变得脆弱。老年群体看到了生活中种种秩序乱象,也对自身的行为产生了反思,对社会规则的遵守情况表示堪忧。

(一)"有明文规定,但是却无视规定"

当前,我国仍处于社会主义建设的初级阶段,社会的发展仍不完备,存在着一些失序的现象。无论是日常生活事件还是媒体新闻报道,不遵守规范的现象层出不穷。老年人对此也感受深刻,有受访者义愤填膺地表示:"新闻上隔三差五地报道这种事情,比如饭馆里面的地沟油,假的儿童疫苗,还有一些官员的贪污,这些都是明文禁止的,但是他们都无视规定,尽做一些伤天害理的事情。搞得我们也人心惶惶,这个不敢相信、那个不敢相信。还搞得更多人有侥幸心理,觉得要会钻空子,搞得社会越来越乱。"(MXHBJ-P3)与法律的对抗,是比较严重的失范行为。相比之下,对日常规则的破坏,虽然后果并不那么严重,但同样影响着社会的文明。比如有受访者提到:"闯红灯应该是很常见的吧,还有地铁里面逃票、乱丢垃圾之类的,其实每天都能看得到。这些行为都是很不好的,看着也不舒服的。"(MPDYS-P5)我国正处于一种社会制度规则的表层结构和潜层结构混存的磨合期,虽然正在努力加快推进法制化进程,但是法制建设仍较为滞后,原有规则已经失效,新规则尚未建立,在"灰色地带"或"空白之地"中,容易产生失范行为。[2] 这些失范行为,存在于老年人的日常生活中,影响着老年人的社会生活。

(二)"我们没有过规则教养"

个体的早期经历在其一生的发展中起着奠基性的作用。早期的规则教育,有助于个体社会性的发展和优良品质的形成。心理学研究表明,儿童存在秩序敏感期,抓住敏感期进行规则训练,个体将终身受益且不易改变。[3] 但是,当如今的老人处于儿童期时,其规则教育是缺失的。正如有受访者回忆道:"我们这

---

[1] 陈忠. 规则论:研究视阈与核心问题[M]. 北京:人民出版社,2008:160.
[2] 吴忠民. 新形势下中国重大社会矛盾问题分析[M]. 北京:中共中央党校出版社,2014:328.
[3] [意]蒙台梭利. 童年的秘密[M]. 爱立方,编译. 北京:北京理工大学出版社,2015:43.

一代,由于历史环境的影响,有点无政府主义。主要问题就是文化,比如我们中国的传统、优良的传统文化,没有在那时候(青少年时期)养成,尽管现在生活收入多了,住房条件好了,社会进步了,但是文化素养的根源还是没有跟上,好多行为习惯都随意惯了,也会对社会造成不好的影响。"(MXHZZ-P6)当代老年人年轻时,正是政治运动风起云涌的年代,是一段文化的破窗时期,正常的社会秩序曾一度遭受破坏,由此导致一部分老年人规则意识的淡漠。

(三)"是老人变坏了还是坏人变老了"

随着社会的进步,社会规则也处于相对变化之中。一部分老年人不遵守旧规则,也不学习新规定,无视社会约束。当其不文明行为受到制止时,他们不但不虚心接受,有时还会"倚老卖老",无理强说辞。"老人变坏了还是坏人变老了"成了近年社会热议话题。有受访者就提到:"我就看到,我们一些老年人过马路闯红灯、从楼上扔垃圾,还有那种牵着小狗,让小狗四处大便的。他们这么做,还觉得理所当然,听不进去别人劝的。这不仅仅是一个行为问题,其实影响的是整个社会风气。老年人有个心态,就是我不遵守,你能拿我怎么样?这样的风气容易传播,对社会的整体不好。"(MSJGE-P10)老年人规则意识的缺位,背后必有其原因:一方面是社会规则本身的宣传不到位,导致老年人不知道规则的"红线";另一方面是老年人脱离了工作岗位,摆脱了工作单位的限制,成为社会的"脱管群体",存在"唯我独尊"的观念。无论是哪种原因,老年人都应该自己意识到这个问题,这也提醒着老年人重温社会规则的重要性和必要性。

## 二、文明社会:"社会安定,我们才安心"

规则,与生活息息相关,没有规则就没有自由,没有自由则无从谈论美好。"在权威和秩序受到挑战的社会环境中,人们对安全感的需要可能会变得非常急迫。对权威、合法性、法律象征的威胁导致人们的不安,进而出现退化现象:从高级需要向更加急迫的安全需要退化。"①个体生活在社会中,渴望有序的规则,以保障个体的私人空间与利益。老年人所向往的美好生活,其中一部分就包括有序的社会生活。

(一)"社会安定,我们才安心"

生活安全、安定,是每个人的向往。安全感是"一种从恐惧和焦虑中脱离出来的,满足一个人现在(和将来)各种需要的信心、安全和自由的感觉"。② 安全感来自生活的各个方面,如食品安全、社会治安、医疗安全、环境安全、交通安

---

① [美]亚伯拉罕·马斯洛.动机与人格[M].许金声,译.北京:中国人民大学出版社,2012:27.
② [美]阿瑟·S.雷伯.心理学词典[M].李伯黍,等译.上海:上海译文出版社,1996:765.

全、生产安全、信息安全等。社会有序,是安全感的最大来源。[①] 就像有受访者期盼的那样:"我们都生活在社会中,社会安定,我们才安心,才能去谈论美好生活。如果我们每天都担心这个担心那个,今天吃这个觉得不安全,明天打疫苗也觉得不可靠,那怎么可能美好?"(MSJYY-P9)对于大多数社会成员来说,社会规则有效性的缺失,也会大大增加他们对自己未来的不确定性,导致社会焦虑的加剧。[②] 老年人已经感受到生活中破坏规则的各种现象,并且表达出了不安和担忧的情绪,他们希望拥有规范有序、安全文明的生活。

(二)"希望小年轻能尊重我们老人"

老年群体,由于不作为生产资料的生产者和主要分配者,因此在生产关系中处于相对边缘的地位。有些老年人自感微弱,希望得到社会的尊重与关爱,希望他人遵守规则、发扬美德,让老年人感受一份温暖。有受访者指出:"比如地铁和公交车上,有老人专座,我们有时候买个菜买个东西,拎着很重,真的很想坐一坐,但是经常是没有位子的。那些位子上都有人,但不是老人,都是一些小年轻。他们坐在那边玩手机,根本不看看上来的人,当然也不会想到要照顾照顾我们。我们真的希望小年轻能尊重我们老人,我们要求得也不多,就是经常讲的让让位子、帮助帮助我们。这不也是你们讲的美德吗?"(WJABJGL-P5)诺贝尔经济学奖获得者道格拉斯·诺思(Douglass C. North)曾言,规范是降低社会交易成本的必要保障,正式的规则只是决定行为选择的总体约束的小部分,而人们的日常交往中,大部分行为是由习惯、伦理、道德等非正式规则来加以约束的。占座、"啃老"等现象,都是对道德层面非正式规则的破坏。一旦他人不遵守规则,老年人的权利则可能被弱化。因此,老年人渴望人人遵守社会规则,让生活多一些安心与温暖。

(三)"希望社会文明进步,我们自己也要做到才行啊"

老年人在渴望他人遵守规则的同时,也对自身行为进行了反省。我们在看到年轻人不给老人让座的同时,也听到河南、武汉、南京等地的老人因不给其让座而欺辱孩子的报道,老人碰瓷、马路暴走团、广场舞扰民之类的事件也隔三岔五成为人们茶余饭后的话题。对此,老年人自身也有其反思,对这类现象持否定态度,认为:"我身边有些老年人,真的,我也看不下去了。我们都在谈尊老爱幼,但是我们自己不做好,人家凭什么尊重你?尊老是尊重长者风范,而不是尊重一把年纪。所以,我们老人要首先注意自己的言行举止,我们也是社会文明的代表。我们都希望社会文明进步,社会文明了,我们生活得才会更好。但是,

---

[①] 王大为.中国居民社会安全感调查[J].统计研究,2002,19(9):23—29.
[②] 吴忠民.新形势下中国重大社会矛盾问题分析[M].北京:中共中央党校出版社,2014:329.

我们自己也要做到才行啊。"(WSJWX-P7)老年人渴望社会文明,让他们感到安心和舒心。积极老龄化理论认为,老人是社会文明的代表者和社会文化的传承者,是社会进步的推动者,也是美好生活的创造者。为创造美好生活,老年人萌发了"尊人先尊己"的想法,认为美好生活需要从自身文明行为做起。

### 三、需求呈现:欲求社会规则类学习,期盼有序的生活

由于社会规则的稳定能够让老年人感到生活安定、安心,所以,他们特别渴望周边社会是有秩序的、守规则的。这种有序状态的达成,无疑需要每个人的共同努力。对于老年人而言,他们希望做好自己,由而表现出一种明显、强烈的学习社会规则的学习需求。

(一)问卷数据呈现

调查问卷中,设置了"参加学习能够让生活更有规则"和需要学习"社会规则方面(如社会文明、传统美德)"内容的题项。

在"参加学习能够让生活更有规则"题项中,平均得分为3.97分,高于理论上的平均分,说明老年群体比较认同学习对于遵守社会规则的促进作用。其中,41.8.1%的被调查者表示"非常需要",35.5%的被调查者表示"比较需要",超过七成的被调查者认同学习对于促进生活秩序的作用(如图4—1所示)。在差异显著性检验中,仅在性别因素上呈现显著性差异(P=0.000<0.01),即女性老年人更加认同学习能够让生活更加有规则的观点。同时也表明,老年人不因年龄、身份、经济收入等差异,均认同学习与有序生活之间的关联。

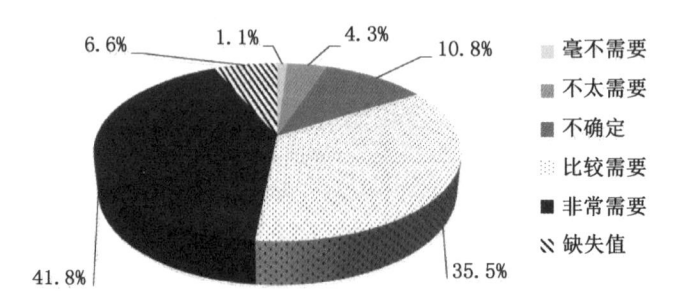

图4—1 认同"参加学习能够让生活更有规则"的人数比例分布

在需要学习"社会规则方面(如社会文明、传统美德)"内容的题项上,该题平均得分为3.77分,高于理论上的平均分,说明老年群体对社会规则方面的学习需求较为强烈。其中,21.1%的被调查者表示"非常需要",35.9%的被调查者表示"比较需要",超过五成的被调查者认为需要社会规则方面的学习(如图

4—2所示)。

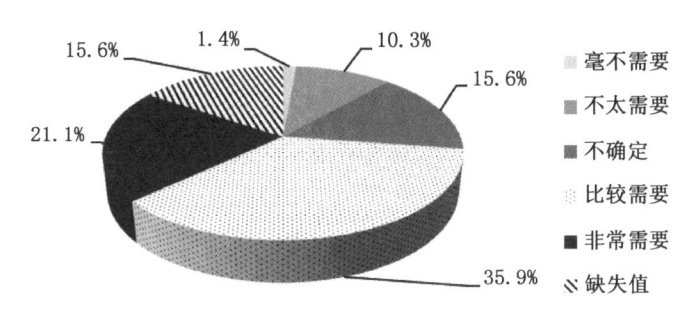

图4—2 需要学习"社会规则"的人数比例分布

（饼图数据：毫不需要 10.3%；不太需要 15.6%；不确定 15.6%；比较需要 35.9%；非常需要 21.1%；缺失值 1.4%）

值得一提的是，该题项在姓名、年龄、受教育程度、健康水平、经济收入、居住人等方面均未呈现显著性差异。可以推断，无论何种身份、何种年龄的老年人，对社会规则的学习均持有一致的需求。

(二)访谈资料分析

访谈中，老年人对社会规则的学习，表达出了更细致、具体的需求，以期实现所向往的有序的生活。

1."老人也要学习长者风范"

关于社会规则的学习，老年人认为首先需要对自己进行客观而准确的定位。在过去的几十年中，老年可能被视为衰老、落寞的象征，是社会的负担，其负面价值被无限放大。然而，随着社会的进步，积极老龄化、成功老龄化以及有贡献的老龄化等思想的传播与认可，老年人的正面价值受到越来越多的重视。受访者自己也表示："我们也代表着文明，我们的行为对家庭、社会来说，也是一种示范和代表。"(MSJGE-P10)为了做好表率作用，他们主动提出："现在不是提倡做风范长者嘛，我们首先需要肯定我们自己的价值，要帮助老人认识到我们对这个社会的重要性，老人也要学习长者风范。要学着怎么做一个长者，怎么做一个让大家不厌烦、受尊重、对社会有用的长者。有了这个意识，才能有更好的示范作用。"(MSJGE-P10)长者风范，既是中华民族的优良传统，也是国家的宝贵财富。老年人希望通过各种教育形式和舆论氛围的力量，认识自身价值，形成身为长者的信念、风尚，以此来调整本我与超我的博弈，调节人与人、人与自然、人与社会之间的和谐关系，实现美好生活的目标。

2."要认真学习垃圾分类"

"吾生也有涯，而知也无涯。"知识和技能要不断更新，社会规则的学习也需与时俱进,永无止境。老年人的社会角色虽然在一定程度上弱化了,但其仍然是社会的一份子,因此就需要学习并遵守社会的规则。对于一些社会新规,如车辆礼让行人、电瓶车不能安装挡风衣、垃圾分类等,老年人由于信息接受渠道狭窄,常常对新规定的知晓不够及时。为此,他们希望"有更多的渠道学习、了解新的规定"。(MSJGE-P9)对于时下流行的"新时尚"——垃圾分类,老年人也表示希望能够跟上时代的要求,认为:"垃圾分类是大家应该做的事情,是国家的号召。我们老年人可能会成为实施垃圾分类的困难人群,但是我们不能成为落后人群,我们也要学习,要认真学习怎么进行垃圾分类。"(MXHYY-P5)并且表示:"学习垃圾分类,就像学习怎么用手机打电话一样,是我们上海人每个人都要学的,是总书记的要求,我们(老年人)当然要学,必须要学。我们也想学,这是新规定,跟我们生活相关的规定,所以也要学。"(WXHLJFL-P6)对老年人而言,社会新规则的制定,与他们的生活息息相关。这些新的规则,能够推进社会文明发展,维护安全有序的生活。文明、安全、有序,就是老年人所盼望的美好生活,为此,他们希望积极学习各项新规,遵守共同的社会规则,迎接有序安定的生活。

3."要反复学习日常生活规范"

虽然大部分老年人是遵守规则的合格公民,但是同样也不乏一些漠视规则的老年人。面对有些倚老卖老的行为,有受访者指出:"不乱丢垃圾、不让宠物随地大小便、不乱闯红灯之类的,看起来都是小事情,但没有养成习惯,就会做不到。所以,我觉得有些老年人还是要回炉的,要反复学习日常生活规范,才能变成习惯。其实这些对我们都是一种习惯,对每个人来说,都是在不断学习日常生活中的各种规范的。"(MSJGE-P11)也有老年大学的在读学员表示:"希望在学校里多一些这些行为规矩的学习,哪怕我之前当再大的官,管再多的事,我如今就是一名学生,就是一个普通的公民,就要遵守学校里面的秩序。比如我跟好几个在教室走廊里面抽烟的老同志说不要这么做,但是他们反而觉得我多管闲事。像这样的事情,就应该多给我们老年人做做规矩。"(MXHZZ-P3)面对不恰当的行为,老年人表达出来的,看似是对他人的学习要求,其背后反映出来的,则是对良好行为的期盼,即在自我要求的基础上,希望他人学习并遵守规则,共同努力来营造安宁、安全、静好的生活。

可以看出,老年人生活在制度化的社会,深感社会规则对于生活秩序的重要性,但同时也看到各种失序现象,并认为这样的现象给社会以及他们的生活带来了不良影响。因此,他们渴望安定有序的生活,渴望得到恰当的关照,认为应该加强自我表率,要"从我做起"。他们认为,学习有助于社会秩序的遵守。由此,他们萌生了学习社会新规、温习日常行为准则的念头,希望学习如何做风范长者,以此与社会其他成员共同创造和谐、安定、有序的美好生活。

## 第二节 学习,为了增加就业机会

人生活在社会中,要以一定的职业劳动为主,不同的职业赋予了个体不同的地位、责任及相应的行为方式。职业是人的社会化的集中体现。[1]老年阶段,虽然大部分人不需要扮演职业角色,但是对于一部分人而言,人到老年,仍然由于各种需要,会选择继续就业或再就业。上海,作为我国经济最发达的城市之一,就业需求较大,就业渠道多元,引发了一部分老年人继续就业的愿望。

### 一、生活现实:"好像还年轻,各方面的状态也还是可以的"

《老龄问题国际行动计划》指出:"老年只是每个人的生命、事业和经验的自然延续,而他的知识、能力和潜力在整个生命期一直存在。"[2]如今的老年人,退休时仍然身体健硕,而且拥有一定的经验与技能,具备参加社会劳动的可能性。

(一)"好像还年轻,各方面的状态也还是可以的"

根据我国当前的退休制度,老年人的退休年龄在50~60岁之间。这一年龄段的老年人,无论是在身体上还是在精神上,仍然处于较为活跃的状态。他们有继续工作的基础与前提。但是对于是否选择继续工作,老年人意见不一。访谈中,有些老年人不愿意再继续工作,希望离开工作场所,开辟全新的生活天地。而有些老年人,认为自己的身体健康、精神良好,希望继续参与工作。比如有受访者表示:"因为我之前属于工人编制,所以到了50岁就退休了。虽然之前一直盼着退休,不想延长退休年龄。但是真的在办手续退休的时候,发现自己好像还蛮年轻的,各方面的状态也还是可以的。感觉自己还能再做几年。"(WPDZY-P2)除了健康的身体状态,老年人身上所蕴藏的智慧与经验,也是一笔珍贵的财富。《美国老人宣言》中指出:"美国老年人拥有巨大的能力与经验

---

[1] 张忠华.教育学原理[M].北京:世界图书出版公司,2016:102.
[2] 联合国老龄化议题.2002年马德里老龄问题国际行动计划[EB/OL].联合国主页.[2019-10-17]. https://www.un.org/chinese/esa/ageing/actionplan1.htm.

宝库……老年人的知识和技术在经济上也是极为重要的。"①健康的身体、丰富的经验，是新时代退休老年人的真实写照。

（二）"这么多年都在工作，已经成了习惯"

新时代的老年人，年轻时参加工作普遍较早，基本上不满20岁就进入工作岗位，直到55岁或60岁退休。工作几乎占据了他们整个成年期。30余年的工作时光，也让他们形成了稳定的工作习惯。有受访者回忆到自己退休的第一天时，说道："还是按照以前的时间起床，收拾收拾，感觉还是要去上班。"（WPDTJ-P2）有受访者也同样表示："这么多年都在工作，已经成了习惯。就像那个火车，一直在轨道上往前开，突然刹车，有点刹不住，你说是不是？"（WJATJQ-P1）习惯一旦形成，就会促使人们按照惯有的方式行事。② 多年的工作，让老年人养成了每天工作的习惯。再加上这一代的老年人工作流动性较低，组织承诺性较高，而组织承诺是影响老年人退休初期适应状况与是否选择再就业的重要因素。③ 工作的惯性，加上高度的组织承诺性，促成了老年人对于再就业的选择。

（三）"现在的孩子太辛苦了"

养老金给老年人提供了生活保障，让他们远离经济压力。老年人虽然自己没有了经济压力，但是却能够感受到年轻人的生活压力。资料显示，2018年全球城市生活成本排名（Cost of Living City Ranking）中，上海位列全球第七。④ 高昂的生活成本给年轻人造成了不小的负担。面对这些情况，老年人也感同身受："现在小年轻早出晚归，上班忙死了，工作压力大，还要还房贷、养小囡。现在的年轻人太辛苦了，我们那个时候没感觉到像现在这么大的压力，就是身体累一点，其他没什么。我们当父母的，肯定希望帮小孩子减轻一点负担。"（WY-PYE-P3）忙碌的生活节奏、高昂的生活成本，是大都市年轻人的生活常态。当代青年身处改革开放的红利中，虽然享有前所未有的物质文明，但也承受着空前巨大的生活压力。其中，经济压力、工作压力、生活环境与子女教育压力是青年压力的最主要来源。⑤ 老年人身为父母，下一代的生活压力，他们看在眼里，急在心里，也希望能够通过自己的力量来减轻一些他们的负担。

---

① Hockey J, James A. Social Identities across the Life Course[M]. Macmillan Education UK, 2003: 7.
② 李明德. 管理心理学[M]. 成都：四川大学出版社，2001：388.
③ Wang M, Shultz K S. Employee Retirement: A Review and Recommendations for Future Investigation[J]. Journal of Management, 2010, 36(1): 172−206.
④ 英伦圈. 2018全球城市生活成本排名，中国5个城市超过伦敦！[EB/OL]. 搜狐网. [2018−07−01]. http://www.sohu.com/a/238762111_167657.
⑤ 张华. 青年压力来源与社会支持系统优化策略[J]. 当代青年研究，2012（3）：8−15.

## 二、自我期待:"我还想发挥余热"

无论是出于身心状态的许可还是出于工作惯性的保持,抑或是为了援助子女,不少老年人萌生了再就业的愿望。老年人再就业,是指从劳动力市场里出来以后回到劳动力市场中的一种行为,这是一种自愿行为,以获得经济报偿为目的,劳动内容可以与前期的职业生涯相一致,也可以不一致。[①] 在我国大中型城市里,就有许多退休老人活跃在职场中。在上海,17.8%的老年人选择继续工作。[②] 重新投入工作,让老年人感觉生活更加充满动力和能量,是他们所希望的生活。

(一)"以前的那种感觉又回来了"

老年人工作了一辈子,已经将工作视为生活的一部分,认为继续参加工作可以让生活充满动力。有受访者退休后在家休息了一段时间,感觉"自己好像没事情做,一下子空落落的,而且总是生病,不知道哪里出了毛病,总归不舒服。"(MJAPRXD-P2)后来,她选择继续投入工作,说道:"我一个人在家没事做,就重新找了工作,还是做我的会计老本行。当然,我不会找那么忙的单位,稍微轻松点的,私人的小公司,做做账,不累的。但是,好像以前的那种感觉又回来了,每天又在上班了,生活得蛮好。"(MJAPRXD-P2)老年人继续参加工作,不仅无损于健康,而且有利于健康,[③]还可以为老年人带来更多幸福的体验。[④] 职业身份是个体价值的重要来源,对老年人而言,再就业在一定程度上意味着重树身份。这种身份的重新树立,可以让老年人体会到存在感,可以增进生活的幸福感,也是老年人所追求的一种美好生活。

(二)"我还想发挥我的余热"

除了工作的惯性促使老年人渴望再就业,对原有工作或者专业的热爱,也同样促使他们希望发挥"余热"。有一位多年从事教育工作的受访者表示:"我是在(某)理工大学退休的,一辈子跟学生打交道,我喜欢和学生在一起。我虽然退休了,但是我还想发挥我这个余热,还想能跟学生在一起。"(WJAB-JGL-P3)因此,在退休后,她选择了进入老年大学做学生工作,说道:"在这里,我还是做学生管理工作,我对这一套比较熟悉,上手也比较快。学校对我也

---

[①] 郑恩善.中韩两国老年人劳动力市场及老年再就业比较[D].济南:山东大学,2010:26.
[②] 郑德元.和谐社会与老年教育[M].上海:上海教育出版社,2007:66.
[③] 田艳芳.中国中老年人的健康状况对劳动参与的影响[J].山西财经大学学报,2010,32(3):1—7.
[④] 宋宝安,于天琪.城镇老年人再就业对幸福感的影响——基于吉林省老年人口的调查研究[J].人口学刊,2011(1):42—46.

比较肯定,我还能够发挥我原来这个余热,让我觉得我还没有老。我越做越开心。"(WJABJGL-P3)出于对原先工作的热爱,老年人希望继续从事相同的工作,一方面能够让自己在心情上感到愉悦,另一方面也能够让自己在能力上得到肯定,体验到工作的成就感,感受自我的力量,寻求到生活的希望与热情。

(三)"想再上上班,补贴补贴他们"

逐年增长的GDP,让人们的收入不断增加,但也让生活成本水涨船高。对于初入劳动力市场的年轻人来说,无论是在经济还是在社会地位上,都处于起步阶段,很多成年子女仍需要父母的扶持。为此,老年人会在自身有余力的情况下,选择再次就业来分担子女的生活压力。有受访者这样谈自己的生活:"虽然我们有退休工资,不用他们(子女)养着,但是看他们开销也不小,也是紧紧巴巴的。我们还是想再上上班,补贴补贴他们。他们生活得好,我们自然就开心。当父母的,一辈子都要操心的。子女生活得好,我们肯定也觉得好,那么大家的生活不都美好起来了吗?"(WJAPRXD-P4)这一代的老年人,家庭共同体的观念非常深刻,认为子女与父母的荣辱是一体的,因此希望通过转移家庭中的财富为子女提供更多福利,[①]以此让子女轻松,也让自己放心。他们将子女的生活视为自己生活的一部分,对于子女"生活得好"的期盼,其实也就是对他们自己"生活得好"的愿望。为了实现这种愿望,老年人认为自己仍有余力,认为可以通过自身的再就业来帮衬子女。

### 三、需求呈现:欲求职业技能类学习,期盼勤恳的生活

无论是出于工作惯性的延续,还是发挥余热的心愿,抑或是帮衬子女,老年人都表达出了再就业的意愿,希望回归勤恳工作的状态。为了能够顺利进入就业市场,他们也表达出了与就业有关的学习需求,主要包括了解就业信息,获取技能培训,学习创业知识等方面。

(一)问卷数据呈现

调查问卷中,关于学习与促进再就业的关联以及再就业的学习需求,设置了"参加学习能够帮助实现再就业"和需要学习"职业技能方面(如与原职业相关的课程或为再就业创造机会的课程等)"内容这两个题项。

关于题项"参加学习能够帮助实现再就业",平均得分为2.80分,低于理论上的平均分。11.4%的被调查者选择"非常赞同",15.0%的被调查者选择"比

---

[①] Tisdell, Clem & Gopal Regmi. Prejudice against Female Children: Economic and Cultural Explanations, and Indian Evidence[J]. International Journal of Social Economics, 2005, 32 (6): 541−553.

较赞同",仅有不到三成的被调查者认为学习是为了再就业(如图4—3所示)。从这个结果中可以看出,愿意再次进入劳动力市场的老年人并不多,继续工作并不是老年群体的主流思想。国内相关调查也显示,老年人再就业的意愿并不高,且仅有1.9%的城市老年人仍参与工作岗位。[1]

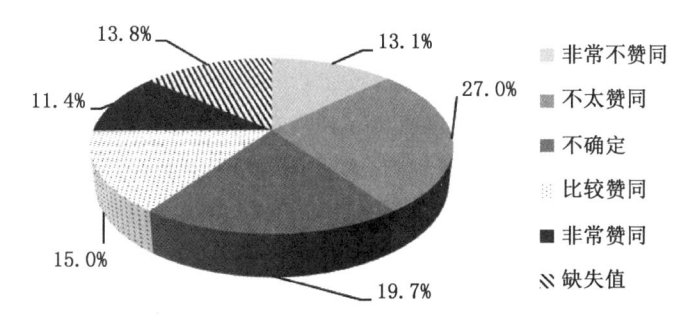

图4—3 认同"参加学习能够帮助实现再就业"观念的人数比例分布

经差异显著性检验,该题项在性别($P=0.002$,$<0.01$)、年龄($P=0.000$,$<0.01$)、受教育程度($P=0.000$,$<0.05$)、经济收入($P=0.000$,$<0.01$)等因素存在显著性差异(详见表4—1)。

性别方面,女性老年人更加认同学习能够帮助再就业的观点。年龄方面,随着年龄的增长,老年人对于学习帮助再就业的认同度呈下降趋势,这与国内的相关研究保持一致。[2]

受教育程度方面,小学以下学历的老年人对学习能够帮助再就业的认同度显著高于初中及其以上学历的老年人。国内对此方面的研究尚存争论,有研究认为老年人就业意愿随着受教育水平的升高而增加,[3][4]但也有研究表明就业市场上的老年人呈现受教育程度较低的态势,[5]且初中及以下的学历的老年人再就业意愿更强烈。[6][7]

经济收入方面,经济收入越高的老年人对学习能够帮助再就业的认同度越

---

[1] 李汉东,凌唯心.我国老年人口退休年龄、健康状况及工作意愿分析[J].老龄科学研究,2014(9):44—54.
[2] 赵丽清.中国城市老年人力资源开发影响因素的实证研究——以全国统计数据为例[J].社会科学家,2015(11):53—57.
[3] 钱鑫,姜向群.中国城市老年人就业意愿影响因素分析[J].人口学刊,2006(5):24—29.
[4] 田立法,沈红丽,赵美涵,等.城市老年人再就业意愿影响因素调查研究——以天津为例[J].中国经济问题,2014(5):30—38.
[5] 万芊.城市低龄老年人再就业促进研究——基于上海市的调查[J].社会科学研究,2013(6):114—117.
[6] 陆林,兰竹虹.我国城市老年人就业意愿的影响因素分析——基于2010年中国城乡老年人口状况追踪调查数据[J].西北人口,2015(4):90—95.
[7] 钱鑫,姜向群.中国城市老年人就业意愿影响因素分析[J].人口学刊,2006(5):24—29.

低。国内相关研究也显示,养老金越低的人越希望再次就业。①

表 4—1　认同"参加学习能够帮助实现再就业"观念的差异显著性检验

| 检验因素 | | 均值(M) | 检验值(T/F) | 显著性(P) | 事后检验(LSD) |
|---|---|---|---|---|---|
| 性别 | 男 | 3.682 | −3.151 | 0.002** | |
| | 女 | 3.902 | | | |
| 年龄 | 50～55 岁 | 3.098 | 6.174 | 0.000** | 1>3,1>4,1>5,1>6<br>1>7,2>3,2>4,2>5<br>2>6,2>7 |
| | 56～60 岁 | 3.004 | | | |
| | 61～65 岁 | 2.758 | | | |
| | 66～70 岁 | 2.699 | | | |
| | 71～75 岁 | 2.471 | | | |
| | 76～80 岁 | 2.481 | | | |
| | 80 岁以上 | 2.211 | | | |
| 文化程度 | 不识字 | 4.000 | 8.036 | 0.000* | 1>4,1>5,1>6,1>7<br>2>4,2>5,2>6,2>7 |
| | 小学 | 3.923 | | | |
| | 初中 | 3.048 | | | |
| | 高中(中专) | 2.987 | | | |
| | 大专 | 2.698 | | | |
| | 本科 | 2.487 | | | |
| | 硕士及其以上 | 2.750 | | | |
| 经济收入 | 1 000 元以下 | 3.778 | 9.958 | 0.000** | 1>4,1>5,1>6,2>4,<br>2>5,2>6,3>4,3>5,<br>3>6,4>5,4>6 |
| | 1 000～2 000 元 | 3.171 | | | |
| | 2 001～4 000 元 | 3.066 | | | |
| | 4 001～6 000 元 | 2.846 | | | |
| | 6 001～8 000 元 | 2.542 | | | |
| | 8 000 元以上 | 2.504 | | | |

关于"职业技能方面(如与原职业相关的课程或为再就业创造机会的课程等)"的学习需求上,平均得分仅为 3.10 分,在全部的学习需求内容中得分最

---

① 张翼.受教育水平对退休老年人再就业的影响[J].中国人口科学,1999(4):30.

低。14.4%的被调查者选择"非常需要",19.8%的被调查者选择"比较需要",仅有不到四成的被调查者表示出需要此方面的学习(如图4—4所示)。虽然人数比例不多,但是不可否认的是,渴望学习职业技能的老年人依然存在。

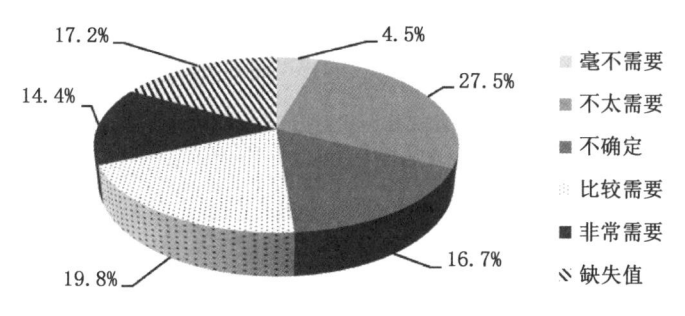

图4—4 需要学习"职业技能"的人数比例分布

毫不需要 4.5%
不太需要 27.5%
不确定 16.7%
比较需要 19.8%
非常需要 14.4%
缺失值 17.2%

经差异显著性检验发现,该题项在年龄(P=0.000,<0.01)、受教育程度(P=0.004,<0.01)、健康水平(P=0.008,<0.01)、退休前职业(P=0.000,<0.01)、经济收入(P=0.003,<0.01)、居住(P=0.018,<0.05)等因素存在显著性差异(详见表4—2)。

年龄方面,老年人随着年龄的增长对职业技能方面的学习需求呈下降趋势,这一方面与老年人的身体承受能力有关;另一方面,高龄老年群体再次进入劳动市场,就业几率更小,[①]他们也无需学习职业技能。

受教育程度方面,随着受教育水平的升高,老年人职业技能方面的学习需求呈下降趋势,这可能是受教育程度高的老年人,自身具备再就业的知识与技能,因此学习需求较低。

健康方面,由于健康的体魄是再就业的前提,因此自感身体健康的老年人对职业技能方面的学习需求更加强烈。

退休前职业方面,退休前是私营企业主和个体工商户的老年人,表现出来的职业技能学习需求最高,而退休前是国家干部、专业技术人员的老年人,对学习职业技能的需求最低。相关研究表明,国家干部、专业技术人员在退休后更可能做自己的"老本行",延续原有的工作类型,而私营企业主和个体工商户的再就业可能与原来从事的领域或行业发生差别,因此更需要职业技术方面的学习。[②]

---

[①] 陆林,兰竹虹.我国城市老年人就业意愿的影响因素分析——基于2010年中国城乡老年人口状况追踪调查数据[J].西北人口,2015(4):90—95.
[②] 田立法,沈红丽,赵美涵,等.城市老年人再就业意愿影响因素调查研究——以天津为例[J].中国经济问题,2014(5):30—38.

经济收入方面,退休后收入越高的老年人对于职业技能的学习需求越低,这可能是高收入老年人无需为经济劳碌,就业意愿不强烈,因而此方面的学习需求也不强烈。

居住方面,和子女一起居住的老年人学习职业技能的需求高于和配偶居住的老人,这可能与老人为减轻子女经济负担的意愿有关。①

表 4—2　　　　需要学习"职业技能"内容的差异显著性检验

| 检验因素 | | 均值(M) | 检验值(T/F) | 显著性(P) | 事后检验(LSD) |
| --- | --- | --- | --- | --- | --- |
| 年龄 | 50～55 岁 | 3.433 | 10.099 | 0.000** | 1>3,1>4,1>5,1>6<br>1>7,2>3,2>4,2>5<br>2>6,2>7,3>5,3>6<br>3>7,4>5,4>6,4>7 |
| | 56～60 岁 | 3.422 | | | |
| | 61～65 岁 | 3.082 | | | |
| | 66～70 岁 | 2.989 | | | |
| | 71～75 岁 | 2.713 | | | |
| | 76～80 岁 | 2.421 | | | |
| | 80 岁以上 | 2.444 | | | |
| 文化程度 | 不识字 | 3.500 | 3.158 | 0.004** | 2>3,2>5,2>6,2>7<br>3>4,4>5,4>6,4>7 |
| | 小学 | 3.769 | | | |
| | 初中 | 3.049 | | | |
| | 高中(中专) | 3.309 | | | |
| | 大专 | 3.023 | | | |
| | 本科 | 3.080 | | | |
| | 硕士及其以上 | 2.917 | | | |
| 经济收入 | 1 000 元以下 | 4.000 | 9.958 | 0.003** | 1>3,1>4,1>5,1>6<br>2>5,2>6,3>6,4>6 |
| | 1 000～2 000 元 | 3.375 | | | |
| | 2 001～4 000 元 | 3.274 | | | |
| | 4 001～6 000 元 | 3.122 | | | |
| | 6 001～8 000 元 | 3.084 | | | |
| | 8000 元以上 | 2.871 | | | |

---

① 于丽,马丽媛,尹训东.养老还是"啃老"?——基于中国城市老年人的再就业研究[J].劳动经济研究,2016(5):24—54.

续表

| 检验因素 | | 均值(M) | 检验值(T/F) | 显著性(P) | 事后检验(LSD) |
|---|---|---|---|---|---|
| 退休前职业 | 国家干部 | 2.916 | 4.172 | 0.000** | 3>1,3>2,3>4,3>5,3>7,3>8,6>1,6>2,6>4,6>5,2>5,3>5,7>5,2>1,3>1,6>1 |
| | 企业管理人员 | 3.190 | | | |
| | 私营企业主 | 3.950 | | | |
| | 事业单位管理人员 | 3.134 | | | |
| | 专业技术人员 | 2.967 | | | |
| | 个体工商户 | 3.867 | | | |
| | 商业服务 | 3.477 | | | |
| | 产业工人 | 3.178 | | | |
| | 农民 | 3.000 | | | |
| | 无业人员 | 3.308 | | | |
| 居住 | 和子女居住 | 3.308 | 4.009 | 0.018* | 1>2 |
| | 和老伴居住 | 3.084 | | | |
| | 自己一个人住 | 3.124 | | | |
| 健康状况 | 良好 | 3.667 | 7.143 | 0.001** | 1>2,1>3 |
| | 一般 | 3.219 | | | |
| | 不好 | 3.004 | | | |

(二)访谈资料分析

访谈发现,老年人对于职业技能方面的学习需求,具体包括就业渠道的学习和职业技能培训,甚至包括二次创业的内容。

1."想学习怎么知道关于我们老年人的就业信息"

老年人再次进入劳动力市场,首先需要的是获取就业信息。当前主流的就业渠道是面向年轻人的,无论是招聘会,还是招聘网站,都是针对青年或中年群体设计的。老年人进入就业市场的主要途径是依靠亲戚朋友强关系网,[①]渠道非常有限,因此渴望了解就业信息渠道。正如有受访者结合自己的经历谈道:"我现在上班的这家公司,就是我朋友介绍的。虽然说我们会计越老越吃香,而且肯定还会有很多小公司需要我们这样的会计,但是这些信息我也不晓得去哪

---

① 张翼,李江英."强关系网"与退休老年人口的再就业[J].中国人口科学,2000(2):34—40.

里获取啊。我想,跟我一样想上班的老年人,一定都很想学习怎么知道关于我们老年人的就业信息,有没有专门为我们老年人设立的就业机构?"(WPDZY-P6)也有受访者说道:"我孙女上幼儿园了,我就想在家附近找一点事情做,就是简单点的,时间上能方便接送孙女上学的那种,但是就是不知道哪里要人,我们应该去哪里学这些东西?能让我们知道这些信息,我们有选择了,就能更好的安排自己的生活了,能做点想做的事情了。"(WPDSJ-P5)老年人渴望再就业,但是信息知之甚少,因此希望学习就业信息获取技能,包括如何获取招聘会信息、有哪些招聘网站、可以求助哪些专业的机构等。《2002年马德里老龄问题国际行动计划》就明确提出,要"为所有想工作的老年人提供就业机会"。[①] 世界上已经有不少国家建立了诸如"老年知识交易所""银色人才银行""老年就业辅导站""老年人就业服务中心"等组织,帮助老年人获取就业信息。本书中的老年人也表达出类似的学习需求,并认为这样的学习能够促进更好地就业,能够更加游刃有余地选择自己理想的工作,让生活更加充满期待。

2."也需要一点培训和学习"

老年人渴望再次回归工作岗位,除了一部分老年人能够继续从事与退休前职业相似的工作之外,大部分老年人退休后二次工作可能与之前的工作经历不匹配。即便是退休后从事与自己之前相同的工作,在新形势下在也会遇到新问题。面对工作岗位的改变,老年人一如既往地持有认真、负责的工作态度,他们希望能够参与系统的就业技能培训,有受访者表示:"我们虽然不能像年轻人一样,做重要的工作,但是我们也想把工作做好,就需要一点培训和学习,比如老年人在工作中应该注意点什么,具体的工作中有什么特殊要求,还有就是我们还没有掌握的常规技能,尤其是现在越来越先进的各种办公网站(程序),我们都想学习,我们也可以跟年轻人保持同步工作的,不要总是把我们丢下。"(WJAYQ2-P5)老年人想要学习职业技能,一方面是为了更好地完成工作,认真履行工作责任;另一方面也是为了提升自我技能,得到他人肯定,获得自我满足。在日本,有些在职的中老年职工,每年都要学习一些技术和知识,每年"向一门考试挑战"。一些老年人已获得多项资格考试证书,他们认为拥有技能是个体的一种财富。[②] 本书的研究也同样表明,我国的老年群体存在着职业技能培训的需求,渴望打开职业生涯的另一扇窗,渴望在职场上再次赢得尊重。

---

[①] 2002年马德里老龄问题国际行动计划[EB/OL]. 联合国公约与宣言检索系统. [2019-10-17]. http://www.un.org/chinese/esa/ageing/actionplan1.htm.

[②] 丁英顺. 日本人口老龄化与老年人力资源开发[M]. 北京:中国社会科学出版社,2016:62.

3."有个什么地方能教教我们怎么创业"

老年人再就业的心愿,除了进入高度组织化的单位工作外,还包括自己创业的梦想。老年创业是指老年群体参与创业活动的过程,包括老年人创业动机、面临的机会及障碍的识别等。[①] 退休后,老年人有更多时间去尝试自己未曾接触,却又心心向往的事物,其中就包括开创人生的第二事业。有受访者谈道:"我很喜欢做饭,做各种健康营养的饭,我想在'饿了么'上面做(外卖),专门做炒饭,各种炒饭。我想,我的炒饭要跟人家不一样,要美味又健康,赚不赚钱是其次,自己觉得好才重要。所以,我现在想要学的不是怎么做炒饭,而是怎么把炒饭卖出去。我也问过'饿了么',好像需要的手续和材料还蛮复杂的,我现在还不知道怎么搞,我很想有个什么地方能教教我们怎么创业,包括创业政策、创业手续。其实我们的创业不复杂的,不会像你们年轻人那样搞高科技的东西,我们就是搞搞日常生活方面的,主要是餐饮,就想做点有品质的东西,让你们吃得放心,我们也做得开心。"(WPDCY-P3)老年人创业,公益价值高于经济价值,学习需求并不在产品的升级创新,而在于创业的基本知识。老年人饱含一腔创业热情,但是对创业的理性认知,如准入条件、创业风险、推广技能等却所知甚少。他们希望学习创业方面的知识与技能,不仅在于促使创业项目的成功,更重要的是实践创业的心愿。

简而言之,老年群体在退休时身心状态良好,还存有工作惯性,再加之他们援助子女心切,因此一部分老年人盼望重新回归职业舞台。他们认为再次进入工作岗位,能够找回存在感、能够发挥知识经验、能够减轻子女负担、能够回到勤恳的生活状态。他们认为,学习能够帮助他们实现再就业心愿。为此,他们渴望就业渠道、岗位技能、创业知识等方面的学习,以便让自己能够自主选择工作、胜任工作或开创第二事业,让生活恢复往日的忙碌状态,在忙碌中书写美好生活的笔画。

# 第三节 学习,为了融洽家庭氛围

家庭,是指由婚姻、血缘关系或收养关系而形成的亲属间社会生活的组织单位。[②] 家庭关系是社会关系的缩影,家庭关系和睦与否,影响着个体的生活质

---

[①] 蒋小仙,项凯标,高全义.人口老龄化背景下我国老年群体创业意愿的影响因素研究[J].老龄科学研究,2018(8):17—26.

[②] 赵超.列维-斯特劳斯的历史哲学[D].上海:华东师范大学,2011:23.

量。"家和万事兴""夫妻同心、其利断金",就是家庭和睦意义的代表性说法;而"吵得多的家庭,连酱油都是苦的",则是反面案例。对于老年人而言,家庭是他们生活世界的中心,家庭生活是决定老年人的生存状态和生活质量的最重要因素。[1] 随着家庭成员状态的变化,家庭关系也在悄悄改变。对于老年人来说,如何处理好与配偶、与子女、与孙辈之间的关系,是他们家庭生活中最为关心的问题。老年人在渴望家庭生活更加和睦的同时,也产生了如何经营夫妻关系、亲子关系以及祖孙关系的学习需求。

### 一、关系变化:"老夫老妻,牙齿碰舌头"

老年阶段的家庭,规模更大,人数更多,关系也更加复杂。随着老年人经济地位、社会地位的下降以及子女的独立自主,家庭中的人际关系也发生了一些微妙的变化。有些变化虽然看似微小,但也有可能引起老年人情绪、心理乃至生活方面的大波动,引发一系列的蝴蝶效应。

(一)"老夫老妻,牙齿碰舌头"

俗语说"少年夫妻老来伴",说的就是年少的夫妻,到了老年阶段,才成为真正的伴侣。夫妻双方在年轻时,需要承担繁重的工作,需要抚养年幼的子女,他们的独处空间因生活琐事而压缩。所以,有受访者认同道:"年轻的时候工作特别忙,我是集团的团委书记,哪有时间搞你们小年轻这样的浪漫。都是他(先生)管他的,我管我的,儿子嘛,也是我管的比较多。"(WYPCG-P2)年轻时,由于外界压力的来袭以及多元角色所造成的注意力分散,夫妻之间的矛盾常常被冲淡或掩盖。但是,到了老年阶段,当外界压力逐渐消失,其他社会角色逐渐淡去,伴侣角色逐渐凸显出来时,老年夫妻间的矛盾也随之显现出来。有受访者提起身边朋友的真实经历:"我有个朋友,他和他的老伴就是,本来好好的,退休之后在家隔三岔五闹矛盾,真的是老夫老妻,牙齿碰舌头。后来他老婆去信基督了,两个人在家,哎呦,反正就是讲不到一起去。"(MPDYY-P6)虽然在多年的磨合中,老年夫妻可以形成亲密融洽的关系,但是也不乏关系紧张的局面存在。紧张的夫妻关系,必然会造成紧绷的家庭氛围,引发个体压抑、焦虑、烦躁的情绪,影响着自身的生活质量。

(二)"孩子长大了,和我们有距离了"

老年阶段家庭最大的变化是子女的长大独立。一部分子女远离父母求学或成家,老年空巢家庭就随即出现了。空巢家庭中的老人,受时间与空间的限

---

[1] 李晶.老年人的生活世界[M].北京:商务印书馆,2019:275.

制,与子女的交流常常限于只言片语。另有一部分家庭,老年人依然与子女生活在一起。虽然同住一个屋檐下,但是交流却也很少。有受访者表示:"我家老太婆3年前去世了,我现在跟小女儿一起住。现在年轻人和我们想的好多都不一样,我们平时好像在一起也不太聊天,也就说说买菜烧饭这样的家常事。"(MPDZVGT-P2)可以看出,老年人与子女之间的代沟,是不可避免的。代沟是指现代老年人与青年人两代人之间由价值观念、生活态度以及行为方式等方面的差异而形成的心理距离。[1] 引起代沟的原因大致有这样两方面:一是个体生长环境、发展过程、社会角色的差异,以及由此形成的意识系统与性格特征的不同;二是当代社会变迁历程的加速,拉大了两代人时空活动的分野,使双方传递信息、交流思想感情的心理沟通频率和强度减弱。无论代沟的大或者小,强或者弱,都是老年人家庭生活中的困惑与需要解决的问题。

(三)"现在带孙子的知识不行了"

老年人为减轻子女的经济负担,会选择再就业;为减轻子女的育儿负担,他们又会主动承担起部分的育儿任务。北京、上海等地调查显示,育龄夫妇群体中很多人表示"儿童照顾有压力",隔代抚养就成为应对育儿压力的家庭策略。[2] 老人协助育儿基本上表现为三种形式:一是父母为监护人,祖辈承担部分照护责任;二是父母不在孙辈身边,祖辈成为法定临时监护人;三是由于父母的离世或隔离等原因永远无法照顾子女,祖辈成为法定永久监护人。[3] 城市生活中,老人帮助照看孩子,多属于第一种。虽然老人只是起着协助的作用,但是观念的冲突依然在所难免,有受访者说道:"我们现在带孙子的知识不行了,现在养小囡都要科学育儿,我们那个时候,给吃给喝就行了,也不管那么多。现在孙子一天几次大便,喝几次奶都要记下来。"(WPDSJ-P7)当然,祖辈抚养有一定的经验与优势,比如对待儿童的安全问题上,有更多的防范意识和预知能力。但是,随着年轻人教育意识的开放,不免与老年人所持有的旧观念、旧做法产生冲突与矛盾,进而影响家庭气氛。

## 二、回归家庭:"现在就想着要多照顾家人"

老年阶段夫妻之间共处时间增多,亲子之间交流变少,加上隔代教养产生的新要求,给老年人的家庭生活带来了新的功课。面对新的挑战,虽然老年人会有情绪上的波动,但是总体而言,他们依然接受生活的变化,并且期盼朝着美

---

[1] 时蓉华.社会心理学词典[M].成都:四川人民出版社,1988:219.
[2] 钟晓慧,郭巍青.人口政策议题转换:从养育看生育——"全面二孩"下中产家庭的隔代抚养与儿童照顾[J].探索与争鸣,2017(7):81—87.
[3] 古吉慧.中美隔代教养的对比与思考[J].内蒙古师范大学学报,2013(4):2.

好的方向发展。

(一)"我们老夫妻关系好了,女儿肯定就放心了"

老年夫妻,有些可能比年轻时更加甜蜜,但是有些却可能矛盾激增。无论是和顺还是摩擦,老年人都希望夫妻关系再上新台阶。有受访者表示:"人老了嘛,就跟老伴一起伴伴,拌拌嘴,伴伴路,我们老夫妻关系好了,女儿肯定就放心了,这样家庭才能越来越好,生活才能越来越好,你说是吧?"(MPDYS-P3)在访谈中,还有一位老人为了保持良好的夫妻关系,坚持为自己的爱人写情书,为的就是让家庭关系更加温暖,他说:"孩子们的妈妈一直在我身边,陪我一辈子,我从年轻时就一直给她写情书,没断过,到老了还是这样。一方面让孩子们学会什么是爱,一方面也使我们老夫妻之间生活得更好,这样整个家庭氛围就好了,是这样的吧?"(MSJXZ-P5)夫妻是家庭的核心,夫妻关系的好坏,是家庭关系融洽与否的关键。① 老年人希望相敬如宾的夫妻关系,希望在相濡以沫中获得良好的情绪状态,营造温馨的家庭氛围,创造高品质的晚年生活。

(二)"总归希望家里和和气气的"

随着子女的独立,父母与子女之间的心理距离也逐渐加大。个体到了老年阶段,心理上容易产生孤独感和无用感,促使他们在心理上更加渴望与子女沟通,获得子女的认同。有受访者说:"你看我一个人,以后肯定要跟他们在一块住了。天天住一块,我和他们说话还是要注意一下的,总归希望家里和和气气的。"(MPDZVGT-P2)也有空巢老人表示:"我有3个孩子,就特别盼着他们周末过来。我两个女儿经常过来,儿子还没结婚,也不怎么回家,回家什么事情也不跟我们讲,我们其实有点失落的。我们当然想跟小孩子多讲讲话喽,能一起聊聊天,心里面就开心,家庭生活就越来越好了啊。"(MPDYS-P3)对老年人来说,与成年子女的代际关系是评价其晚年生活质量的重要指标。② 由于城市生活方式变迁,越来越多的老年人不与子女同住。③ 因此,2015 年新修订的《中华人民共和国老年人权益保障法》就新增了"子女常回家看看"的条款,将子女看望老人视为老年人应得的权益,也是子女应尽的义务。与子女聊聊天、说说话,拉近与子女的心理距离,不仅是和谐温暖的家庭生活,而是他们心中对于美好生活的一种期盼。

(三)"我们也想帮她带好小囡"

家庭教育中,隔代教养是一种普遍现象。如今的老人,在承担育儿接力棒的

---

① 罗慧兰.女性心理学[M].长沙:湖南大学出版社,2014:196.
② Lin J P. Life satisfaction among older adults in taiwan: The effects of marital relations and inter-generational relation[M]. Springer Netherlands,2015:21.
③ 刘岚,雷蕾,陈功.北京市老年人居住安排的变化趋势[J].北京社会科学,2014(5):79-84.

同时,也深感育儿责任,认为孙辈承载了整个家庭生活的希望。有受访者表示:"现在的小囡金贵得很,我女儿也把这个小囡看得重得不得了,天天围着她转,今天带她去这里,明天带她去那里,只要小孩好,好像什么都好。我们帮她带小囡,肯定也有不少要求,我们也想带好好小囡,让她安心工作。"(MPDGQ-P8)也有受访者提到:"孩子就是一个家庭的希望。我们的孩子大了,基本上稳定了,现在希望就放在第三代身上,当然希望小孩子养得好。小孩子养得好,一家人都觉得心情好。要是小的这个不行,那个不好,家里人也天天没好心情的。"(WYPYE-P3)老人对第三代的感情与期望,既是一种生命延续的本能,又是老人与子女年幼时关系的重温。老年人认为,将孙辈教育好,是整个家庭的期待,也是家庭生活是否和美的因素之一。老年人也承担着养育孙辈的部分责任,他们希望用自己的能力进行正确的、科学的养育,助力孙辈成长,延续家庭希望。

### 三、需求呈现:欲求家庭关系类学习,期盼融洽的生活

老年人希望家庭生活和顺美满的心愿,不言而喻。为了实现这一愿望,老年人一方面寄希望于他人,希望配偶理解、子女孝顺、孙辈健康;另一方面也对自我提出了要求,希望通过自我的学习来改善、维持或增进家庭的和美、融洽程度。

(一)问卷数据呈现

调查问卷中,设置了"参加学习能够增进家庭和谐氛围"和需要学习"家庭关系方面(如与晚辈相处技巧、科学养育孙辈知识、与配偶沟通方法等)"内容这两个题项。

在"参加学习能够增进家庭和谐氛围"的题项中,平均得分为4.18分,高于理论上平均值。36.1%的被调查者选择"非常需要",36.0%的被调查者选择"比较需要",总计有超七成的被调查者需要家庭关系方面的学习(如图4—5所示)。

经差异显著性检验,该题在性别($P=0.025<0.05$)、文化($P=0.000<0.01$)、健康($P=0.001<0.01$)等三个因素上呈现差异(详见表4—3)。女性老年人、专科及其以上学历水平的老年人、身体健康的老年人更加认同学习对于促进家庭关系的作用。

在需要学习"家庭关系方面(如与晚辈相处技巧、科学养育孙辈知识、与配偶沟通方法等)"题项上,该题平均得分为4.16分,高于理论上平均值。35.6%的被调查者选择"非常需要",38.5%的被调查者选择"比较需要",总有超七成的被调查者需要家庭关系方面的学习(如图4—6所示)。

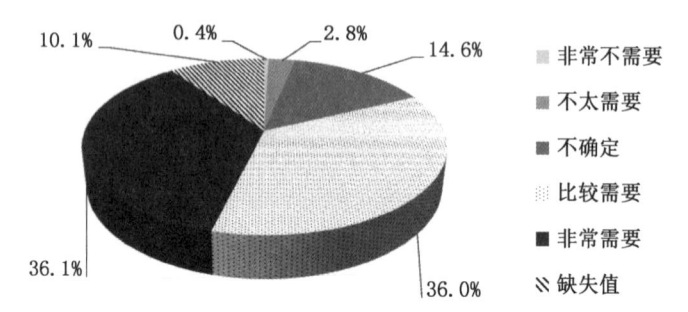

图 4—5　认同"参加学习能够增进家庭和谐氛围"观点的人数比例分布

表 4—3　认同"参加学习能够增进家庭和谐氛围"观点的差异显著性检验

| 检验因素 | | 均值(M) | 检验值(T/F) | 显著性(P) | 事后检验(LSD) |
|---|---|---|---|---|---|
| 性别 | 男 | 3.827 | −1.855 | 0.025* | |
| | 女 | 4.076 | | | |
| 文化程度 | 不识字 | 3.333 | 8.160 | 0.000* | 2>1,3>4,2>5,3>6,<br>2>7,3>5,3>6,3>7,<br>4>5,4>6,4>7 |
| | 小学 | 4.700 | | | |
| | 初中 | 4.304 | | | |
| | 高中(中专) | 4.182 | | | |
| | 大专 | 3.923 | | | |
| | 本科 | 3.781 | | | |
| | 硕士及其以上 | 3.500 | | | |
| 健康情况 | 良好 | 4.471 | 6.667 | 0.001** | 1>2,1>3 |
| | 一般 | 4.159 | | | |
| | 不好 | 3.983 | | | |

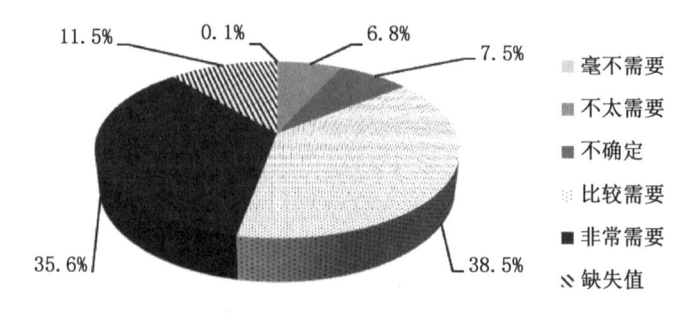

图 4—6　需要学习"家庭关系"内容的人数比例分布

经差异显著性检验,该题在性别(P=0.001,<0.01),年龄(P=0.004,<0.01),文化(P=0.000,<0.01)、经济收入(P=0.000,<0.01)、居住(P=0.029,<0.05),是否照顾孙辈(P=0.044,<0.05)等因素存在显著性差异(详见表4—4)。

表4—4　　　需要学习"家庭关系"内容的差异显著性检验

| 检验因素 | | 均值(M) | 检验值(T/F) | 显著性(P) | 事后检验(LSD) |
|---|---|---|---|---|---|
| 性别 | 男 | 3.682 | −3.151 | 0.002** | |
| | 女 | 3.902 | | | |
| 年龄 | 50～55岁 | 4.284 | 3.235 | 0.004** | 1>3,1>4,1>6,1>7,2>5,2>6,2>7,3>5,3>6,3>7,4>6,4>7 |
| | 56～60岁 | 4.188 | | | |
| | 61～65岁 | 4.176 | | | |
| | 66～70岁 | 4.118 | | | |
| | 71～75岁 | 3.967 | | | |
| | 76～80岁 | 3.889 | | | |
| | 80岁以上 | 3.611 | | | |
| 文化程度 | 不识字 | 4.500 | 7.711 | 0.000* | 3>5,4>5,2>6,3>6,4>6,2>7,3>7,4>7 |
| | 小学 | 4.615 | | | |
| | 初中 | 4.278 | | | |
| | 高中(中专) | 4.312 | | | |
| | 大专 | 4.030 | | | |
| | 本科 | 3.952 | | | |
| | 硕士及其以上 | 4.016 | | | |
| 经济收入 | 1 000元以下 | 4.333 | 4.287 | 0.000** | 2>6,3>4,3>5,3>6,4>6 |
| | 1 000～2 000元 | 4.378 | | | |
| | 2 001～4 000元 | 4.274 | | | |
| | 4 001～6 000元 | 4.151 | | | |
| | 6 001～8 000元 | 4.097 | | | |
| | 8 000元以上 | 3.912 | | | |

续表

| 检验因素 | | 均值（M） | 检验值（T/F） | 显著性（P） | 事后检验（LSD） |
|---|---|---|---|---|---|
| 居住 | 和子女居住 | 4.267 | 3.550 | 0.029* | 1>2 |
| | 和老伴居住 | 4.123 | | | |
| | 自己一个人住 | 4.109 | | | |
| 照顾孙辈 | 每天照顾 | 4.255 | 3.929 | 0.044* | 1>3 |
| | 周末照顾 | 4.177 | | | |
| | 不用照顾 | 4.113 | | | |

性别方面，女性对家庭关系的学习需求显著高于男性，这可能与女性更重视家庭的思想有关。进化心理学认为，人类进化的过程中，男性以狩猎为主，女性以养育为主，这样的分工方式形成了根深蒂固的人类集体潜意识。即便在文明社会，进化而来的集体潜意识依然没有消失。[1] 再加上我国长达数千年的封建思想的影响，"男主外、女主内"的观念代代沿袭，如今这样的观念在老年人中仍然盛行。《2018中国女性职场现状调查报告》显示，女性投入工作的时间比男性少9%，而投入家庭的时间却比男性高15%。尤其在结婚后，女性投入家庭的时间仍在增加。[2] 女性面临工作与家庭冲突时，更容易中断工作，而选择照顾家庭。[3] 因此，女性老年人更注重家庭关系，也更需要家庭关系方面的学习。

年龄方面，老年人随着年龄的增长，学习家庭关系的需求呈下降趋势。这可能是老年人年龄增大，能够对家庭所给予的照料越来越少，更多地成为被照料者，主动行为降低，被动行为增加。结合前面的数据，高龄老人除了在学习健康方面的需求旺盛以外，其余方面的学习需求均呈现下降趋势。

文化方面，专科及其以上学历水平的老年人对于家庭关系方面的学习需求显著偏低，这可能由于这部分老年人由于自身拥有一定程度的文化，一方面对于家庭关系已经有一定的知识技能储备，因此再学习的愿望降低；另一方面，高学历的老人更加注重自我精神的独立，内心更加不容易受周围环境的侵扰，因此对于夫妻、子女乃至隔代方面的学习需求并不高。

经济收入方面，退休收入越高的老人对于家庭关系学习需求越低，这可能

---

[1] 张雷.进化心理学[M].广州:广东高等教育出版社,2007:412.
[2] 栾喜良.2018年中国女性职场调查报告 女性对家庭经济的贡献已经达到35%[EB/OL].新浪网.[2018-03-08]. http://k.sina.com.cn/article_3275115274_c3364b0a0010068nx.html?from=news&subch=zx.
[3] 吕利丹.新世纪以来家庭照料对女性劳动参与影响的研究综述[J].妇女研究论丛,2016(6):109—117.

是收入高的群体相对学历也较高,因此检验结果与文化程度的结果一致。

居住方面,与子女一起住的老年人学习家庭关系的需求高于和配偶一起住的老年人。可见,老年人对于家庭关系的学习,重心在于与子女的沟通以及孙辈的教养等方面。

在是否需要照顾孙辈方面,需要每天照顾孙辈的老年人学习家庭关系的需求显著高于周末陪伴孙辈以及不用照顾孙辈的老年人。可以推测,每天照顾孙辈的老年人,在生活任务的影响下,最需要隔代教养方面的学习。

(二)访谈资料分析

一对一访谈中,老年人关于家庭关系方面学习需求展示的更详尽、更深入、更具体、也更生动。

1."还需要学习一些提高夫妻关系的方法"

少年夫妻,卿卿我我;中年夫妻,忙忙碌碌;老年夫妻,有些相敬如宾,有些却磕磕绊绊。在访谈中,很少有老年人主动提起自己的夫妻关系,而是通过他人的案例来表达学习夫妻关系的重要性。有受访者说:"我的那个朋友跟他老婆话都说不到一起,这日子怎么过? 按理说越老,大家越熟悉,越包容,但是好像不是这样。我觉得有些老夫妻还需要学习一些提高夫妻关系的方法,找到夫妻(关系)的第二春。虽然说大家几十年都非常熟悉了,但是到老了,怎么样增进夫妻感情,有什么方法和技巧,还是可以学一学的。毕竟,大家都希望日子过得舒服一点。"(WSJYY-P6)夫妻依恋也是成年人最为重要的特定依恋之一,[1]老年人的夫妻依恋状况有较大的波动性,[2]相互之间的关系就显得更加微妙。对于重温老年夫妻关系的学习需求,有别于年轻人。年轻人的夫妻关系是指向未来,了解未知;而老年人的夫妻关系,更多的是指向当下、回望过往,比如重新认识自己的伴侣,认知与评估两个人之间已经形成的相处模式等,当然也包括婚恋关系中常见的知识与技能,如爱的表达、亲密关系的维持等知识与技能。学习老年夫妻关系相处之道,夫妻关系更加融洽,就能够满足他们建设美满的家庭生活的心愿。

2."想学点英语,跟得上他的步伐"

父母对子女的牵挂,如涓涓细流。尤其到了老年阶段,父母的生活空间缩减,将那些过去分配给有偿工作的时间重新分配给了家务劳动和休闲活动。[3]

---

[1] Hazan C, Shaver P. Romantic love conceptualized as an attachment process[J]. J Pers Soc Psychol, 1987, 52(3):511—524.

[2] 王岩,王大华,付琳. 老年人夫妻依恋稳定性及其与配偶支持的关系[J]. 心理发展与教育, 2014, 30(4):396—402.

[3] Posel D, Grapsa E. Gender Divisions in the Real Time of the Elderly in South Africa[D]. Dickinson College, 2017:435—463.

在家庭中,老年人的掌管角色变成了依赖角色,与子女保持心理同步的愿望逐渐上升。为此,他们希望学习更多照顾子女的技能以及与子女沟通的技巧。有受访者结合自己的生活,谈道:"我想好好学英语。因为我女儿生活在国外,我要去照顾她。要是我语言不过关,还要她照顾我,这怎么行呢。所以我就想学点日常英语,会说的那种就行,不要太复杂,够用就行。"(WSJYY-P7)同样有受访者表达了学习英语的需求:"我儿子在国外,我也想学点英语。每次打电话好像都说不到什么话,我想我学会了英语,用英语跟他讲话,让他也觉得老妈在学习,跟得上他的步伐,这样我也觉得自己还没老。"(WYPYY-P3)表面看起来,老年人表达的是学习英语的念想,但背后所掩藏的是通过英语来促进家庭关系的愿望。同样,还有受访者表示希望通过学习烹饪来增进家庭氛围:"我想学西点烹饪,我做了一辈子的菜,每次去菜场也都头疼,不知道买什么。以前那个时候也没时间琢磨新的花样,做菜就是为了吃饱肚子,再注重点营养,就差不多了。女儿也习惯了我做的菜。现在,女儿长大了,也结婚了,周末的时候经常来这边吃饭。我就想着要给他们做点不一样的,好吃的,让她觉得这个妈妈还有这么一手,也想让他们能够经常过来吃吃饭,讲讲话。"(WJAPRXD-P2)老年人的英语与烹饪等学习需求,粗看是一种技能提升,细品却发现实则是为了照顾子女,为了与子女更好地沟通。老年人所产生的学习需求是一种间接性的、工具性的需求,希望通过学习这一载体,搭建与子女沟通的桥梁,改变与子女相处的模式,增进与子女交流的广度与深度,得到子女的认同,拉近彼此距离,获取自我存在感,提升家庭欢乐祥和的气氛。

3. "想提前把带孩子的知识学起来"

老人对孙辈的爱,毋庸置疑。但是老人爱孙辈的方式是否科学,值得思考。老年人表示在抚养孙辈的过程中,存在一定的身体压力与精神压力,认为需要更新观念,学习育儿技能。比如,有受访者提到:"我现在也做爷爷了,我孙子出来之后,我平时也给小辈看看孩子,做做家务。我觉得这是应该要做的,一是孩子工作忙,没有时间,需要我们;二来我们不上班了,要更好地照顾家里面,这也算一种社会贡献吧。所以呢,我也想学点怎么带孩子的东西。我孙子现在刚3个月,我就听我儿媳妇讲什么辅食之类的,以前就是喝点米汤,哪像现在这么复杂,讲究科学育儿。我还是要学点带孩子的知识,比如小孩子的辅食怎么加、生病怎么办、小孩子营养怎么搭配之类的,这样他们给我带也放心。"(MSJSM-P6)也有的受访者未雨绸缪,在尚未升级为祖辈之前,就希望学习育儿知识,表示:"以后肯定是我帮儿子带小孩,所以我想提前把带孩子的知识学起来,不然到时候现学怕来不及。"(WYPYE-P4)祖辈带孩子具有三大优势,即经验优势、耐心优势和时间优势。[①] 祖辈丰富的育儿经验,在孩子的健康、做人和道德方面,可以有发挥的空间。祖辈经历人事纷繁,进入晚年,心气平和,加之时间充裕,因此更有耐心教育孙辈。但是,与生俱来的"隔代亲",也会造成溺爱,将"爱"变成了"碍"。因此,老年人希望学习育儿知识,希望更科学地表达对孙辈的爱。他们所需要的,是实操性照护技能的学习,如儿童饮食、儿童安全等方面。对于儿童发展规律、幼儿技能训练等内容,他们所提甚少。但是,照护知识的学习愿望,体现出的是老年人对育儿的重视,反映了他们希望照顾好孙辈、照顾好家庭的心愿,在一定程度上也体现出他们希望与孙辈、与子女同步学习的积极态度。

概而言之,随着老年人家庭角色比重的增加,夫妻关系、亲子关系乃至祖孙关系,成为他们生活中举足轻重的内容。夫妻关系的磕磕碰碰、亲子距离的若即若离、养育知识的陈旧落伍,让他们遭遇生活挑战。他们希望夫妻关系更加和顺、亲子沟通更加顺畅、隔代养育更加科学。他们认为,学习有助于增进和谐美满的家庭氛围。为此,他们萌生了学习的需求,希望学习夫妻沟通技巧、英语、烹饪、育儿等内容,来增进夫妻关系、增加亲子沟通、科学教养孙辈,增进家庭氛围的融洽,让生活更加愉悦、顺心。

## 第四节 学习,为了融入社区群体

老年人角色的转变,除了从权威型转变为平权型、从竞争型转变为休息型、从事业型转变为家庭型,还包括从交往活跃的动态型角色转换为交往活动渐少的静态型角色。[②] 老年人所需要扮演的强制性角色越来越少,相应的社会圈子也会变得越来越小。有些老年人,会主动或被动地缩小交际圈,逐步缩小自己的社交范围;而有些老年人,则会在原有角色丧失的基础上,主动寻求新的角色代替。老年人为了获取新的角色,除了重新回归家庭生活以外,也希望寻求新的群体和组织。他们渴望有团体归属感,由此也萌发了相应的学习需求。

### 一、人际现状:"圈子太小了"

老年人的人际接触变少,社会交往变窄,在一定程度上产生了社会脱离感。但是,老年大学、老年团体的兴起,让他们看到了社会接触的新途径。

---

[①] 陶红亮.隔代教育有绝招——老一代照样带好孩子[M].郑州:郑州大学出版社,2014:2.
[②] 叶乃滋.老年社会学[M].哈尔滨:黑龙江人民出版社,1991:175-176.

（一）"没有生活圈子"

老年人在年轻时的社会交往，以工作为载体，活跃于社会各角落。但是，一旦进入退休状态，难免就产生了"人走茶凉"的状态。有受访者说："我以前电话是不断的，节假日最烦的就是人家给我打电话，因为想自己清静清静啊。现在呢，手机基本上就当闹铃用，还有就是看看手机上的新闻。一到节假日，最想的反而变成了人家给我打电话，想热闹热闹啊。"（MMHDN-P2）还有受访者表示，退休初期体验到是清净的感觉，但是时间长了，就会觉得冷清，甚至孤独："我以前上班很忙，想到终于可以在家休息了，觉得肯定享受。一天两天你很开心，一个月两个月就不对了。因为天天在家，不接触社会，人的反应都要变慢了啊。"（WPDTJ-P6）还有受访者提到："没到上海之前还行，大家都说我挺年轻的，但到上海之后没有生活圈子。你知道我生活圈在老家，（照）看孩子你又走不出去，所以整天抱着孩子，就很孤独，这一下就老了八九岁，是吧。每天面对着孩子，没有自己的生活，好像自己都不在这个社会里面了一样。"（WPDWD-P1）老年阶段的社交，功利性的目的减少，情感性的成分增多，因此建立在工作关系上的交往丧失，人际圈子变得狭窄。再加上一部分"沪漂"老人，由于居住环境的迁移，失去了原有的人际关系，而新的人际又尚未建立，因此人际交往处于断层状态。

（二）"小区里面也有不少老人，但是在一起说话很少"

老年人所接触的人群，主要包括原来的同事、家人、朋友、邻居和陌生人等。同事之间交往变少，已经弱化了老年人的人际圈。加上随着经济体制的改革，人们居住方式的变化，在空间上有限制了老年人的人际交往方式。老年人经历了从计划经济到市场经济的转变，也深感居住环境的变迁，有受访者回忆说："以前都是住大院子的，也都是一个单位，谁家的情况都非常了解，哪家有困难，都互相帮忙的。我们要是下班晚了，就让小孩去邻居家吃个饭，这都很自然的。我女儿小时候不知道在人家吃了多少饭。"（WPDZY-P8）计划经济时代，大多是"单位"制居住环境，形成了一种相对平等、均一的巨型蜂巢式社会地理空间结构，[①]邻里之间比较熟悉，关系较为紧密。但是，由于经济体制和住房市场化的变革，个体不再像过去以单位为物理中心集中居住，迁居的自主性更强，居住的选择更加灵活。如今的居住环境，虽然更宽敞明亮，但是人与人之间却变得陌生。有受访者说道："我们三楼去年搬走了，对门今年又要搬走。以前开门还能讲讲话，现在不知道又要搬来谁了。小区里面也有不少老人，但是大家不太熟

---

① 方长春.中国城市居住空间的变迁及其内在逻辑[J].学术月刊,2014(1):100-109.

悉。"(WPDSJ-P7)所以,老年人居住的空间狭窄,邻里关系疏离,阻碍了人际交往的扩大与深化。

(三)"现在有这么多老年大学、社区学校"

老年人原有社交圈变窄的同时,他们也看到了新的社交空间。老年大学、老年社团的兴起,让他们看到了属于自己的组织。仅上海一地,就有50余万老年人参加了各类老年大学的学习,有60万老年人参加了各类学习团队的活动。① 有受访者提出:"虽然我们退休了,但是国家没有忘记我们,现在有这么多老年大学、社区学校,都是给我们提供了特别好的机会。"(MSJGE-P2)截至2019年,上海市有市级老年教育机构5个,区级16个,街镇级180个,居村委5 503个,社会学习点104个,养教结合学习点93个。② 国家对老年教育的重视与投入,让老年人如沐春风,也让他们看到了社会接触的希望与可能。

## 二、社交扩大:"还是需要跟社会接触的"

老年人面对社会接触范围缩小的事实,并没有自怨自艾,而是渴望走出家门,扩大自己的朋友圈,拓展自己的生活范围。为此,他们表达出社交的愿望,渴望找到自己的组织,希望融入所生活的社区。

(一)"还是需要跟社会接触的"

前文提到,人是社会性动物,社会属性是人的根本属性。从原始时期开始,人们就开始群居,直至演化成现代化文明社会,人们依然以家庭、社区乃至国家为单位进行群居生活。根据马斯洛需求层次理论,人类具有爱和归属的需要,指的就是人都有一种归属于某个群体的感情,希望成为群体中的一员,并相互关心和照顾。③ 正如受访者回应道:"人是个群居动物,你得有交流和社会接触,退休之后看起来谁都不管你,是挺自由,但是没人管,也就没有交流的机会了。我们虽然老了,但还是生活在这个社会上,还是需要跟社会接触的。多看看外面的世界,多跟人接触接触,心情都会不一样。不然每天都是一样的生活,你说闷不闷,生活哪有意思啊?"(WPDWD-P1)研究表明,社会交往和社会支持是老年人良好情绪和生活满意度最重要的预测指标。④ 跨文化研究中,研究者认为

---

① 王嘉露.上海60周岁及以上参加老年大学学习人数超50万[EB/OL].腾讯网.[2018-04-12]. http://sh.qq.com/a/20180412/012499.htm.
② 陈乐,夏荔.沪苏浙皖签约推动老年教育发展[EB/OL].东方网.[2019-05-11]. http://edu.eastday.com/node2/jypd/n5/20190511/u1ai23471.html.
③ 胡家祥.马斯洛需求层次论的多维解读[J].哲学研究,2015(8):104-108.
④ Rowe J W, Kahn R L. Successful Aging 2.0: Conceptual Expansions for the 21st Century[J]. J Gerontol B Psychol Sci Soc Sci, 2015, 70(4): 593-596.

积极的关系是每一种文化中生活满足感唯一的、也是最重要的来源。① 相反,社会隔离则是一个破坏性的因素,它不仅会导致认知和智力的下降,而且会造成身体疾病。因此,老年人需要保持与社会的联系,以各种形式的社交保持智力、情绪及其社会功能。② 保持顺畅而广泛的社会接触,就是老年美好生活的组成部分。

(二)"大家都住在一个小区,还是要熟悉熟悉的"

社区,指由一整套社会关系联结起来的,形成有特定行为规范和生活方式的居住区。社区是将文化和社会联系起来的一个主要环节,能够反映文化、社会和个体之间的联系。③ 对于老年人而言,由于离开工作场所,社区在其生活中所占的比重则相对扩大。为此,老年人希望融入社区,希望与社区中的人建立熟悉、信任的关系。有受访者表示:"我接送孙女的时候,经常能碰到一些认识的老奶奶,就一起去买买菜。大家都住在一个小区,都是来帮儿子带孩子的,还是要熟悉熟悉的,天天见面能聊一聊,能讲讲话,就觉得在这个小区里面没那么陌生了。"(MPDGCW-P3)社区是老年生活中除了家庭以外,活动最多的第一空间。他们在社区的逗留时间最长,社区活动参与率最高,对社区的依赖程度也最高,故而对社区生活的期待相对于其他人群,也是最高的。老年人渴望在社区中建立新的人际关系,渴望熟悉、安全、有归属的社区生活。

(三)"我们老年人需要这样的组织"

团体,是一群人在同一目标共同活动相互作用中形成的结合体。团体是个体社会化的基本单位,也是社会进行治理的组织结构。④ 在老年教育领域,老年学习团体是引起了广泛重视。老年学习团队是指为满足老年人学习和生活需求,有计划、有组织、有指导、定地点、定内容、定时间,借助于文化、艺术、体育、卫生、时事政治等各类学习载体开展活动的组织。⑤ 截至2018年,全市有60万老年人参与了各类学习团队活动,并且孵化出一批五星级学习团队。⑥ 上海的老年学习团队已经产生辐射效应,因此有受访者表示非常向往这样的组织:"我看到上次有个团队就上电视台了,就是我身边认识的人,感觉就特别好。我们

---

① Reis H T,Gable S L. Toward a positive psychology of relationships[J]. Positive Psychology in Practice,2003:129-159.
② 杨宝祥,陈洪涛. 老年社会工作培训教程(全国民政继续教育培训系列教材)[M]. 北京:中国社会出版社,2014:37.
③ 时蓉华. 社会心理学词典[M]. 成都:四川人民出版社,1988:80.
④ 车文博. 当代西方心理学新词典[M]. 长春:吉林人民出版社,2001:369.
⑤ 张少波. 老年教育管理学[M]. 上海:同济大学,2014:181.
⑥ 严远,轩召强. 我国已有6.2万所老年教育机构,810万人在学[EB/OL]. 人民网. [2018-04-11]. http://sh.people.com.cn/n2/2018/0411/c176739-31449086.html.

老年人就需要这样的组织,大家在一起做事,一起学习,一起交流,大家一起取暖,生活有奔头。"(MXHSY-P6)相对于社区,团体更具有组织性,团体中的成员归属感更强烈。[1] 在团体中,老年人将扮演不同的角色,彼此分工合作,共同实现既定目标。活动理论认为,老年人所扮演角色的来源越多,先前因退休导致的角色丧失感就会越少,其自我认知就会越稳定,生活的满意度就会越高。[2] 可以认为,老年人寻求自己的团体组织,就是他们所期盼的美好生活的一部分。

### 三、需求呈现:欲求社区文化类学习,期盼归属的生活

老年人存在着社会交往的需求。社会交往,需要以一定的媒介或活动为载体。学习,就成为不少老年人心中理想的社交载体。老年人认为学习可以和更多的人交流、接触,使生活更加热闹的同时,也可以增加社区的融入感与归属感。

(一)问卷数据呈现

关于学习需求与社会交往的关系,调查问卷中设置了"参加学习能够保持与社会的接触"的题项。该题项平均得分为 4.52 分,高于理论上平均值。其中,52.9%的被调查者选择"非常赞同",35.6%的被调查者选择"比较赞同",约九成的被调查者认为学习可以保持社会接触(如图 4—7 所示)。

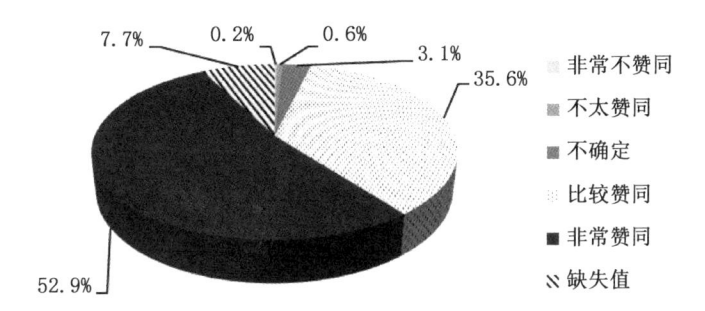

图 4—7 认同"参加学习能够保持与社会的接触"观念的人数比例分布

经差异显著性检验,该题在性别(P=0.000,<0.01)、健康(P=0.000,<0.01)这两个因素上呈现显著性差异,而在文化、经济收入、居住等方面并没有出现统计学意义上的差异(详见表 4—5)。这也证明社会接触是老年群体的普遍需求,不因老年群体的亚特征而呈现明显差异。

性别方面,女性对于学习能够保持社会接触的需求显著高于男性,这可能

---

[1] 宋薇.老年学习团队功能研究[D].上海:华东师范大学,2016:56.
[2] 邬沧萍,姜向群.老年学概论[M].北京:中国人民大学出版社,2016:27.

与男性和女性的社会性表达有关。与男性相比,女性的社交需求往往更加强烈。进化心理学解释道,女性的群居性特征更加明显,而男性的狩猎性特征更加明显。因此,女性更倾向于集体生活,在集体中寻求安全,更加渴望通过学习来增加社会接触。

健康方面,自感身体健康的老年人对于学习能够保持社会接触的认同度更加强烈。身体健康的老年人,在满足了基本的身体安全需要后,会产生更高层次的社交需求;而身体状况不佳的老年人,关注点还停留在生理层面的需求,难以产生较高的需求。

表4—5　认同"参加学习能够保持与社会的接触"观念的差异显著性检验

| 检验因素 | | 均值(M) | 检验值(T/F) | 显著性(P) | 事后检验(LSD) |
|---|---|---|---|---|---|
| 性别 | 男 | 4.371 | −5.336 | 0.000** | |
| | 女 | 4.571 | | | |
| 健康状况 | 良好 | 4.582 | 11.525 | 0.000** | 1>3 |
| | 一般 | 4.571 | | | |
| | 不好 | 4.423 | | | |

(二)访谈资料分析

数据分析发现,老年人通过学习增加社交接触是一个普遍性需求。通过访谈,则能够更加深入理解老年人希望通过怎样的学习来实现社交接触的愿望。

1."通过学习重新建立生活圈子"

对于渴望社会接触的老年人而言,寻求一个组织或者团体,是最简便也是最稳定的一种方式。访谈中,问及老年大学的学员当初为何参加学习时,得到的答案往往是"这里都是老年人,是我们老年人的天地,大家有话聊"。(WMH-WD2-P7)有受访者提到:"我就觉得要接触社会的一个团体,这样才能找到存在感。所以,我就来报名这个学校了。我想,有了班级,有了同学,就是有了一个组织和团体,精神上就好像有了一个着落。"(WXHLS-P1)也有受访者说:"我需要找到一个圈子,找到人一起学点新东西,做点喜欢的事情。所以我就想着来老年大学学习,至少能接触到一些不一样的东西,可以认识一些新朋友,通过学习重新建立生活圈子。"(WPDWD-P1)除了参加老年大学学习,也有老年人渴望参加学习团队,比如有受访者说起:"我想学摄影,一方面想提高自己的技术,还有就是能找到一个圈子,大家水平差不多,爱好差不多,一起去拍照片,可以一举两得。"(MPDSY-P2)在这里,学习对于老年人而言,是一种载体,是一种实现社会接触的介质。通过加入团体性的学习,能够找到和自己有着相同特点、共同兴趣的群体,能够感受被认同的亚文化。老年亚文化,属于亚文化的一种形态,是老年人的生理变化以及社会对老年人的期待和看法促使老年人形成的群体意识。[1] 在老年亚文化群体中,老年人较少感到年龄歧视,更容易找到共同语言,社会沟通和自我认同感也会加强。实际上,老年亚文化起到了帮助老年人发展自我认知、互相协助的作用,有利于增强老年人的社会功能。[2] 因此,老年人渴望在团体中学习,本质上是获得亚文化认同,获得心理上的归属感,优化生活状态。

2."一旦学会下棋,不就能和他们聊到一起了嘛"

老年大学、老年学习团队的活动频率毕竟有限,社区依然是老年人接触最多的生活空间。老年人希望与同辈群体交流,为此希望学习一门技艺用来社交。有受访者提到:"我们小区那个亭子里面,经常有一帮老同志一起下象棋,也有不少人一起看。看着看着,大家聊聊就熟起来了。我自己也想学一学,在家琢磨琢磨。一旦学会下棋,不就能和他们聊到一起了嘛。看新闻嘛,肯定就是跟大家一起聊天有话讲啊。生活就是聊一聊,她们女同志拉拉家常,我们男同志就谈谈新闻。"(MPDJTGX-P5)在社区生活中,不同亚群体的老年人有不同的交流载体:对于男性老年人而言,扑克、象棋可能是最典型的文化载体;对于女性老年人而言,舞蹈可能是最常见的文化形式。有"沪漂"女性受访者说道:"我天天晚上去跳广场舞。以前不会跳舞的,现在每天都在学。"之所以积极参加广场舞学习,是因为"(跳舞)跳着跳着大家都熟了,平时见面打打招呼,问问晚上去不去跳舞,顺便说说话,很自然的事情。这样一来,大家慢慢就熟了,有事没事带小孩在小区里面玩的时候就聊聊天"(WPDWD-P3)。可以发现,老年人的学习需求内容体现出浓浓的社区文化特征,与其所在社区的主流文化形式相一致,目的在于融入社区群体,与社区生活保持同步。

3."想学主持,可以有演出的机会"

老年人除了希望融入同辈团体及社区以外,还希望通过学习走向社会大舞台。如今,老年团队活跃于社会上的各种舞台,他们舞出了生命的跃动,唱响了生命的精彩,绘出了生命的斑斓。这让不少老年人萌发了参加学习、走向社会、登上舞台、展示自我的心愿。有受访者人表示:"我想学主持。因为学主持不是可以有演出的机会嘛,哪怕是小的晚会,我站在那里主持,就可以和更多的人接触。感觉我们老年人就应该要充分地发挥自己、充分展示自己。"(WPDZC-P3)

---

[1] 汝信.社会科学新辞典[M].重庆:重庆出版社,1988:925.
[2] 陈涛.老年社会学[M].北京:中国社会科学出版社,2009:234.

也有受访者表示想学合唱,原因在于:"前几年重阳节的时候,我就看到有老年合唱团在表演。我当时就想,我也可以站在那里演出啊,我也可以去学习啊,也可以再走进社会啊。所以,我就想去学合唱,跟大家一起站在舞台上一起表演。"(WPDHC-P9)老年人渴望学习一技之长,寻求在社会中展示自我风采的机会。他们希望赢得他人的关注与肯定,虽然退出职业舞台,但是依然希望活跃在另外的舞台上。因此,他们的学习需求集中于艺术类、展示类的内容,旨在通过社会舞台展示自我,赢得社会赞许,获得生活满足感。

不难发现,退休缩减了老年人的社交渠道,现代化的居住方式导致老年人同住小区却形同陌路的情况,与此同时,专门为其设立的学习机构与团队也在悄然兴起。因此,老年人寻求充满融入感、归属感的美好生活,他们希望重塑角色、接触社会、融入社区、加入团队。他们认为,学习则能够帮助他们实现寻找群体、融入群体的心愿。为此,他们萌生了学习的愿望,他们渴望加入同辈群体团队共同学习,希望学习社区主流文化与娱乐方式,希望学习各种可以展示的艺术门类,以此加入团队小家、融入社区大家、重返社会大舞台,实现心中的美好生活。

## 本章小结

本章聚焦社会生活世界,分析老年人因社会交往疏离而渴望归属感的美好生活,以及由此引发的社会性学习需求。

在生活状态方面,老年人因为社会规则的部分破坏而感到不安;他们自感身心尚可,依然将工作视为日常生活的一部分;他们的家庭关系发生了新的变化,产生了新的磨合期;他们的人际交往范围缩小,交往空间狭窄。老年人继续社会化过程中所带来的疏离感和不安全感,促使老年人渴望改变现有状态。

规则的无序、就业的潜能、家庭关系的再塑、人家交往的缩减,促使老年人追求更加安全、自由、融合的美好生活。这一章中对于美好生活的向往,在内容上主要体现在希望社会秩序稳定、职业余热发挥、家庭关系融洽以及人际交往广泛等方面。在特征上可以总结为从杂乱到有序、从懈怠到勤恳、从隔阂到融洽、从疏离到归属。

他们认为,学习能够帮助他们实现心中所向往的有序的、忙碌的、融洽的、有归属感的生活。为了实现美好的生活向往,他们一方面期待社会环境更加友好、更加文明,另一方面也认为需要加强自身学习。他们渴望树立长者风范意识并学习各种社会新规、日常行为规范,希望发挥文明传递作用;他们渴望学习就业信息获取渠道、职业技能以及创业知识,希望重返职业舞台、发挥余热并分担子女经济压力;他们渴望学习英语、烹饪、育儿等技能,希望拉近夫妻关系与亲子关系,希望科学养育孙辈;他们渴望加入老年团体的学习,渴望学习社区主流文化及各种表演式艺术,希望融入同辈群体、融入社区、在社会大舞台上展示自我。在他们学习需求的表达中,也出现了不同群体间的差异:老年人对于职业技能方面的学习需求,随着年龄的增长、受教育水平的升高、经济收入的增加、健康状况的下降呈下降趋势;退休前是私营企业主和个体工商户的老年人、与子女共住的老年人呈现出显著偏高的职业技能学习需求。老年人对于家庭关系的学习需求,随着年龄的增长、受教育水平的增高、经济收入的增加呈下降趋势;女性老年人、与子女共住的老年人、每天照顾孙辈的老年人学习呈现出显著偏高的家庭关系学习需求。总之,这些学习需求,都指向着发挥能动性、融入社会的美好生活向往。

# 第五章　不断超越自我：完善自我的学习需求

尼采曾说,"凡具有生命者,都不断地在超越自己"。人类作为生命体的最高形式,具有自我实现、自我超越的需要。个体在中年时对外界活动和个人成就的兴趣就会达到巅峰,当人们行将老去时,这种兴趣就会慢慢下降,进而转向对"自我超越"的追求。荣格认为,老年是个体深入内心并进行深刻反思的时期,其心理目标为"个人化",就是指放弃成年时期务必承担的社会角色,转向追求本真的自我。[①] 老年阶段是最接近生命本真的阶段,对生命真谛的领悟,就是精神世界中最深刻的主题。本章的精神生活世界,就是关于老年群体对自我生命与生活、人类共同生活、自我绝对生命、精神相对生命的所思所感。在教育学家、心理学家看来,有些老年人会彻底否定全部的自我与生活,有些老年人会重新审视并寻找价值与意义。在他们回望人生、展望未来、审视自我、追问意义的过程中,会有怎样的思考与期待?本章将进一步深入老年人的精神家园,集中探讨老年群体的自我超越、自我实现及其寻求生命意义等终极课题及其相应的学习需求。

## 第一节　学习,在于不断自我超越

罗杰斯认为,"所有活的生物都有一种趋向完善和成熟发展的动态变化的心理模式"[②]。尽管每个人都是不完美的,但是几乎每个人都有完美主义的倾向。人到老年,人格趋于稳定,自我概念也愈发清晰。他们在自我接受的同时,也同样存在着自我完善的需求。老年人的自我完善,一方面体现在弥补自身的不完满,另一方面体现在挑战潜能的再开发。老年人对完善自我的需求,就是对成就感和完满感的追求。

---

[①] [瑞士]荣格.荣格自传[M].刘国彬,杨德友,译.北京:国际文化出版公司,2005:287.
[②] 杨绍刚.人性的彰显:人本主义心理学[M].济南:山东教育出版社,2009:10.

## 一、刻板印象:"人老了为什么还要发展"

传统观点认为,人到老年,应该静养,就是应该多休息,少活动,不应再像年轻人一样为施展自己的能力而"折腾"。并且,传统思想对老年人的理解也是衰落的、丧失的、被动的,认为老年人不再抱有自我期待,而只是等待时间的流逝,接受外界的安排。

(一)"她觉得带孩子才是我要做的事情"

在过去漫长的岁月中,老年人几乎都是在含饴弄孙中安度晚年的。这样的生活,老年人没有自我,生活的希望也几乎全都寄托于他人身上。如此传统的观念,至今依然存在。有受访者就说道:"我女儿的宝宝还小,我们两家说好一起带宝宝。有时候,我想出来上课(老年大学)的时候,就让亲家照看一下。但是亲家表示很不理解,她觉得带孩子才是我要做的事情。她觉得人老了,就应该安心在家带孩子,其他事情都不重要。"(WSJWX-P3)在集体主义文化的影响下,个体一直以单位、家庭为中心,很少顾及自己的感受。尤其是老年人,被认为无法创造经济价值,从而愈发被忽视其自我需求。不少老年人也内化并认同了这一观念,认为要以家庭生活为核心,压抑自我,全心全意为家庭服务。但是,发展是人类生存的本能,对于老年群体而言,即便被视为衰落的人群,也同样具有自我发展的需求。

(二)"认为学习是小孩子和年轻人的事情"

在过去教育资源匮乏的情况下,老年人学习,几乎是无稽之谈。老年人不学习,就成为社会的刻板印象。有受访者就说:"提到老人学习,有些人觉得是时尚,但有些人也表示不理解。我也听到说老人还学什么习,还不如把教育机会留给年轻人。就觉得老年人学习是占用资源,是浪费国家财力、物力。因为学习是为了自己发展,是为了以后的生活,但是你们认定老年人不应该有更好的生活,所以认为学习是小孩子和年轻人的事情,不是我们老年人的事情。"(MPDGQ-P2)学习,常常与发展相联系;发展,又常常与希望相挂钩。因此,儿童的学习被视为合理的、正当的、值得投资的学习,因为他们的学习意味着成长,意味着未来国家的希望。而老年人则被视为衰落的一族,是无希望的、无贡献的,因此学习就是占用资源却无所收益。但是,随着学习权观念的普及、学习型社会的建设发展,老年人也应成为学习的主体和接受教育的对象,也同样应该具有发展自我的权利与机会。

(三)"人老了,为什么还要发展"

学习,是持续终身的,其目标是为了人性的发展和人格的完善,是为了人的全面发展。[①] 发展的对象,多指向儿童与青少年,甚至成人,较少提及老年群体。谈及老年人的全面发展,的确有人提出质疑。有受访者就提到:"和老年人谈发展,听起来有点像天方夜谭。人老了,为什么还要发展,要自我完善到什么程度?这些问题好多人会打个问号的。当然,发展是好的,就像你说的自我超越,其实好多人不太清楚。就连我们老年人自身,有些人也意识不到,意识不到自己有发展的权利。为什么我们老年人就不能谈发展?"(MMHYY-P4)由于传统观念中的发展与经济和利益挂钩,因此老年人的发展被视为"无用"的发展。但需要明白与明确的是,人的发展,不仅是生产能力的发展,而且包括才能、道德、志趣的充分的、统一的发展。

## 二、精神力量:"人都想变得更好"

老龄化认知理论认为,对个人行为影响最大的,不是客观上的变化,而是个体对变化的主观认知。认知、情感和动机等因素影响着我们对事件的看法,而主观的调整有赖于个体在人生的各种变化中做出平衡。[②] 老年人虽然接受自己年龄增长的事实,也会把"我们老了"这样的话挂在嘴边,但是仍然有很大一部分老年人能够意识到自我发展的可能性和必要性,并希望不断完善自我。

(一)"人都想变得更好"

古语云,"水往低处流,人往高处走"。每个人都希望自己变得越来越好,希望自己的生活越来越好。老年人也有着自我完善的愿望,有受访者表示:"我觉得自己的字写得不好,虽然说现在写字对我来说已经用处不大,我现在也不用去找工作啊、填表啊、签字啊之类的,但是我还是希望把我的字练练好,就好像是整个人的一部分一样。人都希望自己变得更好,你说是吧?自己变得好了,感觉生活的心情也会更好啊。"(WMHGQ-P2)尽管写字已经不是老年人日常生活的必须事项,但是面对自己写字的弱项,受访者希望寻求改变,这是典型的自我挑战、自我完善意愿。根据埃里克森的人生发展阶段论,人在进入老年阶段后,主要努力的方向就是完善或接近完善。[③] 老年人希望让自己日趋完善,就是希望不断与自己的弱点博弈,与世俗的观念博弈,进一步体现自我的力量。

---

[①] 张引,魏腾飞.人格培养与素质教育[J].国家教育行政学院学报,2001(5):65—67.
[②] [美]K. W. 夏埃,S. L. 威里斯著.成人发展与老龄化[M].乐国安,等译.上海:华东师范大学出版社,2003:19.
[③] [美]杜安·舒尔茨.人格心理学:全面、科学的人性思考[M].张登浩,李森,译.北京:机械工业出版社,2016:107.

(二)"人活着就是要不断自我挑战"

人到老年,不再像青年或中年时期充满着未知和挑战,生活的目标与希望也相应淡化。生活目标与个体的认知、情感紧密联系在一起,体现着个体生活中意义的选择与行动。① 生活目标的模糊,让不少老年人感到不适应,他们希望寻求具体的生活目标,寻求充满期待与生机的生活。访谈中,有受访者就表示:"我一直就喜欢挑战自己,我以前工作的时候,就是接到一个又一个任务,想办法完成后,很有成就感。我觉得人到老了之后,也要给自己一点挑战。人的潜力是无限的,要主动去发掘潜力。当然,也不是乱来的。毕竟我们也是一把年纪了。我的意思就是,要不断给自己设定目标,然后去实现,整个人都会充满活力,生活也有目标,感觉很好。"(MXHHUS-P7)有目标的生活就充满着希望,充满希望本身就是一种美好的生活状态。生活的目标与快乐和幸福成正相关,朝自己的个人目标努力的人更加快乐、更加健康。② 以往研究还指出,高奋斗水平的人身体疾患的几率也更小。③ 无论是身体上还是精神上,生活目标能够给老年人带来的,都是更加健康活力、生机勃勃的状态。

(三)"要把每一天都过好"

积极寻求生活挑战,是一种热情如火的自我超越;而过好当下每一天,看似平静如水,但却蕴藏着无限的生活智慧与自我能量。老年人认为,活好今天,就是对自己的超越,他们将时间轴放在当下,设定每一天的预期,挑战每一天的质量,不断期待当下生活品质的提升与达成。有受访者表示:"我们现在就是把眼前的每一天过好。"(WJATJQ-P3)他们认为:"我们虽然老了,但是我们还是要争取一天比一天好,不能想着一天比一天差。生活都是要一天比一天好的。想那么远,其实没用的。当然,也不是说不看未来,只是说只有今天,我们自己才能够掌握得住。昨天只能回头看看,明天还没到,只有今天最现实。所以,美好生活也就是怎么样把今天过好,每一个今天过好了,那么每一个未来都好了。"(MPDGQ-P6)这样的表述看似对自我发展没有明确的目标,但是从心理健康的角度而言,是一种现实且理智的处事态度,这并不是逃避未来,而是对于未来的一切可能都做好了接受的准备,因此是一种生活智慧。当我们的焦点过度指向未来,可能会被焦虑侵蚀;而当我们的思绪总是停留在过去,又可能会被抑郁绑架。因此,老年人所说的过好眼前每一天,实则是对自我的理解,对生活的彻悟,蕴含着对每一天所抱有的微小却又是真实的希望。

---

① 张钊.个人目标、自我效能感与主观幸福感:一项纵向研究[D].武汉:华中师范大学,2007:5.
② 许迎伟.体育课堂中学生幸福感缺失的原因与对策[J].教学与管理,2010(18):151—152.
③ Emmons R A. Personal Strivings, Daily Life Events, and Psychological and Physical Well-Being [J]. Journal of Personality, 1991, 59(3):453—472.

## 三、需求展现：寻求持续终身的学习，希冀挑战的生活

老年人依然相信自我发展的潜力，并且对自我超越有着一定的要求。而实现这样的愿望，他们将学习视作通达生活心愿的途径之一。

(一)问卷数据呈现

调查问卷中，设置了"参加学习能够让人不断自我挑战"的题项。该题的平均得分为 4.30 分，高于理论上平均值。其中，42.2%的被调查者选择"非常赞同"，37.2%的被调查者选择"比较赞同"，接近八成的老年人认为学习能够完善自我(如图 5—1 所示)。

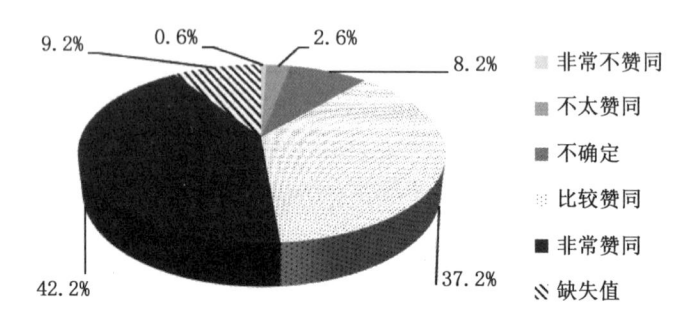

图 5—1　认同"参加学习能够让人不断自我挑战"观念的人数比例分布

经差异显著性检验发现，该题在性别($P=0.000$, $<0.01$)，年龄($P=0.001$, $<0.01$)健康($P=0.000$, $<0.01$)等因素上存在显著性差异(详见表 5—1)。

性别方面，女性对于学习能够挑战自我的认同性更高。年龄方面，65 岁以下的老年人对于学习为了挑战自我的认同性更高。这可能是低龄老人依然对于自我探索保持着热情与积极性，而高龄老人的自我认知已经到达非常稳定的状态，因此对于挑战自我的需求度并不高。

健康方面，自知身体健康的老年人对于学习能够挑战自我的认同度更高。原因可能还是与前面的分析相似，只有在身体健康的情况下，才有更多的心理资源进行自我认知、自我探索与自我挑战。

表 5—1　认同"参加学习能够让人不断自我挑战"观念的差异显著性检验

| 检验因素 | | 均值(M) | 检验值(T/F) | 显著性(P) | 事后检验(LSD) |
|---|---|---|---|---|---|
| 性别 | 男 | 4.108 | −5.231 | 0.000** | |
| | 女 | 4.362 | | | |

续表

| 检验因素 | | 均值（M） | 检验值（T/F） | 显著性（P） | 事后检验（LSD） |
|---|---|---|---|---|---|
| 年龄 | 50～55岁 | 4.432 | 4.032 | 0.001** | 1＞3,1＞4,1＞5,1＞7,2＞4,2＞5,2＞7,3＞4,3＞7,4＞5,4＞7 |
| | 56～60岁 | 4.394 | | | |
| | 61～65岁 | 4.301 | | | |
| | 66～70岁 | 4.151 | | | |
| | 71～75岁 | 4.216 | | | |
| | 76～80岁 | 4.141 | | | |
| | 80岁以上 | 4.056 | | | |
| 健康状况 | 良好 | 4.388 | 15.870 | 0.000** | 1＞3,2＞3 |
| | 一般 | 4.486 | | | |
| | 不好 | 4.153 | | | |

（二）访谈资料分析

在访谈中，也发现老年群体为了不断认识自我、挑战自我、完善自我，产生了学习需求，这些学习需求，看似与休闲性学习的内容相似，但是其学习目标与学习动机却同其存在着本质上的区别。

1."活到什么时候，学到什么时候"

人无完人，每个人都是不完美的。老年人面对自身的不满意之处，希望通过学习来加以完善。同样是上文提到的受访者，她说道："我的哥哥和姐姐的字都写得很好，我的字却拿不出手。以前不觉得，现在闲下来，反而觉得需要学学写毛笔字，不知道会学到什么程度，但是总归越来越好。而且，我妈妈现在九十几岁了，她有时候还会写毛笔字，一直保持着学习的习惯。所以，我更想要像她一样，活到什么时候，学到什么时候。"（WMHGQ-P2）也有受访者认为学习本身就是为了完善自我："我想人的生命是有限的，但是你通过一种学习的方式，可以使自己生命的宽度更宽一点。学习可以使自己增长知识，好像显得更高大一些。是吧？那么看生活的角度也会不一样。"（MXHYY-P2）可见，无论是学习行为本身，还是学习的内容，都是老年人走向自我完善的载体，通过这样的方式，他们希望看到自我的进步与发展，并且这种发展是无止境的，是一直存在，一直向前的，是迎着美好生活的向往款款而来的。

2."我还要学，就去考了十级"

学习本身是一种自我完善的方式，不断设立并挑战更高的学习目标，也是一种学习需求。比如,有受访者希望不断挑战乐器考级,他这样说道:"有一次出差,我在云南腾冲开会,开完会呢,我听到那个葫芦丝很好听。我说怎么那么好听。后来,我连客户都不陪了,找到吹葫芦丝的地方。发现是两个音乐学院的大学生在吹。我一下子就被吸引了,第二天开完会,飞到昆明就买了一个葫芦丝。买回来不会吹也不行啊,我就在上海调研,找了好多培训机构。后来我就在"好莱坞"培训机构学习,再到上海师范大学的一个班学习,最后,我就拜访中国民管学会的葫芦丝巴乌专业委员会的一个常务理事。后来我参加了云南昆明全国葫芦丝大赛,我拿了一个老年组的金奖。拿了奖之后,我还要学,就去考了十级,拿到了云南民族学院的高级教师证。实际上,这些证书对我没什么用处,对吧?名利对我们这些人来讲已经毫无意义。那我为什么要去考证书,要去做这些呢?我觉得我还不老,学习对于我来说,就是一种不断的自我挑战,不断给自己目标,然后实现,我觉得这可能是我需要的。"(MXHHUS-P7)(MX-HHUS-P8)这里的学习,具有强烈的目标性,并且是一种挑战潜能的目标。马斯洛认为,大多人只发挥了自己的一小部分潜力,这一小部分潜力体现在他所说的"高峰体验"上。在人生的高峰期,我们有机会实现自我,成为更加完美的人。马斯洛还指出,大多数完成自我实现的人是成年人,特别是中老年人。[①] 老年人希望去参加考级或者职业资格考试等,就是希望通过有结果的学习,体验自我成就感,体会到生命跃动的旋律,就是马斯洛所指的自我潜能开发和生活高峰追求。

3."钢琴学下去就是无止境的"

老年人所面对未来的岁月是有限的,但是学习却可以是无限的。有些老年人在表达具体的学习需求时,为自己不断设立目标,在于不断自我挑战;然而有些老年人,并没有表达出明确的学习目标,但是却持有坚定的信念,认为就是要一天学得比一天好,比如有受访者这样说:"我女儿一直在学钢琴,后来长大了,钢琴就一直在家里。所以我就想,反正我在照顾孙子的同时,也有时间,不如就学一学。像我学钢琴,不是为了要学到什么水平,而是想就这么学下去。因为我有个信念,我觉得学了一定比不学好,一天学一点,肯定有进步。钢琴学下去就是无止境的。这样我的生活里面就有了信念,因为学习让我相信,生活、人生一定会越来越好。"(MPDGQ-P4)老年人无止境的学习愿望与有限的生命岁月形成了鲜明的对比,他们醉心于学习,希望在学习中不断追求进步,不断超越每一天的自己。他们将美好生活的向往与学习的信念融合在一起,将对生活的追

---

[①] 安民兵.马斯洛需求理论视阈下的失独中老年人个案调查分析[J].中国老年学,2014,34(2):469—471.

求分解在每一个学习的行动当中。

综合来说,社会刻板印象否认了老年人的发展价值,忽视了老年人的生长需求,将老年人定义为被动、停滞的生命状态。但是,对于老年人来说,他们渴望自我成长,渴望自我挑战,渴望用最好的状态活在当下,迎接充满希望的未来。他们认为,学习能够不断挑战自我、完善自我。由此,他们产生了学习的愿望,他们希望参加学习,在永不设限学习道路上,不断超越自我,超越生活。

## 第二节 学习,为了整合过往人生

在埃里克森看来,老年期作为人生的第八阶段,为个人的成长提供了机会。这个阶段的老年人,需要反省其生命,思索其意义和价值,实现人生统整。老年人在反省生命的过程中,要么对自己的一生感到满足,要么对过去的行为表示失望。[1] 在现实生活中,老年人的确会不自觉地回望人生,回顾自己过去的生活,评价过去的人生。他们需要通过整合人生的方式,获得对自己、对生活、对生命更完整、更深刻的认知和体悟。

### 一、过往人生:"岁月匆匆我们就老了"

《钢铁是怎样炼成的》里面有这样一段话:"人最宝贵的东西就是生命,生命属于我们只有一次而已。人的一生应该这样来度过的:当他回首往事时,不因虚度年华而悔恨,也不因过去的碌碌无为而羞耻。"时间,对于每个人来说都是平等的,也是易逝的。老年人回望自己的一生,有诸多感慨,或平顺、或坎坷、或欢喜、或悲苦,都是他们独一无二的人生经历。

(一)"时间都去哪儿了"

老年人,往往在退休那一刻才意识到老年阶段的来临,也只有在告别中年的匆忙,才有可能安静下来回忆过去。老年人感慨人生匆匆,有受访者说道:"有一年春晚上唱的那首歌特别好——《时间都去哪儿了》。以前30岁的时候,觉得40岁还很远,到了40岁,看人家50岁,觉得自己还早。现在,一眨眼,就轮到自己退休了。所以,当时听到这首歌,就特别喜欢里面的歌词。现在我外孙女上幼儿园中班了,但是我有时候还是会把小孙女叫成女儿的名字。好像女

---

[1] 郝红英.埃里克森与毕生人格发展[M].太原:山西人民出版社,2018:147.

儿小时候还是昨天,结果现在她已经当妈妈。时间真的太快了,怎么这么快就走了大半生了呢。"(MPDYS-P7)时间心理学告诉我们,时间之所以会随着年龄增长而感觉消逝得更快,是因为大脑处理熟悉的信息时,会主动加速时间轴;而面对新鲜刺激时,则会放慢时间轴。[①] 当老年人将大半生的经历浓缩在脑海中快速放映时,便会发出时间飞逝的感叹。

(二)"一生的经历应该说还是很丰富的"

生活虽然平凡,但是每一天都有别样的精彩。老年人在大半生的时光里,经历了成家、生子、工作、升迁,甚至乔迁、工作变动、子女成人结婚等一系列重要事件。他们的经历,丰富多彩。有受访者说:"我这辈子,从十八岁参加工作开始,一直到五年前真正休息下来为止,有五十多年的时间。我这一生的经历应该说还是很丰富的。我当过兵,有过军队生活。我也在工厂做过,后来又进了机关,当了领导。退休之后,还帮我女儿管理她的公司,还是做过不少事情的。"(MSJXZ-P6)正如在前文中所述的那样,这一代的老年人,经历了社会动荡时期,见证了改革开放,不少老年人还是下岗、房改的亲历者。新中国成立以来,国家发生了翻天覆地的变化,老年人生活在这个变迁的时代中,他们的生活轨迹也是丰富多彩的。因此,他们乐于谈论自己过去的生活,喜欢回味过往的经历。

(三)"简直可以用'苦难'这个词来形容我这大半辈子"

大部分老年人的生活,虽然难免有缺失或遗憾,但总体趋势是平稳的、向前的。相比之下,另有一些老年人的经历则显得较为坎坷。比如,有位受访者谈起自己的经历,说:"我的一生,你可能都想不到。简直可以用'苦难'这个词来形容我这大半辈子。我出生不算差,年轻时很容易就找到工作,而且工作比较稳定。在人家看来,我应该是那种会过上很平稳生活的人。但是,我第一任丈夫却是一个'奇葩',用现在的话说就是'渣男'。他经常喝酒,甚至还打我。这些我都不敢跟家里人说的。后来我实在受不了,就离婚了。我一个人带着儿子过……后来,40岁的时候,我得了乳腺癌。那个时候,我觉得天都要塌下来了,为什么老天要这样对我……我就化疗,化疗了7、8次,总算从鬼门关里面出来了。但是,你知道伐,有一天我上午跟我老公(第二任)说再见,晚上就再也见不到人了。"(WSJWX-P5)这位受访者所诉说的生活经历,是非常个人化,也是非常典型化的。但是,这也代表了老年群体中,确实存在生活经历异常坎坷的一部分人。这部分人经历过生活的磨难,对生活的所思所感所悟更深刻,可能会

---

① [英]泰勒.时间心理学 时间的快与慢,你说了算[M].张露,译.南京:江苏人民出版社,2012:10.

变得更积极乐观,也可能会更加怨天尤人。

## 二、世代传承:"希望让我的子孙知道爷爷的奋斗经历"

凡是经历,都有痕迹。过去的生活,与如今同在、与个体同在。我们对于过去经历和时间的记忆,被称作情节性记忆。记忆心理学也告诉我们,情绪记忆、情节性记忆、程序性记忆在脑海中存留的时间非常久。[1] 近年来的研究发现,老年人虽然在学习新知识与技能方面的记忆力有所下降,但是他们的记忆在回忆方面与青年人的差异不大。[2] 加上老年人有足够的闲暇时间进行回忆,不容易被外界的纷扰所打乱,因此回忆人生成了很多老年人闲来无事时的必备功课。他们的回忆,为生活增添了乐趣,也是整合人生的必经步骤,实现完满生活的必要环节。

(一)"希望能够把以前快乐的事情都记下来"

"喜欢回忆过去",成为老年的象征。回忆过去,不仅仅是回忆事件本身,更多的是对当时情绪状态的重温。有受访者就怡然自得地回忆道:"我现在就特别喜欢回忆小时候的事情。那个时候虽然很苦,没什么东西吃,但是真的很开心。想到我们小时候玩的游戏,还有下田插秧、喂猪、赶集、卖甘蔗、看露天电影。每次想到那个时候,心情都会变好。并且还特别喜欢跟我们有差不多经历的人一起聊以前的事情,一说起来就停不下来。所以啊,我就特别希望能够把以前快乐的事情记下来,我相信肯定有很多人都会有同感的。"(WSJWX-P5)老年人喜欢回忆,已经是公认的事实。关于回忆的一项早期研究发现,喜欢回忆过去的人患抑郁症的可能性较小。一些研究人生回顾的心理学家认为,回顾可能是一种防御机制,帮助人们调整过去不好的回忆。[3] 在这个意义上,回忆可能被定义为老年人的适应性行为,是值得提倡的。回忆和人生回顾有助于一些老年人强化自我形象。通过回顾过去,老年人可以提升自尊心,加强与同龄人的团结。一些老年学家提出,回忆和人生回顾对于不再活跃的老年人具有非常重要的价值。[4] 老年人喜欢回忆过去,看似是一种倒退,但本质上是一种别样的向往温馨、渴望快乐的生活状态。

(二)"希望让我的子孙知道爷爷的奋斗经历"

有些老年人回忆回去,意在品味其中滋味,实现了自我的精神满足;而有些

---

[1] 黄希庭.人格心理学[M].杭州:浙江教育出版社,2002:89.
[2] 王铭维.老年心理学[M].重庆:西南师范大学出版社,2015:135.
[3] Brennan P L, Steinberg L D. Is reminiscence adaptive? Relations among social activity level, reminiscence, and morale.[J]. Int J Aging Hum Dev,1984,18(2):99-110.
[4] Haight BK. Reminiscing: the state of the art as a basis for practice[J]. Int J Aging Hum Dev, 1991,33(1):1-32.

老年人回忆人生,则是希望给子孙留下家族记忆。他们认为,存留在祖辈身上的记忆,是家族的财富,也是家族中值得被记住的部分。正如有受访者说道:"前面我也跟你说了我这一生大概的故事,我这一生就是奋斗的一生,我希望让我的子孙知道我的奋斗经历。我们所经历的时代和故事,可能以后他们都没机会感受到,但是在我身上的这些故事,我觉得对他们来说很新奇,也应该会受到鼓舞,知道家族中还有这样一位爷爷,知道我身上也有奋斗的基因。"(WSJWX-P6)相较于单纯回忆过去的老年人而言,这部分老年人希望能够从过去的生活中提炼精神力量,并且希望这种精神力量能够得到延续。这种精神的延续,更像是老年人自我生命的延绵。因为从生理学角度而言,子孙后代是生命的繁衍,人类具有延续自我的本能,老年人希望让子孙后代了解自己过往的人生,就是一种精神层面的自我繁衍。这种繁衍,超越了老年人有限的生命,指向更长远的生命长河。而这生命长河的流淌,正是老年人所期盼美好生活的样态,是一种超越了自我存在的生活。

(三)"我希望用我的故事开导更多人"

有些老年人希望让自己的子孙延续家族文化基因,还有一些老年人则乐于与他人分享过去的经历,希望用自己的故事开导更多人。有受访者这样说起:"你刚刚听到我说的这么多故事,肯定觉得不可思议,对伐?其实我给很多人讲过我的事情,我也用我的故事开导他们。有次,我身边有同学生了大病,情绪很郁闷,我就把我的事情讲给他听,他听了很感动……我不忌讳谈论我的过去,包括我嫁了渣男,还有自己只有半边乳房,这些说出来都没事的,但是对别人来说可能就是一种激励。像我这样的人,都可以现在好好活着,那生活中还有什么跨不过去的坎,你说是不是?所以,我希望用我的故事开导更多的人,让更多人看到美好的生活。当这么做的时候,我也学会更加珍惜生活,也会觉得很满足。"(WSJWX-P6)老年人希望用自己的经历鼓励他人,希望自己经历中的积淀与能量为他人点亮生活之光。这样的回顾,充满了对过去人生的肯定,点亮的不仅是他人的生活,也是对自己生活的感恩,从中更加深刻地感悟生活的意义和生命的价值所在。所以,苦难只是磨砺者的过去,而他们希望用这样的过去,帮助他人领悟美好生活的真谛。这种样态,就被老年人定义为是一种基于自我经历的、超越自我磨难的、鼓励他人精神的美好生活。

## 三、需求展现:寻求人生整合类学习,希冀延绵的生活

青山易老,岁月有痕。老年人大半生的经历,记载着岁月的荣光,也承载着时代的印记。他们乐于回顾人生,整合思绪,并感悟尤深。他们希望把自己人

生中的正能量留给子孙或分享给更多的同伴,进而感受自我生命的延续。为了实现这一愿望,他们希望学习撰写回忆录,学习用更多方式记录岁月历程。

(一)问卷数据呈现

调查问卷中,设置了"参加学习能够更好地整合人生"的题项。该题的平均得分为4.38分,高于理论上平均值。其中,42.6%的被调查者选择"非常赞同",38.3%的被调查者选择"比较赞同",超过八成的老年人认为学习能够整合人生(如图5—2所示)。

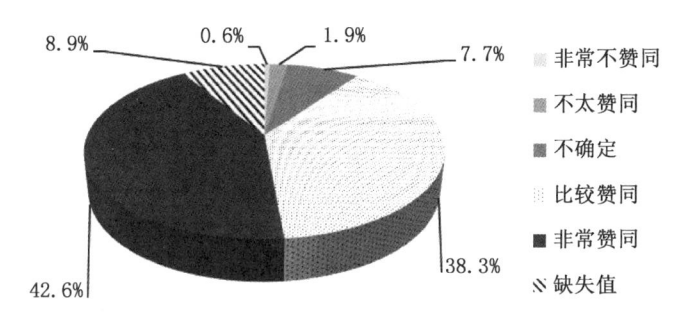

图5—2 认同"参加学习能够更好地整合人生"观念的人数比例分布

经差异显著性检验发现,该题项在性别(P=0.000,<0.01),年龄(P=0.001,<0.01),健康(P=0.000,<0.01)等因素上存在显著性差异(详见表5—2)。

性别方面,女性对于学习能够整合人生的认同度更高,这可能是在回顾人生的过程中,情绪性和故事性的记忆较多,而女性较为擅长并喜爱此类方式,所以对于学习能够整合人生认同度更高。

年龄方面,65岁以下的老人对于学习能够整合人生的认同度更高,这与现有的理论有一定差异。现有的理论认为老年人随着年龄的增长,更倾向于回忆过去,整合过往人生。

健康方面,自我感知健康状况良好的老年人对学习能够整合人生的认同度更高,这是因为健康的老年人有更多精力去关注精神世界,才有心理能量去回顾人生、整合人生。

表5—2 认同"参加学习能够更好地整合人生"观念的差异显著性检验

| 检验因素 | | 均值(M) | 检验值(T/F) | 显著性(P) | 事后检验(LSD) |
|---|---|---|---|---|---|
| 性别 | 男 | 4.100 | −6.411 | 0.000** | |
| | 女 | 4.397 | | | |

续表

| 检验因素 | | 均值(M) | 检验值(T/F) | 显著性(P) | 事后检验(LSD) |
|---|---|---|---|---|---|
| 年龄 | 50～55岁 | 4.432 | 4.110 | 0.000** | 1＞4,1＞5,1＞7,2＞4,2＞5,2＞7,3＞4,3＞7 |
| | 56～60岁 | 4.421 | | | |
| | 61～65岁 | 4.338 | | | |
| | 66～70岁 | 4.176 | | | |
| | 71～75岁 | 4.240 | | | |
| | 76～80岁 | 4.250 | | | |
| | 80岁以上 | 4.053 | | | |
| 健康状况 | 良好 | 4.405 | 12.530 | 0.000** | 1＞3 |
| | 一般 | 4.314 | | | |
| | 不好 | 4.197 | | | |

(二)访谈资料分析

以上分析,表明老年人认为学习能够帮助他们回顾并整合人生。在具体的学习需求方面,通过访谈了解到他们渴望学习撰写回忆录、学习照片处理技术乃至学习心理咨询等内容。

1."想学写回忆录"

很多老年人爱回忆,但有些人仅仅限于回忆,而有些人则希望把回忆的事情写下来。诚然,至于如何写回忆录,老年人并不熟悉,从而希望进行学习。有受访者说道:"我曾经写过一本书,叫《蓝宝石的回忆》,写的是我和我老伴这么多年在一起的生活。我觉得写这个很有意思,一边写一边回忆。所以,我想写更多关于我一路走过来的故事。我想学写回忆录,用更好的方式来把我这一生写好。人的一生是奋斗的,唯有奋斗才能成功。所以,在回忆录中怎样把这个主题表达出来,我觉得还是要学习的。"(MSJXZ-P6)回忆录是回忆本人或他人过去的生活或事迹的纪实性文体,以真实事件为基础,具有一定的文学加工色彩。① 撰写回忆录,可以充实老年生活,帮助人们更加理性而深刻地总结人生的经验,领悟生活的真谛,收获心灵的满足,珍惜当下的美好生活。因此,老年人渴望学习撰写回忆录,一方面是学习回忆录的体例标准,另一方面是学习撰写的表达技巧,在边回忆边记录中,对自己的人生有一个完满的交代。

---

① 余家宏,宁树潘,徐培汀,等.新闻学简明词典[M].杭州:浙江人民出版社,1984:133.

2."想学视频制作"

用文字记录人生,是最为传统的,但也是最常见、最常用的方式。随着新媒体时代的到来,照片、视频等媒介在生活中所占的比重越来越大,不少老年人也希望用这样的方式来纪念自己的过去岁月。有受访者说:"我去过好多地方,中国大概就西藏就没去,外国大概就是南北极没去过。我去了这么多地方,拍了好多照片,这些都是我过去生活的样子。所以,我就想学那个视频制作,把这些美景都放在一起,按照时间顺序整一整照片,做一些视频。等到以后走不动的时候,还可以自己看看,还能想起年轻时的样子,还能回忆回忆当时的情形。毕竟,照片里面的、视频里面的就是我,不管是以前的我,还是现在的我,都是真实的自己,你说对伐?"(WXHDN-P7)照片或视频,能够更加形象、直观地还原具体的场景。老年人希望学习视频制作等技术,利用照片串联一生的时光,同时赋予情绪感受,锁定美好时光。他们不仅想要学习具体的视频制作技术,而且需要学习思想情感上的表达艺术,以便更准确地展示生命力,表达心中对生活的热爱。

3."我需要再学习一些心理调适的东西"

老年人面对自己的人生经历时,大多是平静而客观的,能够接纳过去的经历,并将其视为自我的一部分。然而,也有一些老年人,对自己的一生都存有不满,不能心平气和地接纳生活。对于他们来说,虽然可能自感痛苦,却也意识不到问题所在。作为旁观者的同龄人,则认为他们需要学习老年心理调适的内容,比如有受访者说道:"以前的时候靠拼命地工作,拼命地写东西,现在也没有这个环境,所以就告诉自己一切都是退一步海阔天空,我不能解决的我就不去问了,我就管好自己,实在不行了就出去走走。但是,我身边一直有这样的老人,一直谈论过去什么什么情况对他不好,什么什么事情不公平,他怎么怎么可怜,像祥林嫂一样。他还是活在过去,或者说,还不能接受事实,需要学习一点老年人心理调适的内容。说不开心,哪个人还没个不开心的时候。但是都活到这个年纪了,还在那愤愤不平,不能与生活和解,心理就有点问题了,就需要辅导了。这部分人身上负能量太多,对他自己,对别人的生活都不好。就像你问的什么是美好生活,我觉得他能够接受生活的安排,看清生活,不抱怨,就是美好生活。"(MSJGE-P8)这里所说的老年人心理调适,其实就是对自己过去的接纳、认知乃至整合。按照埃里克森的说法,整合意味着,能"接纳自己唯一的生命周期,并将其作为不得不存在,且不允许有任何替代的事物"。① 也就是说,无论一生是否顺利,无论经历了哪些快乐和痛苦,都应把它作为一段独特的经历

---

① 郝红英.埃里克森与毕生人格发展[M].太原:山西人民出版社,2018:147.

接纳下来,接纳自己的生命是完整的、独一无二的事实。如果不能完成整合,个体就会感到痛苦。释怀过去是为了放眼未来,放下抱怨是为了迎接美好。因此,老年人需要学习如何正确面对自己过去的人生,面对得与失、悲与乐。

显而易见,回顾人生是老年阶段的发展任务,老年人在回望人生时,深感虽时光匆忙,却经历丰富。因此他们热衷回忆过去的美好瞬间,希望子孙传承自己的精神能量,希望用自己的经历鼓励更多人,让自己与他人的生活充满更多正能量。他们认为,学习能够帮助他们更加理性地看待人生,传播能量。因此,他们希望学习撰写回忆录、制作照片视频、心理调适等内容,为了用更多的方式记录生活的痕迹,更好地接纳过去的生活,整合自我的人生。

## 第三节　学习,为了面对未来岁月

上一节集中描述了老年人如何看待过去,而摆在老年人面前的还有另外一个问题就是怎样面对未来——怎样面对未来岁月的不再绵长?怎样面对苍白无力的临终阶段?怎样面对身边亲朋好友的生死离别?老年阶段的重要任务之一,就是接受生命不可避免的结局。坦然面对生命终结的事实,对生命终结预期的成功应对,被视为是人到晚年最重大的成就。[1] 因此,老年人在最接近生命终结的阶段,对生与死的问题有哪些彻悟,又有哪些期待?

### 一、时间感悟:"生死是不可逆转的事情"

"To be or not to be, that is a question."生与死,既是哲学问题,又是科学问题,更是人类共同面临的问题。如果老龄化威胁到人类长久以来所深信的价值观(例如渴望独立和掌控自己的生活,希望得到社会的尊重),那么社会和个人就会竭力回避甚至否认衰老。因此,拒绝衰老和抗拒死亡是人们普遍存在的心理。老年人的生死观,被认为是考察其精神状态、理解其幸福的关键。[2] 衰老与死亡,对年轻人而言,似乎有些遥远;但是对于老人,恰恰就摆在眼前。

(一)"我们不忌讳谈论这个问题"

在过去,谈论生死是受到禁忌的。在家庭教育中,晚辈不被允许在老年人面前提"死亡"这个字眼;在一般的社会交往中,人们也常常会回避这一话题。

---

[1] 崔丽娟,丁沁南. 老年心理学[M]. 北京:开明出版社,2012:128.
[2] Michael, Robert T, Becker, et al. On the new theory of consumer behavior[J]. Swedish Journal of Economics, 1973, 75(4):378.

但是,为了收集更完整的资料,笔者不得不与老年人谈论这个问题。所幸,提起死亡问题,受访者却大多不予回避,表示:"我们不忌讳谈论这个问题,因为这是一个很正常的事情。越是遮遮掩掩,越是表示有问题。"(MPDYY-P8)同时他们也表示:"但是这个问题要是问我们的父母,估计他们会有想法的。我们这一代总体来说比以前开放,所以别人在我们面前提这件事情,我们也能接受。"(MP-DYY-P8)新时代的老年人受教育水平有所提升,综合素养也有所提高,不忌讳谈论该问题。但是,笔者也关注到了一个细节,就是访谈时没有受访者会主动提及这一问题,只是在被提问时,礼貌地给予回应,甚至在回应时,也很少提到"死"这个字眼,而是用别的词语来代替。可以推测老年人面对死亡,在理性上能够较为科学的认知,但是在情感上,依然将其视为沉重的话题。国内另有研究也表明,老年人存在着恐惧死亡的心理,而且会表现出言行不一的情况,即口头上表现为不怕死,但是在生死态度上则会表现出惧怕死亡。[①]

(二)"生死是不可逆转的事情"

所谓"月有阴晴圆缺,人有悲欢离合",无论是直面还是回避,"生离死别"是生活中无法回避的问题。不少老年人对生死问题有着自己的理解,有受访者认为:"人终有一死,或重于泰山,或轻于鸿毛。这句话说得有点大,但其实对我们普通老百姓来说,生死是不可逆转的事情,是不是? 就算你害怕,但也还是会来的。"(MMHYY-P6)也有受访者表示:"我身边有朋友信佛的,他们就相信人不在这个世界,就去了另一个世界。当然,我不能否定,但是每个人有自己的看法。"(WPDZY-P8) 关于生死问题,中国的文化强调"乐天知命",即从大局与整体角度出发,以对社会秩序的认同为基础,以伦理为谱系,以道义为支撑,顺从生死安排。[②] 西方文化强调"热恋生存",注重追求今生的欢愉生活,淡化死亡的灰暗色彩,倡导人们活在当下,乐在当下。[③] 在人生观、价值观多元的时代背景下,老年人对于生死问题的认知,也持有不同的看法。

(三)"这几年听到身边同龄人走的也不少"

每个人的一生中都会经历生死离别的瞬间。随着年龄的增长,老年人自感经历的离别之事愈发增多。有受访者说起:"前一段时间又听说我们一个初中班长走了。其实年纪也不大,听到这个消息也蛮意外的。不过,这几年听到身边同龄人走的也不少。你就感觉人突然间就不在了,虽然不经常见面,但是听听心里还是难过的。"(WPDKF-P4)悲欢离合,一方面包括是自己与这个世界的

---

[①] 陶孟祝.关切老年生命质量[D].上海:华东师范大学,2017:113.
[②] 夏媛媛.中西方生死教育的发展与区别及原因探讨[J].中国高等医学教育,2011(5):1—2.
[③] 李高峰.生命与死亡的双重变奏:国际视野下的生命教育[D].上海:华东师范大学,2010:7.

分别,另一方面还包括接受他人与自己的永别。老年人的交往对象,多为同辈群体,因此发生离别的概率也就更高。可以说,面对生死,无论是指向自身,还是来自他人,都是老年人生活中的必然部分。

## 二、生命期待:"要正确对待死亡这个问题"

没有生就没有死,死亡必然妨碍永生。虽然人人都明白"人皆有死"的道理,但是真正与生活说"再见",也是一件非常困难的事情。老年人面对未来的曲终人散,面对眼下的生活时,他们没有表现出消沉的状态,而是希望能够悟透生死,过好当下每一天,最终有尊严地离开。

### (一)"要正确对待死亡这个问题"

老年人虽然在时代的浪潮中摸爬滚打,在人生的经历中起起伏伏,但是面对人生终极问题的拷问,他们仍然心存畏惧。对于此,有些老年人不逃避、不回避,希望看透生死,让自己活得更明白。有受访者指出:"一个人你要正确对待死亡这个问题,特别是对待自己的死亡,这个很重要。因为有的人一查出癌症,很快就死掉了。他不是癌症病死的,而是吓死的。但是你如果懂得了这些道理以后,你就会明白一个人来来去去都是很正常的,明白了之后,你才会生活得更好。"(MMHGQ3-P8)从辩证唯物的理论出发,生老病死犹如"阴晴圆缺",是个人与社会的自然规律。对每个人而言,死亡都是必然结果。正如德国"国家主义之父"约翰·费希特(Johann Gottlieb Fichte)所说的那样:"对我们自己而言,死亡之时就是一种崭新的、更为壮丽的生命诞生之时。"[①]老年人是最接近死亡,也是最接近重生的群体,对他们而言,生活的平和之气来源于对死亡的正视与接纳,生活的忧虑之心也恰恰是对死亡的恐惧与逃避。[②] 生死是老年人生活中的必修课,虽然听起来并不美好,但是一旦能够修炼好这门必修课,必将有助于他们实现心中的美好生活。

### (二)"要'活在当下'"

"来日方长"是年轻人的常用语,而"时日不多"则成为老年人自言自语的口头禅。老年人面对未来的时间,有一种走得快的错觉。人的年纪越大,大脑中与时间知觉相关的化学物质水平改变就越多,因此感觉日子过得越快。[③] 老年人虽然感觉时间飞逝,乃至时日无多,但是他们并没有沉溺于对未来岁月的恐

---

① [德]J.G.费希特.论学者的使命人的使命[M].梁志学,沈真,译.北京:商务印书馆,1984:2141.
② 姜德珍.老年人应树立健康的生死观[J].中华保健医学杂志,2003,5(1):55-56.
③ 欧飒.为何老年人觉得时间过得快?[EB/OL].新华网.[2016-04-27]. http://www.xinhuanet.com/world/2016-04/27/c_128934033.htm.

惧之中,而是希望获取积极的生活态度。有受访者认为,未来是虚设的,而当下才是真实的:"想那些也没有用,生死不由人,不如开开心心地过好现在的日子。老是想那些让自己担心害怕的事情,搞得自己心情也不好,生活也过不好。老是想着'死'不'死'的,哪有时间好好'活'着?当然,我这句话可能讲得有点重了。但是我听了那个心理学的讲座,就是讲焦虑的人,就是看不到眼前的美好,总是担心将来会发生什么。不是有一句话讲的么,要'活在当下',今天的生活就是最好的生活,今天我好好活着,就很幸福,你说是不是?"(WYPYE-P7)老年人认为,"活在当下",享受当下生命,就是一种美好生活。同样,日本心理学家也将"为今天而生"概括为老年人应有的生死观,并认为这是老年人幸福生活的准则。[①] 可见,着眼于当下,是老年人面对未来必将到来而又无法改变的事实时,所采取的一种现实的生活态度,也是对生命最淳朴的珍重。

(三)"希望自己走的时候还能有尊严"

离别不因人的意志而改变,每个人都将面临生命终结的时刻。对于老年人而言,他们最质朴的愿望不是长生不老,而是有尊严地离世。有受访者满心悲痛地说起:"我妈妈当年在医院的时候,浑身插满了管子,非常痛苦。那个时候,我在照顾她,看到她痛苦,我也很难受,我就觉得整个人都没有尊严。我知道,她已经不想再接受治疗了,只想早点结束这种痛苦。但是作为子女,我们不可能放弃治疗。我当时也非常难受,真的。所以那一幕一直在我脑海中。我妈妈去世已经三年了。现在,我也退休了,也老了,我希望等到我走的那天,可以有点尊严,不要再像我妈妈那样了。"(WYPCG-P4)这不仅是一位老人的心声,还有受访者们也表示:"最后的关头,不要在医院里耗着性命"(MPDYS-P7),"如果生了大病,不要在医院里面变得人不像人,要体面地走"(WPDZY-P8)。医学的进步可以延长生命,但是无法阻止死亡。尤其在最后的临终时刻,发达的医技给老年人带来的,是希望与绝望的交替。希望在于对生命的延续,绝望在于对尊严的摆布。老年人渴望有品质的生活,哪怕面对最后一刻,他们也希望寻求尊严地告别亲人,体面地离开人世。

## 三、需求展现:寻求生命教育类学习,希冀从容的生活

面对生死离别,老年人希望在世时从容生活,谢世时尊严依旧。这样生活愿望的达成,一部分依赖于社会资源的供给,但更多则有赖于老年人的精神顿悟。因此,他们希望在思想上与死亡和解,升华生命的境界,提升生活质量。

---

① [日]井上腾也,长屿纪一.老年心理学[M].江丽临,等译.上海:上海翻译出版公司,1986:226.

### (一)问卷数据呈现

问卷调查中,关于学习需求与生命认知,设置了"参加学习能够让人从容面对生老病死"和需要学习"关于生命教育(如生命的周期、生命的价值、面对死亡、人生经历分享、撰写回忆录等)"内容这两个题项。

题项"参加学习能够让人更从容的面对生老病死"的平均得分为4.19分,高于理论上平均值。其中,38.2%的被调查者选择"非常赞同",36.2%的被调查者选择"比较赞同",总有超八成的老年人认同学习能够让人对待生死问题更从容(如图5—3所示)。

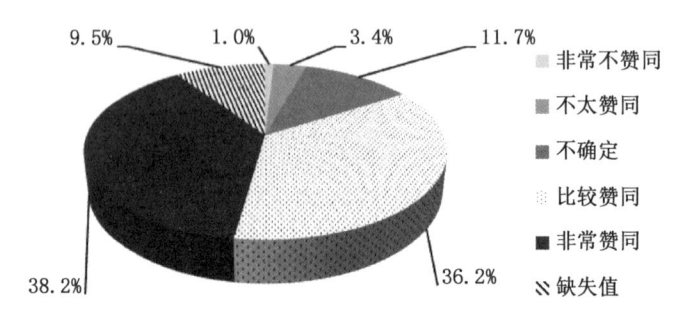

图5—3 认同"参加学习能够让人从容面对生老病死"观念的人数比例分布

经差异显著性检验发现,该题在性别(P=0.001,<0.01),健康(P=0.000,<0.01)等因素存在显著性差异(详见表5—3)。

性别方面,女性相较于男性,对学习能够更好地理解生命与死亡这一观点的认同度更高。这可能是由于生命与死亡这一话题,牵动的情绪较为丰富,而女性的情绪感知与情绪需求比男性更强烈,男性更倾向于理性,对待生死问题更容易从辩证客观的角度去理解与接受,而女性则需要更多的情感抚慰与意念暗示。

健康方面,自感身体健康的老年人对学习能够理解生命与死亡的认同度更高,而身体状况不佳的老年人,对此话题的认同度并不高。这可能是身体状况不佳的老年人,疲于应对健康,对于生命意义的追求,失去了信心,而是被动等待的态度,因此对于学习是否能够增加对生命的理解,兴趣并不高。

表5—3 认同"参加学习能够让人从容面对生老病死"观念的差异显著性检验

| 检验因素 | | 均值(M) | 检验值(T/F) | 显著性(P) | 事后检验(LSD) |
|---|---|---|---|---|---|
| 性别 | 男 | 3.960 | −5.904 | 0.000** | |
| | 女 | 4.270 | | | |

续表

| 检验因素 | | 均值（M） | 检验值（T/F） | 显著性（P） | 事后检验（LSD） |
|---|---|---|---|---|---|
| 健康状况 | 良好 | 4.28 | 14.100 | 0.000** | 1>3 |
| | 一般 | 4.29 | | | |
| | 不好 | 4.03 | | | |

在"关于生命教育（如生命的周期、生命的价值、面对死亡、人生经历分享、撰写回忆录等）"的学习需求中，平均得分为3.82分，高于理论上平均值。其中，22.7%的被调查者选择"非常需要"，36.7%的被调查者选择"比较需要"，总共有六成不到的被调查者表示需要生命教育方面的学习（如图5—4所示）。

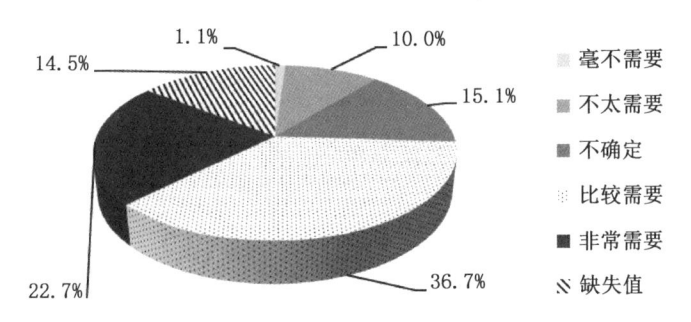

图5—4 需要学习"生命教育"内容的人数比例分布

该差异显著性检验发现，该题在性别（P=0.025，<0.05），年龄（P=0.005，<0.01），健康（P=0.014，<0.05）等因素存在显著性差异（详见表5—4）。

性别方面，女性老年人对于生命教育的需求显著高于男性，这同样与女性的情绪需求更为强烈有关，与上文中的推测相一致。

年龄方面，60岁以下的老年人对于生命教育的学习需求显著偏高。该结论与理论推测存在一定出入，生命教育的理论推测中，高龄老人由于外在的活动减少，内省性的需求增加，[①]因此对生命的学习需求呈增加状态。但是本书中低龄老人的学习需求更为强烈，这可能与低龄老人的积极状态有关，低龄老人总体的学习需求更强烈，求知欲相较于高龄老人更加旺盛，对于各项知识的学习需求都较为强烈，因此对于生命教育的学习需求更为强烈。

健康方面，自感身体健康的老年人对生命教育的学习需求更为强烈，其原因可能仍然在于生理健康和心理资源的关联，即生理越健康，其能够使用的心

---

① 郝恩河，谷传华，张菲菲. 老年人生命教育研究进展[J]. 中国老年学，2014(14)：4 093—4 095.

理资源越多,因此对外界的关注与学习需求越强烈。

表 5—4　　　　需要学习"生命教育"内容的差异显著性检验

| 检验因素 | | 均值（M） | 检验值（T/F） | 显著性（P） | 事后检验（LSD） |
|---|---|---|---|---|---|
| 性别 | 男 | 3.960 | −5.904 | 0.000** | |
| | 女 | 4.270 | | | |
| 年龄 | 50～55 岁 | 3.945 | 3.120 | 0.005** | 1＞5,1＞6,1＞7,2＞5, 2＞6,2＞7,3＞5,4＞5 |
| | 56～60 岁 | 3.926 | | | |
| | 61～65 岁 | 3.796 | | | |
| | 66～70 岁 | 3.779 | | | |
| | 71～75 岁 | 3.551 | | | |
| | 76～80 岁 | 3.514 | | | |
| | 80 岁以上 | 3.444 | | | |
| 健康状况 | 良好 | 3.876 | 4.538 | 0.011** | 1＞3 |
| | 一般 | 4.000 | | | |
| | 不好 | 3.718 | | | |

(二)访谈资料分析

通过访谈,发现老年人关于生命与死亡学习方面存在更深入的需求,主要包括生命的科学,生命的信仰,以及心理咨询方面的需求。

1."我们需要生命教育这样的课程"

生死课题,是老年阶段的必经任务;生命教育,也应该成为老年人的必修功课。不少老年人表示自己是第一次听说生命教育,但同时也认为自身应该接受生命教育。有受访者说:"老年人为什么害怕死亡,主要是因为不了解,所以就逃避。未知让人充满恐惧,越是不去了解,就越害怕。作为新时代的老年人,我们需要开设你刚刚说的生命教育这样的课程。虽然有些人可能不愿意去学,但是还有部分老人是愿意去了解的。或者可以采用讲座等形式,让大家都能学习。"(WPDZC-P8)死亡往往为老年人所忌惮,但唯有勇敢地面对死亡才有活泼的人生。老年生命教育的目的在于:帮助个体发展出对生命和死亡的看法;帮助人们将死亡视为生命正常的终结;帮助人们对自己的死亡有所准备。另有研究也指出,对老年人开展生命教育是非常必要的,一是帮助老年人正确理解人的生命和死亡,二是帮助老年人正确处理生命和死亡的复杂关系,三是帮助老年人缓解和消除现代生活方式带来的无归宿感和孤独感,能够帮助老年人更好地认识由自然生命、社会生命和精神生命构筑而成的生命体,激发老年人寻觅生命的意义、充实生命的内涵、提高生命的品质,达到"向死而生,转身去爱"的境界。[①]

2."我们老年人需要学一学生命的信仰"

关于生命教育,有两大基本任务:一是关于生命科学的理解,即生命的起源、发展以及周期等,属于自然科学流派;二是关于生命的信仰,即生命的态度、敬畏等,属于哲学流派。这两大流派,都是老年人所需的。比如,有一位颇有思想的受访者结合自己看到的新闻说起:"前段时间,我看到一个新闻,是我们国家一个还算有点名气的老先生,申请去瑞士安乐死。他很平静,也很安宁。我觉得这是需要的,我现在需要的,就是学一点关于对生命更深刻的理解,我已经走过一生,我有很多经历,对生命有很多感悟,也可能有更专业的生命方面的内容,我想去学习,学习衰老的产生、死亡的到来、生命的态度等内容,应该给自己、给更多老年人建立超脱自我的生命状态。"(MPTSM-P2)这属于自然科学流派的学习需求表达。揭示生物死亡的必然过程,让老年人认识到什么是生者必有死这一自然规律,就可以在一定程度上消除他们对死亡的焦虑。[②] 然而,并非所有老年人面对生命教育都秉持自然科学流派的思想。访谈中发现更多的老年人倾向于哲学流派的学习。有受访者表示:"你提到的关于生死的问题,我身边有好多人信佛了,可能佛法里面有关于人生来死去的各种说法,估计信了这个,对生命最后的去向问题就看得更明白了吧。我觉得这样的信仰对生死这个问题还是蛮重要的,我们老年人需要学一学生命的信仰,至少有个心灵信念吧。"(WSJYY-P7)老年人渴望获取生命的信仰,横断面研究发现,老年人的幸福感与信仰呈正相关。[③] 信仰在老年人的生命中发挥着重要作用,能够帮助他们应对压力,找到深层次的生命意义。[④] 当然,宗教只是代表着一种寄托,其实质所透射出来的,是老年人建立生命信仰的需要,对他们而言,信仰带来了力量,力量超越了死亡,迎接着希望。

3."给我们一点心理疏导"

有些老年人面对生死离别,可能会产生较大的心理冲击,乃至应激障碍,久久难以抚平。为此,他们表示需要更深入的心理咨询。有受访者谈起母亲离世对他的冲击,说道:"我有件事情一直绕不过去。我母亲原来是住在我身边的,

---

[①] 王伯军,王松华,李娟,等.老年生命教育[M].上海:学林出版社,2019:1.
[②] 郑晓江.生死学[M].台北:台北扬智文化,2006:5.
[③] Elizabeth MacKinlay PhD and RN, Susan H. McFadden PhD. Ways of Studying Religion, Spirituality, and Aging: The Social Scientific Approach[J]. Journal of Religious Gerontology, 2004, 16(3—4): 75—90.
[④] Atchley R C. Spirituality and Aging[J]. Holistic Nursing Practice, 2009, 6(6): 22—31.

后来90岁,去我两个哥哥那边了,在崇明。结果没过两年就去世了。去世以后我的心里总会想不通,为什么在我这里好好的,脑子清清楚楚,耳朵也不聋,但是过两年,人就没了。那时候我就睡不着觉,然后就晚上做梦,整天只要眼睛一闭睡着就做梦,梦到各种各样的事情。就感觉那段时间有点魂不守舍,总归是很痛苦。后来,我女儿就带我去看心理医生,心理医生说没事,配了点药在吃。但是我还是一直想不明白。我觉得是不是可以给我们一点亲人离别方面的疏导,比如死亡是什么,亲人离开之后我们应该做什么,出现我这样情况的时候,我应该怎么做之类的。毕竟,我们这把年纪,说不定哪天身边的人就不在了,我们肯定需要面对的。还有我们自己,怎么面对自己将来有一天离开的时候?我以前想的就是生病晚一点,走得快一点,但是经过我母亲的事情之后,我觉得还是需要一点理智的,要面对的,不能逃避。"(MSJSM-P12)心理学认为,当个体面对亲人朋友的离世时,会经历三个阶段,分别是阵痛期、绝望期和恢复期,但是如果不能顺利度过阵痛期和绝望期,便有可能就会停留在这一阶段,进而失去对生活的希望。这也是老年人常见的心理危机之一。[①] 但是,危险常常蕴藏着机遇,恰恰是这样的经历,可以加速老年人对人生和世界的思考,使其更深层次地领悟到生命和死亡的意义。在此过程中,老年人需要更密切、深入的心理援助,在一对一的援助中学习自我如何面对离别,如何看到生死,如何迎接每一天的生活,从而顺利进入更豁达的生命境界。

简而言之,新时代老年人在面对生死离别这一问题时,虽然仍心存恐惧,却不再忌讳,他们接受生命的安排,并且也或多或少经历了与他人的离别。他们认为生死问题是生活的功课,顺利解决这一问题,就能够通往更通达、豁然的美好生活。他们希望正确认识生命规律,希望活在当下,更希望有尊严地离别。他们认为,学习可以更加透彻地领悟生命真谛。为此,他们希望接受生命教育,渴望学习生命科学、生命信仰等内容,甚至有些老年人希望通过一对一的心理援助来学习领悟生命意义,以此从容地接纳离别,迎接崭新的生活。

## 第四节　学习,为了传承生命力量

爱因斯坦曾说过,人生的价值,应当看他贡献了什么,而不应当看他取得了什么。生命的最高价值在于奉献。奉献,在于让自我感到喜悦、满足和幸福,在

---

[①] 王铭维.老年心理学[M].重庆:西南师范大学出版社,2015:210.

于让他人得到温暖与方便。"老有所为"所倡导的,恰恰就是鼓励老年人从事对他人有贡献和有价值的活动的过程,并且从中实现自我价值。① 老年群体,放下了功名利禄,更容易贴近生命本真,他们希望自己的生活充满意义感和价值感。

## 一、精神脱俗:"对于我们这把年纪的人,名利有什么用"

名利,就是个人的名声、地位和利益。只有不为名利所羁绊,才能获得精神上的自由。不少老年人在年轻时奋斗过、风云过,也坎坷过,但是进入老年阶段后,褪去了世事浮华,回归到了生命本身。他们感悟到生命本真的价值,与金钱无关、与地位无关、与身份无关,只与生命的存在有关。

(一)"对于我们这把年纪的人,名利有什么用"

从哲学角度而言,人具备自然人、社会人、经济人和自由人四种属性。② 追求物质的丰富和人际网络的扩展,有助于个体发展其经济人和社会人的属性。但是,个体到了老年阶段,很大程度上脱离了经济地位和社会人际的主流圈,这时自由人的属性就占据了主导地位。此时的老年人,放下了功名利禄,更加回归内心,更加安宁。面对名利的态度,有受访者就说道:"或许对于一些刚刚退休的老年人来说,还要继续维护自己原来的地位,还有点想法。但是对于我们这样的年纪(72岁)来说,名利有什么用?能让我多吃一碗饭吗?让我身体好一点吗?名利那种事情,都是要拼的,要伤神的。我年轻过,也追求过,但是现在我老了,实实在在需要'淡泊名利'了,对自己对别人都是好事,是吧?"(MXHZZ-P8)追求名利,无可厚非。但是,老年人对于名利的欲望与态度,与年轻时期相比,更加淡然、淡定。

(二)"心灵对我们来说更重要"

既然老年人对于外在的经济、地位的欲望已经不那么强烈,那么他们更在意的是什么?访谈中,有受访者这样表达:"我们老了,很多事情看淡了,这里(心灵)对我们来说更重要。给我们吃的,每天也就吃那么一点,好吃好喝好玩的,你们年轻人喜欢,我们更喜欢精神世界的享受。"(WXHLS-P6)一方面,老年人由于离开由利益联结在一起的社会组织,所接触的多数是由情感联结而成的团体,远离利益的争斗,竞争欲望也相应减少。另一方面,老年人不再成为家庭以及社会的主要角色,无须争夺资源,外在的物欲也降低,取而代之的是对精神家园关注度的增加。

---

① 孙鹃娟,梅陈玉婵,陈华娟.老年学与老有所为[M].北京:中国人民大学出版社,2014:31.
② 黄小云.论自然人、社会人、经济人和自由人的生成机理——"拜物教"视角下对人的存在方式的追问[J].湖南行政学院学报,2018,111(3):104-110.

### (三)"生命是有限的,价值却可以无限"

大部分老年人对于生命的理解,停留在"自我"或者是"小家"的层面。但是,有一些老年人对生命的解读,超越了自我,将生命放置于人类发展的时间长河中。有受访者云淡风轻地说道:"人这一辈子,也就这么一回事。不是有个小品这么说的嘛,'眼一睁一闭,一辈子就没了'。人自己的一辈子其实很短,但是放在社会中,放在宇宙中,有时候生命的价值可以很长。再伟大的人,最多也就活到100岁,但是100岁之后,还能留下点什么?还有多少人能记住你?我还是相信人的生命是有限的,但是价值是无限的。"(MXHSY-P5)老年群体虽然被定义为"衰落"的一族,但是在对生命的理解力上,可以称得上是一个成熟的人群。[①] 他们接受生命有限的长度,注重生命无限的价值。

## 二、心灵升华:"但我还是想着要奉献自己"

老年人相对于年轻人而言,对功名利禄的追求,更淡然;对生命意义的感悟,更深刻;对生命意义的追求,更深远。"生命的意义是以实践的结果来表征的,所以,提高生命的意义,就是要使自己实践的结果富有成效。"[②]老年人在实践行动中寻求生命的价值,创造美好的生活。当然,在这一系列的实践行动中,老年人所期盼是自我满足,是向社会传播一种积极的精神能量。

### (一)"还想做点我认为有意义的事"

老年人淡泊名利,追求精神世界的充实与丰厚。充实精神世界的方式有很多种,包括前文所提及的艺术类熏陶、广泛社交等。但是,这些满足都是以"自我"为重心,服务自我,满足自我,很少关涉他人。然而,还有一些充实精神的方式,就是通过参与奉献,服务社会来获取心灵的满足。这样的满足,以"他人"为核心,超越自我,奉献自我,服务于他人与社会。比如,有位受访者一直坚持捐款,并且很低调地表示:"我一直在做捐助,但是很少人知道。因为人家知道之后,肯定觉得你又在作秀,不知道又想做什么。虽然你心无杂念,但是这个社会的思想还是有一些会让你听得不舒服的地方。所以,我就自己默默地做,我觉得这是有意义的事情,所以我要坚持。这和作秀没有关系,我只是觉得我还有能力,我要为这个社会做点有意义的事情。让别人感受到这个社会还有温暖,还有爱。"(MXHSF-P5)还有受访者直言他希望用自己的力量对抗现如今的拜金主义,认为美好生活应该少一点拜金,多一点利他,他说道:"我拿这些证书,还有一个夙愿,就是我学到以后,还想做点我认为有意义的事。我看有好多人

---

① [英]理查德·道金斯.自私的基因[M].卢允中,等译.北京:科学出版社,1981:21.
② 谷方.主体性哲学与文化问题[M].北京:中国和平出版社,1994:306.

现在自己学得都不怎样,也在那里教人家,收钱、赚钱。我看不惯,误人子弟。我呢,一生搞航空事业,有航空报国这种情怀,对航空有感情。所以我就想自己学好了以后,在我们(某)研究院的公司里面,免费教员工和航空子弟,一方面来对抗现在的拜金主义,一方面继续航空报国。我这样做,也是一种挑战,肯定也是会引起人的误解,认为在作秀。但是我觉得这是正确的价值观,这是正确的信念,所以还是要坚持的。"(MXHHUS-P8)在老年人的生活世界中,对于精神的追求是超越物质的,因为他们希望用自己的行动来营造更纯粹的精神世界。他们所期盼的美好生活,超越了自我的生活,指向了人们共同的生活。

(二)"希望把中国的文化传承好"

老年人精神信仰的高度,有时候超过我们的想象。尤其是亲历中华民族复兴的高龄老年人,对民族、国家怀揣深厚感情。他们希望祖国江山不老,希望国泰民安,希望文化传承。有一位曾经参军的离休干部,希望用自己的行动让子孙看到祖国的大好河山,他这样说道:"我是搞测绘的,经常在郊野外,跟山山水水打交道。那么当然,我对大自然很感兴趣。作为一个军人,作为一个共产党员,看到祖国江山如此多娇,我非常骄傲。我们以前去西藏的时候,没有照相机,我们就自己画出来,当时感觉很自豪的。但是现在有些地貌真的是消失了,我现在看到的和以前看到的,很多不一样了。我不知道我们的后代还能不能看到这么美丽的地貌,所以我想通过我的视角拍下来,让子孙后代看看我们的祖国,能够热爱我们的祖国。"(MXHSY-P6)老年人渴望传承和发扬的,还包括各种传统文化,如书法、书画等,有受访者表示:"工笔画也是我们国家的文化遗产,我想推广流传下去。"(MPDHH-P5)还有受访者说:"书法是一门非常高雅的,而且是中国最难的,也是世界上最难的一门艺术,是非常高雅的艺术,所以我想要好好写下去,而且让小孩子们好好写下去,把中国字写好,希望把中国的文化传承好。"(MPDSF-P6)老年人所表达出来的,是一份家国情怀,是对国家与民族深沉的热爱,并希望将这份热爱传承下去。他们认为,美好的生活,就是让子孙后代看到祖国的美丽、感受民族文化的深邃、热爱所生所长的土地。他们超越了自我的生命需要,希望用自己的方式传递民族精神,渴望文化的延绵与发展。

(三)"但我还是想着要奉献自己"

志愿者,就是指在不为物质报酬的情况下,基于道义、信念、良知、同情心和责任,为改进社会而提供服务,贡献个人的时间及经历的人和人群。[①] 老年人渴望的美好生活,还包括参加志愿者活动,通过志愿者活动传播能量,实现自我价

---

① Morrow-Howell N. Volunteering in later life: research frontiers[J]. Journals of Gerontology, 2010,65(4):461.

值。在访谈中,一部分老年人主动表示有做志愿者的心愿;还有一部分老人在被提及是否愿意参加老年志愿者活动时,表示赞同。有受访者表示:"现在的退休老人,完全有能力再为社会做贡献。因为现在我们都有一份稳定的退休工资,儿女们也长大了,不需要我们为了钱再去费神费力,我觉得可以在有限的时间去作一些奉献。比如像我们这批年纪大的过来人,可能对历史的东西,对一些文化的东西有点兴趣,就可以去各种场馆做义工,或者哪怕给小朋友去做一些义工活动,也是很好的。去尽我们的能力,还能去服务社会,传播正能量,也是一种美好,你说对吧?"(WJAYQ-P5)也有受访者将服务他人与党员初心相结合,表示:"什么是初心? 入党时候我们举过手,读过誓词,共产党是奋斗终身的,是乐于为别人服务的。我是一个老党员,虽然我退休了,但我还是想着要奉献自己。这就是一种信仰。奉献本身就是一种快乐,让自己觉得自己的生命是值得的,也觉得日子没有白过。"(WXHZYZ-P3)老年人参与志愿者活动,不为经济报酬,而是在于奉献自我,服务他人。并且在这个过程中,他们认为能够体会到更强烈的幸福感和生活满意度。① 对于老年人而言,参加志愿者活动还能够通过贡献社会的方式,减少对他人的依赖感,增强自我效能感,在助人的过程中获得生活的意义感,增加对生活意义的理解。② 因此,老年人将参加志愿者活动视为一种自主、自助的美好生活。

### 三、需求展现:寻求志愿服务类学习,希冀奉献的生活

老年人渴望自我实现、奉献社会、传递正能量,创造人人共享的美好生活。为了实现这一心愿,他们除了做一些力所能及的事情之外,还希望通过学习促进更积极、更有效的行动。

#### (一)问卷数据呈现

问卷中,关于服务社会与学习需求关系,设置了"参加学习能够更好地服务他人"和需要学习"社会服务技能(如如何参加志愿者服务等)"这两个题项。

"参加学习能够更好地服务他人"的平均得分为 4.22 分,高于理论上的平均值。其中,38.1%的被调查者选择"非常赞同",36.9%的被调查者选择"比较赞同",总有超七成的老年人认为学习是为了服务他人(如图 5—5 所示)。

经差异显著性检验发现,该题在性别(P=0.001,<0.01)、年龄(P=0.004,<0.01)、健康(P=0.000,<0.01)等因素存在显著性差异(详见表 5—5)。

---

① Morrowhowell N, Hinterlong J, Rozario P A, et al. Effects of volunteering on the well—being of older adults. [J]. J Gerontol B Psychol Sci Soc Sci,2003,58(3):S137.
② Morrow-Howell N, Hong S I, Tang F. Who benefits from volunteering? Variations in perceived benefits[J] Gerontologist,2009,49(1):91—102.

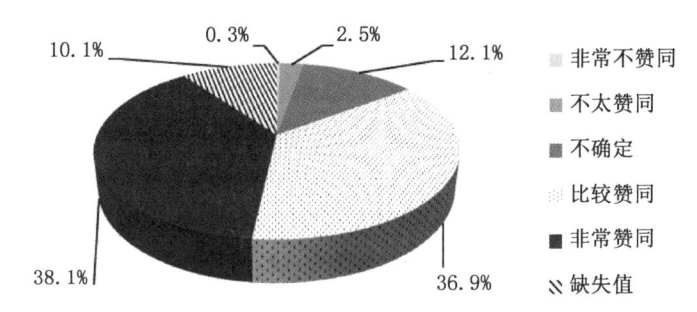

图 5—5　认同"参加学习能够更好地服务他人"观念的人数比例分布

性别方面,女性对于学习能够服务他人的认同度显著高于男性,可能由于女性本身的社会群体性决定。女性更倾向于群居生活,群居生活中离不开彼此帮助与服务,因此女性对于通过学习来帮助他人、服务他人的意愿更加强烈。

年龄方面,65岁以下的老年人对于学习能够服务他人的认同度显著偏高,这可能由于低龄老人有更多的时间、精力和机会去帮助他人,正如2006年中国老龄科研中心"中国城乡老年人口追踪调查"报告的显示,69岁以下的老人参加社会公益活动的人数比例最高。[①]

健康方面,自我感知健康状况良好的老年人对于学习能够服务他人的认同度显著更高,因为只有自身健康,才有可能去服务他人,健康是任何活动的前提,这在前面的诸多数据分析中已得到了证实。

值得一提的是,这一选项在受教育背景和经济收入两个方面并没有呈现显著性差异,可以推测,老年群体为他人服务的意愿不因外在经济、地位不同而表现出不同,老年人超越自我的奉献精神是内生性的,不受外在附加条件所影响。

表 5—5　认同"参加学习能够更好地服务他人"观念的差异显著性检验

| 检验因素 | | 均值（M） | 检验值（T/F） | 显著性（P） | 事后检验（LSD） |
|---|---|---|---|---|---|
| 性别 | 男 | 4.079 | −3.973 | 0.000** | |
| | 女 | 4.275 | | | |
| 年龄 | 50～55 岁 | 4.339 | | | |
| | 56～60 岁 | 4.316 | | | |
| | 61～65 岁 | 4.308 | | | |

---

① 孙鹃娟,梅陈玉婵,陈华娟.老年学与老有所为[M].北京:中国人民大学出版社,2014:131..

续表

| 检验因素 | | 均值(M) | 检验值(T/F) | 显著性(P) | 事后检验(LSD) |
|---|---|---|---|---|---|
| 年龄 | 66～70岁 | 4.154 | 3.256 | 0.004** | 1>4,1>5,1>6,1>7,<br>2>4,2>5,2>6,2>7,<br>3>4,3>5,3>6,3>7 |
| | 71～75岁 | 4.091 | | | |
| | 76～80岁 | 4.000 | | | |
| | 80岁以上 | 3.895 | | | |
| 健康状况 | 良好 | 4.300 | 9.839 | 0.010** | 1>3 |
| | 一般 | 4.242 | | | |
| | 不好 | 4.105 | | | |

在需要学习"社会服务技能方面(如如何参加志愿者服务等)"的内容上,平均得分为4.02分,高于理论上平均值。其中,25.6%的被调查者选择"非常需要",41.2%的被调查者选择"比较需要",总有超六成的被调查者表示需要志愿服务方面的学习(如图5—6所示)。但是,有此项学习内容的需求程度,相较于文化艺术类、娱乐休闲类,略显较低。可以推测,服务社会的学习需求,可能是更高级的学习需求,只在特定的老年人身上才能够显现出来。

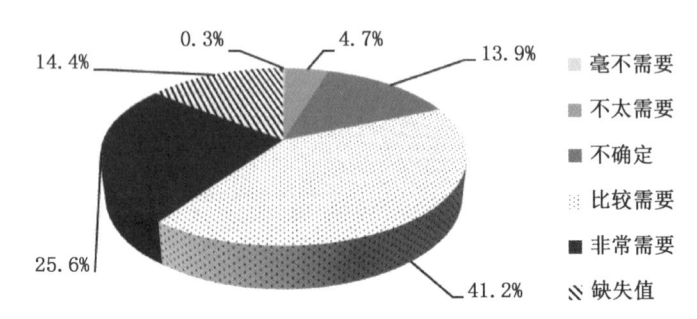

图5—6 需要学习"社会服务技能"内容的人数比例分布

该差异显著性检验,该题在性别(P=0.006,<0.01)、年龄(P=0.000,<0.01)、健康(P=0.000,<0.01)等因素存在显著性差异(详见表5—6)。

性别方面,女性更希望学习服务社会的内容,可能是女性更认同服务他人的重要性,因此对于学习如何服务社会的需求更高。

年龄方面,依旧是65岁以下老年人学习志愿服务的需求更强烈,因为这一群体的服务意愿本身比较高涨,加上有相对充沛的精力去参加,社会对于这一年龄的群体也给予了更多的服务机会,因此学习志愿服务的意愿更强烈。

健康方面,自我感知健康状况良好的老年人学习志愿服务的需求更强烈,因为健康是一切活动的前提,而身体状况不佳的老年人,得到更多的是他人的照顾,很少有照顾他人、参加志愿活动的机会与能力,因此学习此方面的愿望也不强烈。

表5—6　　需要学习"社会服务技能"内容的差异显著性检验

| 检验因素 | | 均值（M） | 检验值（T/F） | 显著性（P） | 事后检验（LSD) |
|---|---|---|---|---|---|
| 性别 | 男 | 3.908 | −2.764 | 0.006** | |
| | 女 | 4.055 | | | |
| 年龄 | 50～55岁 | 4.154 | 5.411 | 0.000** | 1>4,1>5,1>6,1>7,<br>2>4,2>5,2>6,2>7,<br>3>4,3>5,3>6,3>7,<br>4>5,4>7 |
| | 56～60岁 | 4.141 | | | |
| | 61～65岁 | 4.112 | | | |
| | 66～70岁 | 3.953 | | | |
| | 71～75岁 | 3.757 | | | |
| | 76～80岁 | 3.762 | | | |
| | 80岁以上 | 3.556 | | | |
| 健康状况 | 良好 | 4.091 | 8.803 | 0.000** | 1>3 |
| | 一般 | 4.194 | | | |
| | 不好 | 3.901 | | | |

（二）访谈资料分析

通过问卷调查得知老年群体存在学习社会服务的需求,访谈帮助笔者进一步理解他们希望通过何种学习来实现作为一种独到的对于美好生活向往的,即奉献自我的愿望。

1."想学葫芦丝,就是要实现情怀"

老年人渴望纯粹的精神世界,希望通过自己的力量对抗社会中的不良风气。前面提到的希望对抗拜金主义的老人,他表示当初学习葫芦丝,一方面是被葫芦丝所吸引,另一方面也是希望学成之后无报偿地教授下一代,他说道:"我当初想去学葫芦丝,去考级,拿这么多证书,就是希望自己学得更专业,然后教给航空子弟们,让他们知道,航空人是有情怀的,是不拜金、不入俗套的。所以,想学葫芦丝,也就是要实现心中的一份情怀。其实,如果我现在像社会上那些培训机构一样开个班,肯定也是能赚到很多钱的,是吧?但是我坚决不做那样的事情。我就是要通过自己的学习和行动来证明这一切,学得越精,我的初心就越纯粹。现在不是说初心嘛,我的初心就在那里。"(MXHHUS-P9)老年人希望创设美好的环境,他们寻求载体来实现情怀。学习葫芦丝等艺术或者技术,只是一种载体,他们真正所期盼的,是让更多人看到高贵的品质,纯洁的初心,希望用自己的力量净化环境,追寻大家共同的、高洁的精神家园。

2."我想学摄影,让子孙看到祖国的大好河山"

除了与当下社会中不良风气的对抗以外,还有些老年人希望传承美好的事物。他们希望通过学习,更好地保存美好、传递美好。比如,一位从事地质工作的老人为了让子孙看到祖国的大好河山,希望学习摄影来留存即将消失的地貌,他这样表示:"我想学摄影,目的就是想把地貌知识通过照片传给我的子孙,让他们懂得祖国大好河山,知道我们国家这些状况,知道我们的国家有多美,也希望他们能够热爱我们的祖国。我也把以前的照片给我的孙女看,跟她讲祖国的山山水水,她就很感兴趣,因为有好多是她没去过、没见过的地方。因为是我自己拍的嘛,所以我有我的角度和我的想法。我虽然老了,但是我现在每年还在走几个地方,我就想学摄影,拍更多好照片,把照片里面的故事讲好,留下来祖国的美貌,也留下来给子女有点教育。"(MXHSY-P13)还有一位受访者一生没有接触过绘画,但是老来提笔学画,就是希望传承工笔画这门传统艺术,说道:"我想学工笔画,因为这是一门国家的传统文化,我不仅要自己老有所为,还要为下一代,让更多的人知道这门艺术,喜欢这门传统艺术,对吧?越来越多的人来学了,传统艺术不就发扬光大了吗?我老了,现在学不到那么精了,但是我在学,就表示这个文化还在发扬,我还可以用我的行动来感染我的下一代、下下一代。至少让他们知道这个文化,还能体验这个文化,不能让这个文化断了。"(MPDHH-P8)精神与文化的无限性,与老年人生命的有限性,形成了鲜明对比。老年人,作为社会文明的传递者、文化的继承者,他们希望用有限的生命,传递无限的文明。在他们看来,精神和文化是人类生活的永恒,是任何一个时代美好生活的必备成分。他们选择去学习,通过学习将文化保存在自己身上,继而发扬光大。

3."这么多老年人想做志愿者,也是需要经过培训的"

除了以艺术学习为载体,实现精神上自我超越以外,老年人还希望在志愿者活动中贡献社会。但是,老年人虽然身怀热情,但是却不知晓志愿者服务的信息渠道,因此他们希望学习更多与志愿者服务有关的信息。比如有受访者说:"这就是信息不对称,我们满腔热情,但是不知道哪里去服务。社会需要大量的志愿者,但是号召起来也很困难。因为我上了老年大学,所以有时候有服务社区的活动,我都知道,有时间就一定会参加。但是那些没有上老年大学的同志呢?他们如果想参加志愿者,从哪里知道信息?如果我没有上老年大学,我应该怎么得知志愿者服务的消息呢?所以,觉得还是有必要打通信息这个渠道的。我们也很想学习学习怎么得到志愿者活动的消息。"(WXHLS-P7)除了信息渠道的学习以外,老年人还表达出对志愿者服务知识与技能方面学习的需求:"人家国外的志愿者是很专业的,举手投足都让你感觉非常舒服,非常有素养。我们这么多老年人想做志愿者,也是需要经过培训的。我相信志愿者也一定有他的行为准则,有他的规范和标准,不能乱来的。如果涉及一些专业的志愿者,比如讲解员、护工之类的,那肯定更需要学习和培训。既然要做,就要做对社会有用的事情,不能单凭自身热情,有时候反而好心办坏事,你说是不是?"(WXHLS-P7)态度与能力是两个概念,老年人做志愿者的热情高涨,但是并不代表其能力能够胜任这一岗位。做志愿者虽然是主动自愿的行为,但是由于其服务对象是他人,因此同样需要专业知识。老年人的知识水平不齐、专业背景各异,为了更好地胜任志愿者工作,他们希望接受专业的志愿者知识技能的培训。

由此可知,老年人看淡功名利禄,更注重生命奉献,他们自知生命的有限,希望将有限的生命用于无限的社会贡献中。他们深信生命因为奉献而充满意义,他们期盼人类共有的纯净、高洁、充满正能量的美好生活。他们认为,学习能够帮助他们实现奉献自我、服务社会的心愿。因此,他们渴望自身学习艺术来无偿教授下一代,渴望学习中华传统艺术来传承文化,渴望学习志愿者服务技能更好地服务他人,用自己的行动创造自己的、他人的、乃至全社会的美好生活。

## 本章小结

本章锁定于精神生活世界,分析老年人在面对生命终结问题时所产生的超越自我的生活向往,以及由之引发的超越性学习需求。

在生活状态方面,社会刻板印象忽视了老年人发展的正当性和必要性;老年人自叹过往岁月的匆忙,喜欢回忆人生经历;他们深感未来时间有限,认为生离死别是人类必然规律,并且或多或少亲历了与他人的离别;他们淡泊名利,认为奉献自我、服务社会是生命的最高境界。

发展的本能、生活的经历、生命的轮回以及价值的体现,促使老年人渴望用有限的生命传承无限的精神与文化。这一章中,有关老年人对于美好生活的向往,在内容上主要体现在发展自我、整合人生、领悟生命以及传承精神等方面。在性质上可以总结为从屈从到挑战,从零落到延绵,从恐惧到从容,从索取到奉献。这是一种超越现有生命、超越自我生命的,对人类共有的美好生活的期盼。

　　他们认为,学习能够帮助他们实现心中所向往的挑战的、延绵的、从容的、奉献的生活。为此,他们希望加强自身的学习来达到这一境界。他们渴望持续性学习,并在学习过程不断设立目标来进行自我挑战,以更好地实现自我价值;他们渴望学习如何撰写回忆录、制作视频乃至心理调适等方面的内容,为自己的人生作一个完满的交代,也让子孙或他人在自己的人生经历中获取力量;他们在面对生老病死这一人生问题时,希望接受生命教育,希望跳出小我的生命存在,放眼于人类的乃至宇宙的生命存在;他们渴望学习各种文化艺术,尤其是中华传统艺术,希望将艺术通过自身有限的生命予以传承,并且希望以无偿教授下一代的形式,在传承文化的同时传递精神力量。此外,他们还渴望学习志愿者服务的知识与技能,希望用更专业的方式回报社会、服务他人,创造人类共同期待的美好生活。与此同时,他们的学习需求也存在一定的群体差异性。在生命教育的学习需求方面,女性老年人、60岁以下老年人以及自感身体健康的老年人需求较为强烈。在社会服务的学习需求方面,女性老年人、65岁以下老年人以及自感身体健康的老年人需求较为强烈。简而言之,无论何种具体的学习需求表达,都指向了老年群体超越自我的美好生活向往。

# 第六章 结论与反思

通过问卷调查与深入访谈,已经对老年群体所向往的美好生活及其产生的学习需求进行了铺陈与解读。那么,老年群体的美好生活与学习需求可以总结为哪些特征?本章将在前文演绎的基础上,进行凝练总结,提取研究结论。同时,回望全部的研究过程,反思研究的可取之处与不足之处。

## 第一节 研究结论

从老年生活世界走向美好生活的向往,再到学习需求的生成,笔者通过访谈与问卷调查,陈述了事实,分析了现象,解读了可能的原因,对比了现有的研究,接下来将通过进一步的总结概括,凝练研究结论。

### 一、全局复盘:基于事实的回放

本书从第三章到第六章,共用了四章的篇幅尽可能全面地展示了老年人的生活世界、美好生活向往以及学习需求。四个章节的演绎,既借用了老年人的本土化语言,又呈现了问卷数据;既渗透着现象阐释,又关联着理论基础。考虑到本书的目的之一在于服务实践,因此可能会吸引部分来自老年教育实践工作者的目光。对他们来说,也许更加需要直观可见的内容概括,需要一目了然地了解老年生活世界的样态、美好生活向往的内容以及学习需求的表现,从而帮助其快速掌握事实资料,运用于实践工作。同时,将研究从"薄"做到"厚",再从"厚"做到"薄"的过程,也能够帮助笔者对研究内容进行整体回顾,更加清晰地提取要点,为下一步理论提升做准备。

(一)来自实际生活世界的描画

老年群体的生活世界,是研究的逻辑起点,也是进入老年学习需求的出发点。老年群体生活世界的理解,主要通过访谈来实现。

现有的访谈资料所展示出来的老年群体生活世界,是这样一幅图景:

——他们年岁渐长,生理机能逐渐下滑,自感身体精力逐渐衰退;

——他们退休在家,受到无聊、抑郁、空虚等消极情绪侵袭,自感不适;

——他们经济无忧,乃至自主意识、理财意识和维权意识凸显;

——他们适应缓慢,难以跟上科技变化的步伐,成为新时代的"数字难民";

——他们时间充裕,为社会上多元丰富的生活方式所冲击;

——他们亲历变革,曾经破碎的梦想种子依然掩埋于心,且有破土而出之势;

——他们兴趣稳定,始终热衷于年轻时所培养的兴趣爱好;

——他们注重情操,对生活体验深刻,喜爱美好事物,关注自我心境修炼;

——他们在意规则,认同遵守秩序的重要性,反对破坏规则的行为;

——他们经验丰富,热衷工作,将其视为体现自我价值、减轻子女负担的手段之一;

——他们家庭稳定,但家庭成员的数量增加,彼此之间的关系呈现新变化;

——他们社交断层,人际交往空间缩减,交往频率下降;

——他们不服衰老,虽然接受年事已高的事实,却认为自身依然拥有发展与学习的权利及机会;

——他们感怀岁月,喜欢回忆过往人生,并且乐于对人生经历进行评价;

——他们正视离别,不逃避生命更迭的事实,亲历亲人朋友离世的频次增多;

——他们淡泊名利,知晓生命长度有限与生命价值无限的辩证关系,心系社会的发展与祖国的繁荣。

(二)来自美好生活向往的描绘

在老年群体的生活世界中,衍生了对美好生活的向往。访谈中,他们所向往的美好生活已然跃然纸上:

——他们期待健康的生活,希望衰老得慢一点,生病少一点,健康多一点;

——他们期待积极的生活,希望有事可做,生活充实,情绪更加积极;

——他们期待安心的生活,希望放心理财,舒心养老,定心行使正当权益;

——他们期待智能的生活,希望适应科技发展,自如使用智能化设备;

——他们期待闲适的生活,希望珍惜时间,享受当下时光,丰富生活方式;

——他们期待圆梦的生活,希望把握机会,完成未实现的读书梦与文艺梦;

——他们期待多彩的生活,希望深化兴趣,提升兴趣,用兴趣装点生活;

——他们期待高雅的生活,希望提升审美,陶冶情操,保持内心平和宁静;

——他们期待有序的生活,希望秩序稳定,以身作则,得到全社会尊重;

## 第六章 结论与反思

——他们期待勤恳的生活,希望延续工作状态,发挥余热,减轻子女负担;

——他们期待融洽的生活,希望夫妻关系和谐,亲子关系亲密,隔代教养到位;

——他们期待归属的生活,希望广泛接触社会,融入社区,寻求组织认同;

——他们期待挑战的生活,希望过好每一天,不断挑战自我,不断发展自我;

——他们期待延绵的生活,希望整合人生经历,并将之留给子孙、帮助他人;

——他们期待从容的生活,希望认识生命,活在当下,并在离世时保持尊严;

——他们期待奉献的生活,希望服务社会,传承文明,让生命更深刻绵长。

(三)来自老年学习需求的描写

如果说老年群体所向往的美好生活是幸福的彼岸,那么学习则是行驶在通往彼岸道路上的"列车"。学习是帮助老年群体实现所思、所想、所盼的工具,他们认同学习能够帮助他们在一定程度上实现上述的美好生活,认为:

——学习能够让人延缓机能衰老退变,帮助他们实现健康的生活;

——学习能够让人有效排解忧愁烦恼,帮助他们实现积极的生活;

——学习能够让人正确行使合法权益,帮助他们实现安心的生活;

——学习能够让人跟得上社会的发展,帮助他们实现智能的生活;

——学习能够让人更舒适地享受当下,帮助他们实现闲适的生活;

——学习能够让人圆大学梦或童年梦,帮助他们实现圆梦的生活;

——学习能够发展提高个人兴趣爱好,帮助他们实现多彩的生活;

——学习能够让人充满内在优雅气质,帮助他们实现高雅的生活;

——学习能够让人遵守各种规章秩序,帮助他们实现有序的生活;

——学习能够让人更顺利地再次就业,帮助他们实现勤恳的生活;

——学习能够增进家庭温馨和谐氛围,帮助他们实现融洽的生活;

——学习能够让人保持与社会的联系,帮助他们实现归属的生活;

——学习能够让人不断开发自我潜能,帮助他们实现挑战的生活;

——学习能够让人更理性地整合人生,帮助他们实现延绵的生活;

——学习能够让人更从容地面对生命,帮助他们实现从容的生活;

——学习能够让人更有效地服务社会,帮助他们实现奉献的生活。

这辆奔驰在通往美好生活彼岸大道上的"列车",也承载着老年群体丰富多样的学习需求。结合访谈文本与问卷数据,这里以表格的形式将本书中所关涉的学习需求内容予以展示(详见表6—1)。

表6—1　　　　　老年群体学习需求内容与特征

| 类型 | 平均得分 | 特征表现 | 主要所指向的美好生活 |
|---|---|---|---|
| 养生保健类 | 4.437 | 位居学习需求榜首,包括健康饮食、常见疾病防控、适合老年人的运动、安全用药等内容;其中,女性老年人最为需要 | 健康的生活 |
| 信息技术类 | 4.320 | 需求程度仅次于养生保健类,是新时代老年群体的新需求,包括如手机、平板电脑、智能家电的使用、手机支付、预约挂号、人工智能等内容;不因老年人的年龄、身份、文化等个体因素存在差异 | 智能的生活 |
| 权益保护类 | 4.268 | 排名第三的学习需求,如防各种诈骗、老年人权益保护法律知识、老年人社会福利等内容;其中,女性老年人、高龄老年人表示最为需要;文盲程度的老年人、退休后月收入8 000元以上的老年人表示最不需要 | 安心的生活 |
| 休闲娱乐类 | 4.16 | 排名第四的学习需求,包括如舞蹈、唱歌、乐器、摄影、旅游、绘画、插花、书法、剪纸、棋类等内容;女性老年人、低龄老年人、身体健康的老年人表示最为需要 | 闲适的生活、积极的生活、多彩的生活、圆梦的生活、挑战的生活、归属的生活 |
| 家庭关系类 | 4.16 | 排名第五的学习需求,包括如夫妻关系提升、亲子沟通、隔代养育等内容;女性老年人、低龄老年人、专科学历以下老年人、经济收入低的老年人、与子女一起住的老年人以及需要每天照顾孙辈的老年人表示最为需要 | 融洽的生活 |
| 社会服务类 | 4.02 | 排名第六的学习需求,包括如环保知识、如何参加志愿者服务等内容;女性老年人、低龄老年人、身体健康的老年人表示最为需要 | 奉献的生活 |
| 财务管理类 | 3.841 | 排名第七的学习需求,包括养老财务规划、科学理财、遗产继承等;其中,女性老年人、低龄老年人、退休后月收入8 000元以上的老年人表示最为需要 | 安心的生活 |
| 生命教育类 | 3.82 | 排名第八的学习需求,包括如生命周期、生命价值、面对死亡、人生经历分享、撰写回忆录等内容;女性老年人、低龄老年人、身体健康的老年人表示最为需要 | 从容的生活、延绵的生活 |
| 社会规则类 | 3.77 | 排名第九的学习需求,包括如社会文明、传统美德等内容;不因老年人的年龄、身份、文化等个体因素存在差异 | 有序的生活 |

续表

| 类型 | 平均得分 | 特征表现 | 主要所指向的美好生活 |
|------|---------|---------|---------------------|
| 文化知识类 | 3.14 | 排名第十的学习需求,包括如诗词、历史、文化礼仪、外语等内容;随着年龄的增长而需求下降,高中以下学历的老年人、身体健康的老年人表示最为需要 | 高雅的生活 |
| 职业技能类 | 3.10 | 排名最后的学习需求,包括如与原职业相关的课程或为再就业创造机会的课程等内容;低龄老年人、受教育程度低的老年人、经济收入低的老年人、身体健康的老年人、与子女共同居住的老年人以及退休前是私营企业主和个体工商户的老年人表示最为需要 | 勤恳的生活 |

需要解释的是,这里所呈现的,是依据实证调查所得出的学习需求,其种类与内容难以穷尽,但由于样本的覆盖范围达到统计学中大样本的标准,俨然已经覆盖了绝大多数的学习需求。在学习需求与美好生活的映射关系中,难以一一对应,即同一种学习需求背后可能指向着好几种美好生活。因此,表格中所映射的美好生活,是指该学习需求所指向的最普遍、最典型的美好生活。

## 二、理论凝结:来自结论的升华

在简要回顾已有资料的基础上,本书的结论也呼之欲出。笔者认为,老年群体的实际生活世界是纷繁多样、层次分明、得失相伴的;美好生活向往是朴实无华、不为限定、指日可待的;老年学习需求是基于生活、丰富多彩、层层递进的;他们的学习需求以生活世界为基础,由美好生活向往而引发,最终又指向美好生活的实现。

(一)老年生活世界:纷繁多样、层次分明、得失相伴

本书在分析老年群体所向往的美好生活以及学习需求之前,先对老年群体的生活世界进行了解读。研究发现,新时代下老年群体的生活,是多维度的、立体的、多方向的。

1.纷繁多样:生活世界的四个维度

人的生活空间是多维度的,小到日常起居,大到家国宇宙,只要有人存在生活之处,都是生活世界。"生活世界"自胡塞尔提出之日起,其内涵就一直没有被明确界定,各家学者对此也是理解各异、观点丛生。本书面对纷繁多样、零落分散的生活世界状态,根据已有的研究和访谈资料,对生活世界进行了维度划分。研究一开始,就强调回归生活世界,但是,回归生活世界的同时,也要警惕

的是将研究简单化、笼统化。目前关于生活世界的分类,既没有明确定义,也没有统一标准。本书以接近人的存在为尺度,将老年人的生活世界归纳为日常生活、休闲生活、社会生活和精神生活这四个维度。日常生活包括身体状况、情绪状态、权利保障和科技适应等;休闲生活包括享受时间、弥补遗憾、发展兴趣、陶冶性情等内容;社会生活包括社会规则、再就业舞台、家庭生活、团体生活等;精神生活包括自我实现、整合人生、面对死亡、传递精神等。

2. 层次分明:四个维度的内在连接

在归纳了老年群体生活世界的横向维度后,还发现他们的生活世界存在着纵向的层次。从日常生活到休闲生活,再到社会生活和精神社会,它们之间是层层递进的。这种递进,是将个体视为成为完整的人为标尺的。由于人一生的活动就是不断超越自我、实现自身价值的过程。[①] 因此,生活世界的四个维度,既体现了一种逐步接近生命内核与真谛的递进关系,也体现了逐步将老年人视为完整的人、全面发展的人的思想推进。其中,日常生活是老年生活世界中基础性、必然经历的内容,休闲生活是老年生活世界中趋于享受性的内容,社会生活是老年生活世界中从个体出发向社会拓展的内容,而精神生活则是老年生活世界中生命价值的核心内容。根据马克思对人的属性的划分,也可以这样理解:日常生活、休闲生活属于人的自然属性,社会生活、精神生活属于人的社会属性。由于社会属性是人的最根本属性,由此也支持了本书中老年生活世界四个维度逐渐深入的梯度特征。

老年生活世界的纵向层次,除了体现在维度之间的逐步深入关系以外,还可以看出他们的生活世界有着宏观、中观和微观的层次。比如,他们认为自己生活在信息技术突飞猛进、老年教育事业蓬勃发展的宏观背景中,他们也提到自身家庭关系变化、周边人际交往疏离的中观世界,他们还关心自己身体机能、情绪状态等微观生活。宏观层面的生活世界是中观和微观生活世界的前提,而微观生活世界又影响着对中观和宏观生活世界的理解与感知。

3. 得失相伴:三个方向的再次认知

老年群体生活世界除了横向维度,纵向层次以外,样态上还可以分为三个方向。一直以来,如同因为肤色和性别产生的种族歧视和性别歧视一样,人们对老年人群产生了系统化的刻板印象,认为老年人是社会的负担,是社会发展的拖累,并非社会发展的动力。但是,本书通过深入访谈发现,老年群体的生活并非刻板印象所认为的衰落和无价值的。他们的生活是多方向的,既有正向、

---

[①] 黎琼锋.教学价值与美好生活[M].北京:人民教育出版社,2012:122.

负向,也有平向的。老年人对健康状况的担忧、对消极情绪的烦恼、对先进科技的无知、对人际关系的恐慌等,都是他们生活中面临的危机,可被视为负向状态。老年人闲暇时光的增多、人生阅历的丰富、功名利禄的淡泊等,都是他们生活中存在的优势,可被视为正向状态。与此同时,隐退职业舞台、拥有生活保障、持有兴趣爱好等,都是他们生活中的平向状态。过去人们往往为老年人贴上"衰老""退化"的标签,但是随着积极老龄化理论的兴起,越来越多研究者开始关注老年期的优势,也开始承认他们的独特价值。他们并不"只是近黄昏",他们依然"夕阳无限好",他们的生活依然如鲜花盛开,绚丽多彩,他们的内心依然如正午阳光,蓬勃灿烂;他们的价值依然如连城之璧,弥足珍贵。

可见,老年群体的生活世界,包含日常生活、休闲生活、社会生活和精神生活这四个维度;四个维度之间是逐渐深入递进的关系,同时包含宏观、中观、微观三个层次;关涉正向、负向和非正非负三个方向。他们的生活世界是丰富多样、层次分明、得失相伴的。

(二)美好生活向往:基于生活、不为限定、可能实现

老年群体的现实生活,引发了其对美好生活的向往。相应的,他们所向往的美好生活,也是一种多维度、多层次的生活,同时也是一种基于生活的、不为限定的且可能实现的生活。

1.基于生活:美好生活的内容动因

根据前文中关于美好生活的内涵阐述,美好生活是主体基于客观生活世界而对"当下"生存状态所生成的幸福感受及对"未来"生存图景的积极确信,美好生活连接点在于当下的生活状态。[1] 老年群体向往的美好生活来自对当下生活不满的改变以及满意的延续,动因可以概括成这样四个方面:一是源于当下生活状态的适应,包括来自身体的、情绪的、退休的、科技的等方面各种变化的适应。二是源于闲暇生活的提高,包括闲暇时间的利用、过去梦想的补偿、当下兴趣的发展以及未来性情的陶冶等。三是源于社会生活的参与,包括社会规则的更新、劳动职业的回归、亲子家庭的重建、公众舞台的展示等。四是源于精神生活的超越,包括自我挑战、回顾人生、面对死亡、奉献自我等。

由于美好生活与当下生活相关联,因此老年人当下的生活世界有多少内容,他们的美好生活向往就有多少内容。关于美好生活内容的解构,管理学研究认为美好生活包括政治、经济、文化、社会、环境、人际等内容;[2] 社会学研究认

---

[1] 张卫伟,王建新.美好生活的多重价值内涵及其现实构建[J].思想理论教育,2018(4):37—42.
[2] 袁祖社."万象共生"并"美美与共"——"发展价值观"的嬗变与"美好生活"的实践逻辑[J].河北学刊,2017(1):141—147.

为,美好生活包括个人生活保障、文化精神生活、公共生活保障、社会生活保障、人伦关系诉求等内容;①心理学研究认为美好生活包括个体能力拓展、生命丰盈及精神安定;②社会学和管理学所分解的美好生活内容,都是从整个人类社会出发,是宏观视角下对于人与人、人与物、人与社会、人与自然的关系更完善和谐的期待;心理学认为的美好生活,是基于微观视角的探索,将个体完全抽象成精神个体,忽略了个体的生理性、社会性等特征。本书从微观视角出发,将老年人视为完整的人,既注重他们的生理特征,又兼顾他们的社会属性与精神特性。研究基于对老年群体生活世界的维度划分,相应地将他们所向往的美好生活内容也进行了分类,认为他们所向往的美好生活主要包括四个维度,即:日常生活更健康、更安全;休闲生活更丰富、更愉悦;社会生活更自由、更温暖;精神生活更高洁、更纯粹。他们对美好生活的向往,也是逐步从物质到精神、从生理到心理、从外源到内核逐渐趋近于生命价值这一主题的。老年群体的生活世界可分为宏观、中观和微观三个层次,相应地,他们向往的美好生活也体现在这些层次上,他们渴望社会宏观生活更稳定、安全,社区中观生活更和谐、融洽,个体微观生活更健康、精彩。

2. 不为限定:美好生活的表现形式

老年群体所向往的美好生活是不为限定的。这里的不为限定,不是指内容上的多样而不为限定,而是指美好的表现不为限定。不同的学者从不同的学科角度阐述了美好生活的意蕴,比如心理学将美好生活中的"美好"解释为"意义""美德""恢复力""幸福感";③哲学将"美好"概括为真善美、公平与正义、平等与自由、和谐与共享;④管理学则将"美好"阐述为富足、和谐、共享、文明、绿色。⑤虽然目前对"美好"一词的释义尚未统一,但是却有一个统一的特征,即"美好"一定是积极向上的。由此也可以推论,美好生活向往,也一定是积极向上的生活,积极向上就是美好生活的基本方向。在基本方向确定的基础上,本书将重心放置于对美好生活表现形式的探索。

本书认为老年群体所向往的美好生活,其表现形式是不为限定的,有些是性质上的转变,有些是程度上的递增。在性质转变方面,他们渴望生活从消极

---

① 方巍.文化视野下的中国特色美好生活评价指数[J].社会科学,2020(1):102—111.
② 刘旭东,王稳东.儿童美好生活与教育空间的重构[J].西北师范大学学报:社会科学版,2019(2):95—102.
③ WONG P T P. Positive psychology 2.0: Towards a balanced interactive model of the good life[J]. Psychologie Canadienne,2011,52(2):69—81.
④ 李程锦.新时代美好生活的理论意蕴及实现路径[J].江西社会科学,2019(6):207—213.
⑤ 翟绍果,谌基东.共建美好生活的时代蕴意、内涵特质与实现路径[J].西北大学学报:哲学社会科学版,2017(6):20—26.

到积极、从不安到安心、从传统到智能、从忙碌到闲适、从杂乱到有序、从遗憾到圆梦、从懈怠到勤恳、从隔阂到融洽、从疏离到归属、从屈从到挑战、从恐惧到从容、从索取到奉献;在程度递增方面,他们渴望生活从衰退到健康、从单调到多彩、从普通到高雅、从零落到延绵。当然,他们所向往的美好生活,也可能远远不止这些,这并不足以代表老年群体美好生活向往的全部。但是,可以看出,他们所向往的美好生活,就是消除现有生活中的负面因子,增加生活中的正向因子,让个体作为自然人更加自主,作为社会人更加融洽,作为精神体更加纯粹。

3.可能实现:美好生活的时间线轴

老年群体所向往的美好生活,不是莫须有的,也不是天马行空、天方夜谭的,而是可能实现的。前文的概念释义已经指出,美好生活包含着理想的生活和可能的生活两个方面。理想的生活是超越事实的,也是超越现实的;然而,可能的生活则是人类行动能力所能够实现的。[①] 研究发现,老年群体所向往的美好生活,基本是一种基于现实的、能力所及范围内能够达成的,是一种可能的生活。

这种可能的生活,又可以理解为"必须实现"和"可以实现"两层含义。"必须实现"的美好生活指向生活的基本保障,比如生理的、权益的、安全的方面;"可以实现"的美好生活指向生活的丰富性与意义性,比如休闲技能、社会交往、自我奉献等。对于老年人而言,无论是"必须实现"还是"可以实现"的美好生活,其时间轴都并不长远,"乌托邦"的成分少,可行可达的成分多。比如,他们深知身体机能的衰退不可避免,因此只是希望衰老得缓慢一些,并没有表达出长生不老的愿望;他们自感名利乃身外之物,由此引发了用自己的力量无偿为社会做更多贡献的愿望,而不是全部寄希望于社会环境的改造。这就是一种站在现实基础上,基于自我力量,可以略作推进或改变的生活向往。

由此,老年群体所向往的美好生活是朴实无华的,是基于现有生活的方方面面而产生的;他们所向往的美好生活又是不为限定的,其基本方向是积极向上的,但表现形式却又是难以穷尽的;他们所向往的美好生活是指日可待的,是基于现有条件所提出的往前一步的期待。

(三)老年学习需求:服务生活、丰富多彩、层层递进

由美好生活向往所引发的老年学习需求,自然与生活发生连接,服务美好生活的实现,其内容丰富多彩、层层递进。

1.服务生活:学习需求的来龙去脉

老年群体的学习需求既来自对美好生活的向往,又指向美好生活的实现。

---

[①] 赵汀阳.论可能的生活[M].北京:中国人民大学出版社,2004:22.

"对于成人来说,学习是一个提高能力以应付生活中面临的问题的过程。"[1]儿童的学习,重在对书本知识的活化与验证;而成人的学习,则重在对生活的改变与提升。生活的改变与提升,就产生了生活的向往。生活向往的实现,借助学习来表达,即产生了学习需求。老年群体的学习需求的生活关联体现在各个不同的生活向度,如空间向度中家庭生活的融合产生了家庭关系学习需求、社区生活的参与产生了人际关系融合的学习需求等,内容向度中文化生活的满足产生了休闲娱乐类的学习需求、精神生活的提升产生了志愿者服务的学习需求等。这些学习需求的由来,无一不与他们的生活向往相关。此外,不同的美好生活向往,还引发了相同的学习需求。在以往的研究中,研究者们关注了学习需求的内容,却忽视了内容背后的原因。因此,容易将学习需求笼统化、简单化。本书发现,即便是同一种学习需求的表现,背后也可能掩藏着不同的美好生活向往。比如同样是学习英语,有些老年人是指向体验更广阔的天地,有些老年人是指向更健康的身体,还有些老年人指向更和谐的家庭氛围等。又比如乐器的学习需求,有些老年人是为了打发时间,有些老年人是为了让自己的兴趣更加专业化,有些老年人是为了不断挑战自我,还有些老年人甚至提出借助自我学习乐器、无偿教授乐器来实现报国情怀。因此,老年群体的学习需求,不可与生活向往所割裂,应该放置于生活中解读。

2. 丰富多彩:学习需求的显著特征

老年群体学习需求的丰富性,在诸多研究中均得到了体现。本书也同样认为老年群体的学习需求是丰富多彩、多种多样的。因为他们的生活世界是丰富的,生活期盼也是多样的,由此产生的学习需求也是多彩的。老年群体提出了各种各样的学习需求,包括健康养生、信息技术、休闲文艺、生活技能、家庭关系、精神信仰等各种类型,其中又包括中医、舞蹈、声乐、乐器、养育、志愿者等亚类型,而这些亚类型,还可以继续细分,比如推拿、中药、民族舞、广场舞、合唱、美声、古筝、钢琴、扬琴等具体的学习项目。并且,在同一位老年人身上,可能会存在多种不同的学习需求,比如有的老年人既希望学习中医养生,又希望学习创业等方面的知识,有些老年人既渴望学习文学,又希望学习生命教育方面的内容等。正如马斯洛所言:"人是一种不断需求的动物,除短暂的时间外,极少达到完全满足的状况,一个欲望满足后,往往又会迅速地被另一个欲望所占领。人几乎整个一生都总是在希望着什么。"[2]因此,同一个老年人,可能是在先前的需求满足后产生了新的学习需求,又可能同时产生多种不同的学习需求,这就

---

[1] [美]马尔科姆·诺尔斯. 现代成人教育实践[M]. 蔺延梓,译. 北京:人民教育出版社,1989:57.
[2] [美]亚伯拉罕·马斯洛. 马斯洛人本哲学[M]. 成明,编译. 北京:九州出版社,2003:1.

是学习需求丰富性在个体身上的体现。

丰富多彩的学习需求,反映的是他们生活目标的多样性。此外,上海市老年大学的课程设置验证了老年群体学习需求的丰富性。目前,上海市老年大学所开设的课程包括书画系、保健系、文艺系、文史系、家政系、计算机系、钢琴系、乐器系、游学系、外语系、学历教育11个系别。每个系别下设不同的科目,如书画系具体包括《钢笔速写》《工笔画》《花鸟画》《人物画》《山水画》《书法》《水彩画》《水粉画》《素描》《油画》《篆刻》《风景写生》12门课程。除了统设性课程以外,各区的老年大学还设置了特色课程,如松江区开设了剪纸课程,徐汇区老年大学开设了游学课程,华东师范大学老年大学开设了隔代养育课程等。老年教育不同于学校教育,当属于社会教育,其教育内容的设置主要来自学习者的需求。丰富多样的课程开设,恰恰就反映了老年群体学习需求的多样性。

3. 层层递进:学习需求的深层逻辑

老年群体的学习需求还呈现出层次性。这种层次性体现在两个方面,一方面是老年人作为人类的整体特性,将他们的学习需求与"未完成"的人的发展相关联,认为他们的学习需求呈现层次性;另一方面是老年人作为人群中的亚群体,其内部呈现一定的差异性。首先,老年群体学习需求,可以概括为适应性学习需求、休闲性学习需求、社会性学习需求以及自我超越性学习需求这四大类型。其中,适应性学习需求是指为了促使日常生活变得更健康、更安全,而产生的学习需求,如健康养生、权益保障、科技应用学习等;休闲性学习需求是指为了追求更丰富、更愉悦的休闲生活,而产生的学习需求,如各类艺术、休闲技能、传统文化学习等;社会性学习需求是指为了追求更自由、更具归属感的社会生活,而产生的学习需求,如社会规则、家庭关系学习等;超越性学习需求是指为了追求更高洁、更纯粹的精神生活,而产生的学习需求,如撰写回忆录、生命来去、志愿者服务技能学习等。老年群体学习需求理论与马斯洛需求理论类似,表现出一定的层次性,与生活世界和美好生活向往的层次一脉相承。这样的层次性,体现了终身教育理论的精髓,体现了将老年人视为"未完成"的人,可以发展的人的思想,体现了将学习需求视为个体发展不可分割一部分的理念。这四类学习需求,是一层一层往里推进的,可以用彩虹图加以直观演示(如图6-1所示)。其中,处在最外层的是适应性学习需求,是最常见的学习需求;其次是休闲性学习需求,再次是社会性学习需求,最里层为超越性学习需求,是包裹得最紧、最不易察觉的学习需求,也是老年教育中容易忽略的部分。学习需求从外向内的递进关系,其实也是老年人作为自然人、社会人和精神体的观念演进。

另外,老年群体学习需求因健康、经济收入、文化程度等不同,而呈现先后顺序性。比如身体状况不佳的老年人,最显著呈现的就是适应性的学习需求,相比于身体健康的老年人,其他的学习需求均显著偏低。健康是最基础的生理需求,关于身体健康方面的学习需求尚未得到满足的情况下,很难出现社会性、精神性方面的学习需求。比如受教育程度高、社会地位相对较高的老年人,他们可能会有适应性学习需求与休闲性学习需求,但其社会性学习需求与超越性学习需求,发生的概率则相对更高。这可以用美国心理学家米勒(H. Miller)关于成人学习参与的势力场模型加以佐证。米勒认为,来自社会经济地位较底层的成人参与学习的主要原因是为了获得基本的生活技能,而来自社会经济地位较高层次的参与者则是为了满足个人成就与自我实现的需要。这种因社会经济地位层次不同所造成的学习参与的内容不同,很好地验证了学习需求层次模型中的顺序性。同时,麦克拉斯基教授的"余力"理论,在一定程度上也支持了学习需求顺序性的合理性。他认为,成人的生活中存在着"负担"和"能量"两大要素,"负担"是个体产生的自我和社会需求,"能量"则是去处理与消解"负担"的元素。"负担"既包括现实生活任务、又包括未来心愿规划,既包括常规任务,又包括突发事件;"能量"包括生理能量、社交能量、智力能量、经济能量和技能能量。只有在"能量"有余的情况下,"负担"才会得到很好的处理。[①] 同理,对老年人而言,有限的"能量"催生有限的学习需求,充分的"能量"激发深层的学习需求。这也就解释了身体状态不佳、经济基础薄弱、受教育程度较低的老年人表层学习需求更为强烈的原因。

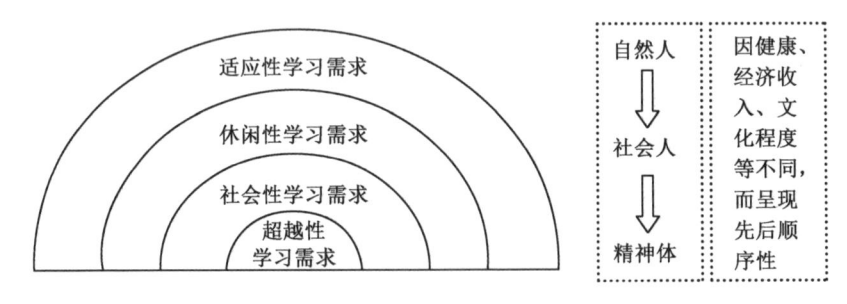

图 6—1 老年群体学习需求层次图

(四)交织互动机理:生活为基,向往为由,学习为径

本书从老年群体生活出发,走进他们的生活,解读他们所向往的美好生活和学习需求。研究认为,老年群体的生活世界现状,引发了对美好生活的向往,

---

① 应方淦.成人生存境遇与学习——基于余力理论的解读[J].中国成人教育,2007(19):16—17.

美好生活的向往又生成了学习需求,学习需求反过来又指向美好生活的实现。

首先,本书从"人"入手,认为生活世界是研究的起点。生活历史法认为,要想研究人的现象,就需要走进源头去还原和重建,需要对表面所呈现事实或需求进行因果关系的探索,更应当以当时当下为依托,并且估计未来发展的动向。[①] 成人教育实践活动几乎每时每刻都在关照成人群体、成人个体的生活能力。成人生活角色越受关注,生活世界越受关切,就越接近成人教育科学的最初始基,越接近成人教育研究的逻辑原点。关切生活,既是成人教育科学及其体系建构的最初起点,也是成人教育科学及其体系建构的最终归属。[②] 因此,本书遵循了成人教育研究的逻辑起点,从现实生活世界这一逻辑起点出发,推论演绎出美好生活及其学习需求的内容。

其次,本书从走向美好生活向往的领域出发,认为美好生活向往是个体能动性的体现,也是教育价值所在。人是未完成的,其一生都是具有发展的意愿与潜能的。对于老年群体而言,同样是未完成的,未来同样向他们敞开大门。寻找美好的生活,这永远应当成为教育的基本哲学需要,也是教育永恒的价值理想。等到一个更好的生活,期盼一个更好的存在,追求更好的善和美好,这就是教育必须守护的目的。[③] 正因如此,他们在当下生活现状的基础上,追求美好生活,渴望美好生活的达成。可以认为,追求美好生活,也是教育研究中的价值引领和方向指引。

再次,本书在探索学习需求的过程中,验证了从生活而来,走向生活的逻辑。成人教育学的研究纲领告诉我们:"关于'生活',必定牵涉到终身教育的生成与终身学习的实现。"[④]成人学习,本就与其社会角色扮演和生活任务履行紧紧相依,成人学习本就源于生活、植于生活、为了生活。正如伊里奇所言,"真正的学习是完全自愿参加的学习,是自然地产生于生活,产生于事件和人的学习"。[⑤]联合国教科文组织对于成人学习参与的调查也认为,个人工作生活与学习之间有着密切的联系。也就是说,研究成人学习,必须放置于其生活世界之中。人的生活是有目的、有意向的,对美好生活的向往与勾画是人在生活过程中不可缺少的一部分。教育能够将人的发展需要与社会发展需要进行调和,通过提供尽可能丰富的教育内容和生活方式的选择,以及确保人的发展定向,来

---

① 徐改.生活历史法:研究成人教育和学习的整体性方法[J].全球教育展望,2010(10):71—75.
② 高志敏.成人教育学科体系论[M].上海:上海教育出版社,2017:579.
③ 薛晓阳.希望德育论[M].北京:人民教育出版社,2003:48.
④ 高志敏.成人教育学科体系论[M].上海:上海教育出版社,2017:542.
⑤ [美]伊利亚斯,梅里安.成人教育的哲学基础[M].高志敏,译.北京:职工教育出版社,1990:209.

为其实现美好生活奠定基础。学习作为通往美好生活的途径,在于能够培养人的选择能力和精神品性,完善人的价值体系。本书也同样认为,学习是老年群体通往美好生活的途径之一。但是与以往研究不同的是,老年群体认为的学习助力实现美好生活,并不是通过培养人来达成,而是直接发生在学习过程中。换句话说,以往研究认为,教育是通往美好生活的途径,教育是间接的工具,目的在于培养人,通过人的成长来追求美好生活,这里的美好生活,是长远的、是模糊的。本书认为,本书中学习是老年群体通往美好生活直接的工具,直接帮助个体到达美好生活,这里的美好生活,是明确的、清晰的。

## 第二节　研究反思

研究之初,笔者期待自己能够像一名记者那样探寻真相,像一名医生那样诊断要害。研究之中,笔者完成了框架的设计、资料的收集、数据的处理、文本的分析、理论的总结。研究将末,回望整个过程,总结可取之处,反思不足之处,探索未来仍可继续开垦的领地,断想实践可以改变的方向。

### 一、初出茅庐:对创新与不足的反思

本书立足老年人群,以上海市老年群体为样本,对老年群体的美好生活和学习需求进行了调查与访谈,提炼老年群体的学习需求特征,分析学习需求背后隐藏的对美好生活向往的逻辑连接。反思整个研究,既有定创新之点,也存在不足之处。

(一)研究的创新

本书在研究视角、研究内容和研究结论方面有所创新。

一是研究视角的创新:以生活世界作为起点,以"美好生活向往"为中介,开拓了学习需求研究的新视角。学习需求,并不是一个新兴话题;关于学习需求的研究,也并非空白之地。但是,以往的学习需求研究,更多的是聚焦于学习需求的表象呈现,缺乏更深入的解读,略显表面化与平面化。本书再次进入该领域,另辟蹊径地从生活世界入手,通过"生活世界现状—美好生活向往—学习需求表达"的逻辑路径来探索老年群体的学习需求。"哲学转向生活世界的实质是转向人或此在的'现身情态',是在人的现实活动和生存状态中理解人本身。"[①]从生活世界入

---

① 贺炳团.马克思关于人的社会现实性与海德格尔的此在在世比较[J].湖北社会科学,2006(12):16—18.

手,不仅有效还原了事实与情境,而且深刻挖掘了学习需求的前因后果、内容表征和细节差异。这样的视角切入,一是依循了成人教育研究的基本纲领,还在成人学习与生活之间,引入了"美好生活"的中介元素;二是深入地剖析了学习需求背后的机理,不仅呈现了学习需求的"台前",而且解读了学习需求的"幕后",为此领域的研究提供了新的思维视角。

二是研究内容的创新:首次解构老年群体所向往的美好生活,推动了关于美好生活实证研究的可操作性。本书对美好生活进行了解读与分析,这种解读与分析是来自老年群体的、是基于生活实践的,同时也是经过总结与归纳的。当前,大多学者对于美好生活的研究,集中于对美好生活的概念释义与价值分析,而对其内容分解乃至实证调查的研究少之甚少,关于老年群体美好生活向往的研究,更是凤毛麟角。本书首次对老年群体美好生活进行了维度划分、内容解读与特征归纳,使得相关研究不再停留于一般概念与意义层面的探讨,而是深入走向了可操作、可调查、可分析的层面,为"美好生活""学习需求"领域的相关研究提供了可行性参考。

三是研究结论的创新:创新性地建立了学习需求层次模型,挖掘了学习需求理论研究的深度。当前关于老年学习需求的研究并不少见,研究结论也是百花齐放。正如前文所言,目前关于学习需求的实证研究虽然成果丰硕,但是对于学习需求的理论总结却相对有限。换言之,就是对学习需求的事实研究多,理论升华少。本书在收集、分析、研究大量事实资料的基础上,不仅对学习需求做了事实描述和理论总结,而且提出了老年群体学习需求层次模型,通过绘制彩虹图,清晰直观地演示老年群体学习需求的内容以及内在结构。麦克拉斯基、西蒙斯、崛熏夫等人虽然也对老年学习需求进行了理论化提炼,但是所归纳的学习需求是平面的、并行的,并没有探索学习需求的内在层次。而本书所建立的老年学习需求彩虹图,恰恰就是对以往研究的深化。

(二)存在的不足

虽然本书努力突破创新,但是反思整个研究,仍然存在不足之处。

一是需要继续扩大样本的代表性。本书的取样对象主要限于上海区域。虽然文中在一定程度上论证了取样范围的合理性与有效性,但是今后仍有必要继续加大样本的丰富性,进一步促进研究的宽度与广度。

二是需要继续强化质性与量化研究方法的融合。本书采用"先数据后文本"的方式阐述问题,用数据说明老年群体学习需求的特征,用文本解释学习需求的来源与指向,以及其他更多细节,一定程度上结合了质性与量化两种研究方法的优势。但是由于研究者对这两种方法同时交叉使用的实践能力尚有待提升有限,因此在深度融合运用时难以游刃有余。今后仍将继续加强研究方法的学习,根据研究所需灵活运用相应的方法。

三是有待更加明晰相关元素之间的关系。本书基于实证资料,建立了老年群体学习需求层次模型,绘制了学习需求彩虹图,比较直观地展示出了学习需求的内容与结构,但是对于学习需求层次的维度划分、各层次之间的关系等,仍需要得到更多的研究,使之更加的清楚、明晰。

## 二、来日方长:对未来研究的假设

关于老年群体美好生活向往与学习需求表达,本书只是一个开端。如果本书所描述的"老年群体学习需求地图"得以成立,那么关于老年学习、老年教育领域的研究,仍有诸多问题有待深化。

(一)基于对本书的延续

——老年群体是一个宽泛的人群,其中有许多亚特征和亚群体,比如男性老年人与女性老年人、低龄老年人与高龄老年人、城市老年人与农村老年人等,还包括残障老年人、单身老年人、文盲老年人等。这些亚群体的生活世界,应该是有别于大多数的老年人,他们的生活期待和学习需求是怎样的?研究的群体,是否可以划分得更细致一些?

——生活世界是一个博大的概念,本书虽然根据研究目的与调研情况,将生活世界、美好生活以及学习需求进行了维度划分,并且对每个维度的要点与内容进行了说明,但是维度划分作为本书的难点之一,在今后的研究中,依然值得不断地、持续地探索。关于老年生活世界以及美好生活的划分,是否还有新的方式与维度?是否还有新的视角与标尺?

——老年群体所提出的诸多学习需求中,有些是亘古不变的需求,比如养生、休闲等学习需求;有些是时代变迁所带来的需求,如信息技术、权益保障等学习需求。目前的研究仍停留在对学习需求的展示层面,还没有对学习需求进行更深入地分析,比如哪些是永恒性的学习需求,哪些是时代性的学习需求?对于永恒性的学习需求,应该开发哪些经典课程;对于时代性的学习需求,应该开放哪些学习资源?对于学习需求的层次,是否能够用更多的数据和案例予以支撑或者修正?

——关于老年群体学习需求,本书从生活角度入手,建立了"实际生活世界—美好生活向往—学习需求表达"这一逻辑链条。顺着这个逻辑链条,还可以进一步思考,为什么有些老年人没有产生学习需求?既然学习需求与生活紧密相依,那么如果没有学习需求,是否同样与其生活密切相关?那么他们的生活有哪些期待？社会和老年教育可以为之开展哪些行动？

——老年群体学习需求的发现，在一定程度上能够为实践提供事实基础，但不意味着全部的事实基础。在需求的满足过程中，影响因素同样是一个至关重要的话题。如果说学习需求的描绘是正面，那么影响因素就可以理解为反面。一个是向阳面，一个是背阴面，两者缺一不可。而影响因素的研究，是否还是可以生活世界这一概念入手？

（二）出于对本书的扩展

——实践中部分老年群体的部分学习需求已经得到满足，那么他们的美好生活向往是否实现？学习需求满足后，对他们的生活产生了哪些影响？对他们的生活产生了哪些价值？他们的期待与向往，是否如愿以偿？

——既然老年群体的学习需求是从美好生活的向往中来，也指向美好生活的实现，基于这样的逻辑思路，老年教育的课程开发、学习场所设定、学习方式选择，是否需要变革？尤其是学习内容的设置方面，是否应跳出传统课程中的系统性与逻辑性，更加注重生活性与实用性。相应地，学习场所、学习方式、学习伙伴等要素是否也要进行变革？

——老年群体学习需求具有时代性，那么随着社会的发展，随着各种新情况的出现，他们的学习需求也会相应发生改变，是否需要建立长期的需求监测机制，动态测评学习需求的发生与改变？比如面对新冠病毒肺炎的疫情，面对线上教学的新变革，面对公共卫生安全体系的新举措，老年群体相应又会产生何种生活期待以及学习需求？

### 三、满怀憧憬：对实践改革的断想

自研究之初，笔者就秉承着从实证中来的信念；直至如今的研究之末，也依然坚持着到实践中去的理想。虽然研究的使命在于发现学习需求、分析学习需求，而不在于规划实践改革，但是在听了这么多故事，分析了这么多资料的基础上，难免对实践有一些断想。有些断想，可能已经超越了老年教育领域，但是无论怎样，都没有脱离对老年群体的真切关照。

（一）理念传递：老年等于贬义吗？

提起"老年"，总是让人难免想到衰落、消极。但是黑格尔曾说过，"我们所熟知的不一定是真知"。我们熟知老年人的"弱"，却忽略了他们的"强"。因此，在老年教育在各项设计开始之前，首先需要审视对"老年"观念，定位"老年"的价值。

1. 澄清"老年"观念

"我们社会对待老年有种负面的态度。这影响了我们对待老年人的方式，我们对他们的期待和我们提供的服务。"①我们目前对老年的惯常理解,可能只是一种刻板印象,而不一定是全部的事实。当我们在谈论老年时,通常反应为"他们",而不是"我们"。这就是"年龄歧视"。其实不然,每个人都有老的时候,今天我们可能"未老",但是,明天一定"会老"。"老"是我们都会经历的状态,不应将"老"的人割裂为"他们",而应都是"我们"。与"新生"相对的,是"老去"。无论是新生还是老去,构建的都是整个社会环境,都是每个人赖以生存、难以脱离的生活之网。所以,我们需要用更包容的思维进行思考,在更广阔的空间里看待自己、让人与社会,我们理应树立这样的理念:我们是老年的命运与共者,我们是老年的亲历者与接纳者。

2. 定位"老年"价值

存在即是合理。老年作为所有生命体的状态,既然存在,就必然有其价值。我国人口学专家邬沧萍教授曾指出:"老年人的价值体现在两个方面:一方面老年人是以他们历史上的成果继续参与社会建设;另一方面,从现实来看,好多老年人在决策方面发挥作用,在家庭和社会发挥作用。"②因此,在老年教育事业设计之初,就首先要定位老年群体的价值。价值不是一纸文字,而是事业发展方向的灯塔。因此,要帮助老年人认识到自身存在的意义,要帮助老年教育工作者认识到老年的意义,更要引导全社会认识到老年的价值。不同的价值引导,可能会产生不同的教育方向。比如将老年视为人类社会的进步,那么其所配置的课程可能是关注老年生活品质的;将老年视为文明的示范者和传递者,那么其所配置的课程可能是关注其能动性发挥的。无论将老年定位为何种价值,都必须承认"老"并非贬义。

(二)资源建设:学习怎样服务生活?

"教育本身就是一个世界,同时也是整体世界的反映。"③《教育:财富蕴藏其中》提出四个学会:学会认知、学会做事、学会共同生活、学会生存。如果说成人学习在于帮助成年人(主要指成年早期和成年中期)学会学习,那么老年学习的重点则在于帮助老年人学会生活。

1. 贴近生活的来源探寻

帮助老年人学会生活,首先就需要走进老年人的生活,研究老年人的生活。"研究人的生活、人的生活世界是教育学题中应有之义……倘若教育学不能提供这样一种总体性和根本性的把握,其理论指导下的教育政策的设计、教育制

---

① [英]拜瑟韦著.年龄歧视[M].王永梅,译.长沙:湖南教育出版社,2016:175.
② 许晓茵,李洁明,张钟汝.老年利益论[M].上海:复旦大学出版社,2010:90.
③ 联合国教科文组织国际教育发展委员会.学会生存:教育世界的今天和明天[M].华东师范大学比较教育研究所,译.北京:教育科学出版社,1996:83.

度的安排、课程内容的设置和课堂教学的策划都将是模糊的、无针对性的。"①研究生活是为了设计学习资源,设计学习资源,目标又在于回到生活。美国著名的教育学家、课程理论家泰勒(Ralph W. Tyler)指出课程的目标来源于三种途径:一是对学生的研究,二是对当代生活的研究,三是学科专家的建议。② 对于老年学习而言,课程的设置应加大对老年群体特征的研究,加大对其生活境遇的分析。本书作为一个尝试,从老年生活入手,发现其学习需求。这样研究所得的学习需求,一是来源生活,是真实可信的;二是服务生活,是切实可用的。因此,资源建设的前提,是充分、多次地调研老年群体的生活,从生活中发现其学习需求。

2. 去结构化的资源供给

老年人群的学习需求直接来源于生活,又指向美好生活,可见,生活有多广,他们的需求就有多少。老年群体的学习需求,还有一个最显著的特点,就是与生活紧密相连,指向美好生活的实现。当前,能够满足老年群体学习的途径,依然以老年大学、社区学院等机构为主。在制度化、机构化的学习组织中,其学习资源的建设,更加规范,但是也可能会失去"生活味"。老年人所要学习的内容,是与生活直接相关的,以传统课堂的形式,所能够承载的空间非常有限。老年教育不是义务教育,强制性的成分少,自由性的成分多。非正式学习理论强调:"学习,可以发生在其多样化的社会文化或社会生活空间。……学习是和日常生活互融、互动的。"③老年教育的资源建设,可以打破传统教育的规定性,更加碎片化、灵活化,更加雅俗共赏、喜闻乐见。这可以成为老年教育区别于传统教育的特色。紧贴着美好生活的学习目的与学习、放置于生活情境下学习方式与学习过程,一定会比学校化、制度化情境下的老年学习安置与设定更加五光十色。

3. 服务生活的价值取向

如果本书中基于美好生活向往所得出的学习需求成立的话,那么在今后老年教育的资源建设上,是否就需要作出相应的调整? 健康作为老年群体的首要需求,资源建设者们应该增加健康类课程的比例,并且在可以促进健康的课程中增加健康保健知识。休闲娱乐作为丰富老年群体生活最主要的项目,资源建设者们可以设置尽可能多的门类,除了常见的琴棋书画等之外,还可以开发更

---

① 晏辉.教育回归生活世界的基本方式[J].华东师范大学学报:教育科学版,2006(1):3—9.
② 施良方.泰勒的《课程与教学的基本原理》——兼述美国课程理论的兴起与发展[J].华东师范大学学报:教育科学版,1992(4):1—24.
③ 曾李红,高志敏.非正式学习与偶发性学习初探——基于马席克与瓦特金斯的研究[J].成人教育,2006(3):4—8.

多的内容,包括各种非遗文化项目,如戏曲、曲艺、手工等,还可以包括年轻人的专属项目,比如摇滚乐、健身等。在这些资源设计的过程中,还要渗透审美的学习元素,增加艺术与生活、艺术与人生的关联。社会参与作为肯定老年群体社会性的存在,资源建设者们应该注重老年学习与社会的联系,可以将学习场所扩充至社会的各场地,而不限于老年大学校门之内;可以将学习成果与社会服务相关联,将学习成果以各种形式反哺社会。自我超越作为一部分老年人的学习需求,资源建设者们应该注重资源建设的序列性,针对同一门学习课程,既要有入门级、普及性的内容,也要有提高级、专业性的内容。此外,还要根据社会环境的变革与要求,及时地创设帮助老年群体适应社会变化的课程,如新兴技术的使用、社会新规的遵守等。

(三)环境建构:可否留下一条小径?

为老年人提供学习机会,固然可能在一定程度上满足学习需求,帮助其实现其所向往的美好生活。但是,笔者也注意到,有些美好生活,不完全是通过学习可以实现的。学习只是实现美好生活的方式之一,但不是全部的解决之道。无论是老年教育还是老龄事业,是需要全社会倾注人力、物力与财力予以发展的。笔者在这里所呼吁的,不是如何扩大资源、优化资源的问题,而是如何在各种生活场景、生活内容中为老年人留有空间的问题。

1. 为老年群体预留缓冲地带

社会的主流节奏,由年轻人推动,其成果也是最先被年轻人所享用。社会的发展,方向是一直向前的,力量也是不可抗拒的。但是,社会在飞速进步的同时,有时却忽略了老年群体的适应速度。访谈中就有老年人提到,医院一夜之间普及手机预约服务,商场顷刻之间全是扫码支付,他们还没有学会新方法,旧通道就已经关闭。此外,老年群体也是社会的财富,除了为家庭作贡献以外,仍有一部分老当益壮的老年人希望反哺社会。社会是否可以打开一条通道,让更多愿意服务社会的老年人有机会实现心愿,同时创造出更多的精神财富?所以,当我们在创设生活环境时,是否可以听一听老年人的需求?当新政策推广时,是否还能为老年人留下一条小径?老年通道的预留,不是鼓励他们原地停留,而是为他们预留缓冲时间;为老年群体预留通道,也是为了更有效地发挥他们的价值。

2. 在情境中提供学习机会

为老年群体预留的通道,有些是临时性、过渡性的,有些是长期性、固定性的。无论通道是哪种性质,最重要的是在专属通道中,为老年群体提供学习机会,逐渐帮助他们适应社会发展。学习发生在与个体相关联的生活时空中,学习是主体和环境相互依赖的活动形式。[①] 情境学习理论告诉我们:"学习,就是成人在其所处的社会情境中作用与相互作用的再现过程。"[②]也就是说,在真实的生活情境之中,学习才能更有效地发生。新兴的学习理念弘扬主体间在共同社会生活过程的交往和互动。[③] 因此,社会为老年人预留的通道,可能恰恰是老年人最需要学习的情境,在这样的情境下为老年人提供的学习支持服务,对他们来说应该是最及时、最有效的学习。

老年学习需求的研究,只是老年教育的一小部分;老年美好生活的向往,只是老年生活世界与精神家园的一个研究角落。本书从美好生活向往的视角中,描绘了老年群体学习需求的坐标点,但是这幅画卷中更多风景仍有待绘就。同时,也期待有更多人关注老年群体,走进他们的生活世界,关注他们的精神家园,无论是否从事专业研究,都一如既往关照这一传承人类文明、传递生命力量的群体,在心灵的互动中滋养生命,在生命的感恩中创造美好生活。

---

[①] 徐改.生活历史法:研究成人教育和学习的整体性方法[J].全球教育展望,2010(10):71—75.
[②] 应方淦,高志敏.情境学习理论视野中的成人学习[J].开放教育研究,2007,13(3):10—13.
[③] 高志敏.成人教育学科体系论[M].上海:上海教育出版社,2017:431.

# 参考文献

- **书籍**
  - **中文部分**

[1] [奥]阿尔弗雷德·阿德勒. 阿德勒说自我超越[M]. 武汉:华中科技大学出版社,2012.

[2] [美]A. J. 赫舍尔. 人是谁[M]. 隗仁莲,安希孟,译. 贵阳:贵州人民出版社,2019.

[3] [美]戴维·迈尔斯. 社会心理学[M]. 侯玉波,等译. 北京:人民邮电出版社,2016.

[4] [英]比尔·拜瑟韦. 年龄歧视[M]. 王永梅,译. 长沙:湖南教育出版社,2016.

[5] [英]伯特兰·罗素. 教育与美好生活[M]. 张鑫毅,译. 上海:上海人民出版社,2017.

[6] 陈福星,冀有德等. 老年教育概论[M]. 济南:山东人民出版社,2004.

[7] 傅小兰. 情绪心理学[M]. 上海:华东师范大学出版社,2016.

[8] 陈涛. 老年社会学[M]. 北京:中国社会科学出版社,2009.

[9] 陈向明. 质的研究方法与社会科学研究[M]. 北京:教育科学出版社. 2000.

[10] 崔丽娟,丁沁南. 老年心理学[M]. 北京:开明出版社,2012.

[11] 党俊武. 中国城乡老年人生活状况调查报告(2018)[M]. 北京:社会科学文献出版社,2018.

[12] 丁英顺. 日本人口老龄化与老年人力资源开发[M]. 北京:中国社会科学出版社,2016:62.

[13] 董奇. 心理与教育研究方法[M]. 北京:北京师范大学出版社,2004.

[14] [美]杜安·舒尔茨. 人格心理学:全面、科学的人性思考[M]. 张登浩,李森,译. 北京:机械工业出版社,2016.

[15] [英]莱恩·多亚尔,伊恩·高夫. 人的需要理论[M]. 汪淳波,等译. 北京:商务印书馆,2008.

[16] 范明林,张钟汝. 老年社会工作[M]. 上海:上海大学出版社,2005.

[17] 风笑天. 社会调查中的问卷设计[M]. 北京:中国人民大学出版社,2014.

[18] [美]弗洛伊德·J. 福勒. 调查研究方法[M]. 孙振东,龙藜,陈荟,译. 重庆:重庆大学出版社,2004.

[19] 高志敏. 成人教育学科体系论[M]. 上海:上海教育出版社,2017.

[20] 高志敏. 成人教育社会学[M]. 石家庄:河北教育出版社. 2006.

[21]高志敏.终身教育、终身学习与学习化社会[M].上海:华东师范大学出版社,2005.

[22]高志敏.成人教育心理学[M].上海:上海科技教育出版社,1997.

[23][美]戈登·达肯沃德,雪伦·梅里安.成人教育:实践的基础[M].刘宪之,译.北京:教育科学出版社,1985.

[24]顾明远.教育大辞典[M].上海:上海教育出版社,1998.

[25]顾秀莲.多元化的中国老年教育[M].北京:中国妇女出版社,2009.

[26]郭元祥.生活与教育——回归生活世界的基础教育论纲[M].武汉:华中师范大学出版社,2002.

[27][美]哈瑞·穆迪,詹妮弗·萨瑟.老龄化[M].陈玉洪,李筱媛,译.南京:江苏人民出版社,2018.

[28]郝红英.埃里克森与毕生人格发展[M].太原:山西人民出版社,2018.

[29][美]赫伯特·J.鲁宾,艾琳·S.鲁宾.质性访谈方法:聆听与提问的艺术[M].卢晖临,连佳佳,李丁,译.重庆:重庆大学出版社,2010.

[30]黄富顺.高龄教育学[M].台北:五南图书出版有限公司,2008.

[31]黄希庭.人格心理学[M].杭州:浙江教育出版社,2002.

[32]康桥.杜威:教育即生活[M].上海:上海辞书出版社,2014.

[33][美]克里斯托弗·彼得森.打开积极心理学之门[M].侯玉波,王非,等译.北京:机械工业出版社 2016.

[34][美]K.W.夏埃,S.L.威里斯.成人发展与老龄化[M].乐国安,等译.上海:华东师范大学出版社,2003.

[35]李洁.当代我国城市老年文化研究[M].上海:上海人民出版社,2012.

[36]李晶.老年人的生活世界[M].北京:商务印书馆,2019.

[37]联合国教科文组织国际教育发展委员会.学会生存:教育世界的今天和明天[M].华东师范大学比较教育研究所,译.北京:教育科学出版社,1996.

[38]林崇德.发展心理学[M].北京:人民教育出版社,2018.

[39]刘济良.生命教育论[M].北京:中国社会科学出版社,2005.

[40]陆剑杰.老年教育学——中国老年教育34年实践经验的学术研究升华[M].南京:河海大学出版社,2018.

[41]罗慧兰.女性心理学[M].长沙:湖南大学出版社,2014.

[42][美]马尔科姆·诺尔斯.现代成人教育实践[M].蔺延梓,译.北京:人民教育出版社,1989.

[43][美]亚伯拉罕·马斯洛.需要与成长:存在心理学探索[M].张晓玲,刘勇军,译.重庆:重庆出版社,2018.

[44]马伟娜,戎庭伟.中国老年教育新论[M].杭州:浙江大学出版社,2019.

[45]齐伟钧.海外老年教育[M].上海:同济大学出版社,2014.

[46]世界卫生组织.积极老龄化政策框架[M].中国老龄协会,译.北京:华龄出版社,

2003.

[47]孙鹃娟,梅陈玉婵,陈华娟.老年学与老有所为[M].北京:中国人民大学出版社,2014.

[48]孙鹃娟.中国老年人生活质量研究[M].北京:知识产权出版社,2007.

[49]王伯军,王松华,李娟,等.老年生命教育[M].上海:学林出版社,2019.

[50]王铭维.老年心理学[M].重庆:西南大学出版社,2015.

[51]邬沧萍,姜向群.老年学概论[M].北京:中国人民大学出版社,2017.

[52][美]亚伯拉罕·马斯洛.动机与人格[M].许金声,译.北京:中国人民大学出版社,2012.

[53]杨德广.老年教育学[M].北京:人民教育出版社.2016.

[54]杨进.美好生活与学校教育[M].长春:东北师范大学出版社,2014.

[55]杨庆芳.我国老年教育发展探究——基于积极老龄化的视角[M].北京:知识产权出版社,2014.

[56]杨绍刚.人性的彰显:人本主义心理学[M].济南:山东教育出版社,2009.

[57]叶澜.回归突破:"生命·实践"教育学论纲[M].上海:华东师范大学出版社,2015.

[58]叶忠海.中国当代老年教育发展研究[M].上海:华东师范大学出版社,2019.

[59][美]伊利亚斯,梅里安.成人教育的哲学基础[M].高志敏,译.北京:职工教育出版社,1990.

[60]袁振国.教育研究方法[M].北京:高等教育出版社,2000.

[61][美]约翰·杜威.民主主义与教育[M].王承绪,译.北京:人民教育出版社,2011.

[62]约翰·凯利.走向自由——休闲社会学新论[M].昆明:云南人民出版社,2000.

[63]张东平.老年教育社会学[M].上海:同济大学出版社,2014.

[64]张恒,黄梅.老年社会工作服务指南[M].北京:中国社会出版社,2017.

[65]张雷.进化心理学[M].广州:广东高等教育出版社,2007.

[66]张少波.老年教育管理学[M].上海:同济大学出版社,2014.

[67]张仙桥,李德滨.中国老年社会学[M].北京:社会科学文献出版社,2011.

[68]赵宝华.提高老年生活质量对策研究报告[M].北京:华龄出版社,2002.

[69]郑令德,高志敏.和谐社会与老年教育[M].上海:上海教育出版社,2007.

[70]郑晓江.生死学[M].台北:台北扬智文化,2006.

[71]中央编译局.马克思恩格斯全集:第47卷[M].北京:人民出版社,1979.

◆ 英文部分

[1]Balzer,W. K.,Smith,P. C. & Burnfield,J. L. Encyclopedia of Applied Psychology[M]. Academic Press. 2004:289—294.

[2]Bergevin, P. A philosophy for adult education[M]. NewYork:Seabury Press, Inc. Publisher. 1967.

[3]Bianchi,Patrizio. Public and Private Control in Mass Product Industry :The Cement

Industry Cases[M]. Martinus Nijhoff Pub,1982.

[4]Glendenning. F. Education Gerontology:International perspective[M]. London:Croom Helm,1985.

[5]Henning Sailing Olesen. Adult education and everyday life[M]. Published by Adult education research group Roskilde university centre,1996.

[6]Hockey J,James A. Social Identities across the Life Course[M]. Macmillan Education UK,2003.

[7]Lamdin L.,Fugate M. Elder Learning:New Frontier in an Aging Society[M]. Phoenix:The Oryx Press,1997.

[8]Lin J P. Life satisfaction among older adults in taiwan:The effects of marital relations and intergenerational relation[M]. Springer Netherlands,2015.

[9]Mary Shaw Ryan,Clothing-A study in human behavior[M]. Heidelberg:the United States of Amercia,1966.

[10]Peterson,D. A. Facilitating Education for Older Learners[M]. San Francisco Jossey-Bass,1983.

[11]R. C. Atchley. Social forces and aging:An introduction to social gerontology(10thed)[M]. Belmont,CA:Wadsworth Publishing Company,2004.

[12]Robinson J P,Martin S. Time Use as a Social Indicator[M]. Handbook of Social Indicators and Quality of Life Research,2012.

[13]Seley H. The strees concept. In:I L Kutash,L B Schlesinger& Associates（Eds）,Handbook on stress and anxiety[M]. San Francisco:Jossey-Bass,1980.

[14]Simmons Seltzer L. Quoted S. Gorbett in L&R. Social problems of the aging[M]. Belmont:Wadsworth,1978.

● **期刊与学位论文**

◆ **中文部分**

[1]白新睿.老年教育需求的调查与思考[J].北京宣武红旗业余大学学报,2012(3):9—13.

[2]柏雅颖.老年人参与学习活动与主观幸福感的关系:老化态度的中介作用[D].临汾:山西师范大学,2017:30.

[3]蔡骤.城市老年人收入的性别差异与性别差别——基于上海市区户籍老年人经济状况调查的分析[J].北京师范大学学报:社会科学版,2007(3):126—131.

[4]灿美.回归生活世界的成人教育与全面建设和谐社会[J].辽宁经济管理干部学院学报,2008(1):67—68.

[5]陈超仪.老年人学习需求特征及其影响因素分析[D].广州:暨南大学,2017:27.

[6]陈春勉.老龄化背景下社区老年教育课程建设研究[J].成人教育,2016,36(9):69—

72.

[7]陈善卿.学习为生活 生活为学习——从陶行知教育思想看我国老年教育[J].老年教育(老年大学),2014(10):8－11.

[8]程仙平.社会主要矛盾转化背景下老年教育发展路向与因应策略——以浙江省为例[J].成人教育,2019,39(12):42－46.

[9]崔铭香.青年农民工的生存境遇与学习行为研究[D].上海:华东师范大学,2010:223－224.

[10]邓莉莉,周可达,李华娟.广西老年人口生活质量评价及对策研究[J].学术论坛,2016(11):126－130.

[11]丁海珍.老年教育形式创新的思考与探析[J].继续教育研究,2015(4):16－18.

[12]丁志宏.中国老年人经济生活来源变化:2005～2010[J].人口学刊,2013,35(1):69－77.

[13]丁卓菁.新媒体环境下老年群体媒介素养教育探讨[J].新闻大学,2012(3):116－121.

[14]樊星.老年人参与学习活动与主观幸福感的相关性研究[D].上海:华东师范大学,2009:104.

[15]方长春.中国城市居住空间的变迁及其内在逻辑[J].学术月刊,2014(1):100－109.

[16]付晓萍.老年教育对老年人继续社会化的功能分析——以上海老年大学为个案[J].济南职业学院学报,2007(5):24－27.

[17]付晓萍.信息化视角下老年教育的发展研究[J].中国成人教育,2017(1):120－122.

[18]傅松涛,刘树船.教育生活简论[J].河北大学学报:哲学社会科学版,2004(5):1－5.

[19]高琳薇.城乡老年人生活需求满足状况及其对生活满意度的影响——以贵阳市1518份问卷调查为例[J].人口与社会,2012,28(4):12－16.

[20]高志敏.成人教育研究的反思与前瞻[J].教育研究,2006(9):60－65.

[21]高志敏.关切可持续发展:成人教育及其科学研究的不二选择[J].河北师范大学学报:教育科学版,2016,18(3):45－53.

[22]高志敏,贾凡.关于成人教育及其学科发展的若干断想——写在《国家中长期教育改革和发展规划纲要》颁布之际[J].中国成人教育,2010(15):5－7.

[23]高志敏,贾凡.成人教育研究新理念与新方法探索[J].河北师范大学学报:教育科学版,2010,12(1):73－78.

[24]高志敏.成人教育:再解读与再认知[J].河北师范大学学报:教育科学版,2008(11):72－85.

[25]谷海龙.延边地区养老机构老年人自我效能感和自尊对生活质量的影响[D].延吉:延边大学,2017:31.

[26]韩伟,郭晗,郑新.老年教育需求动机研究——针对老年大学层面[J].人口与发展,2018,24(05):122－128.

[27]韩雯,宋亦芳. 基于社会支持理论的老年教育研究[J]. 中国职业技术教育,2018(28):34—39.

[28]郝恩河,谷传华,张菲菲. 老年人生命教育研究进展[J]. 中国老年学,2014(14):4 093—4 095.

[29]胡迪利. 宁波城市老年人学习需求分析及对策研究[D]. 宁波:宁波大学,2011:31.

[30]胡家祥. 马斯洛需求层次论的多维解读[J]. 哲学研究,2015(8):104—108.

[31]胡晓,赵鹏程. 老年教育事业发展的制约因素与对策[J]. 求索,2009(2):160—161.

[32]黄匡时. 中国老年人日常生活照料需求研究[J]. 人口与社会,2014,30(4):10—17.

[33]黄淑萍. 论社区老年教育与老年社会化[J]. 成人教育,2008(9):48—49.

[34]季战战,武邦涛. 聚焦老年旅游需求的供给侧创新问题研究——以上海地区为例[J]. 上海管理科学,2018,40(3):62—66.

[35]贾凡. 成人精神世界中的转化学习研究[D]. 上海:华东师范大学,2010:250—252..

[36]简单. 江西省城市老年教育发展对策研究[D]. 南昌:南昌大学,2010:34.

[37]江曼莉,郭月兰. 老年大学学员学习需求调研报告——以上海市X老年大学为例[J]. 当代继续教育,2015(6):72—75.

[38]姜德珍. 老年人应树立健康的生死观[J]. 中华保健医学杂志,2003,5(1):55—56.

[39]姜红艳. 21世纪初期我国老年大学教育目标研究[D]. 武汉:华中科技大学,2004:18.

[40]姜向群,杜鹏. 中国老年人的就业状况及其政策研究[J]. 中州学刊,2009,(4):109—113

[41]蒋小仙,项凯标,高全义. 人口老龄化背景下我国老年群体创业意愿的影响因素研究[J]. 老龄科学研究,2018(8):17—26.

[42]蒋亦璐. 被征地新居民的城市生活认同与适应学习研究[D]. 上海:华东师范大学,2012:144—149.

[43]赖锈慧. 我国高龄者学习需求及其相关因素之研究[D]. 台北:台湾师范大学,1989:27.

[44]李高峰. 生命与死亡的双重变奏:国际视野下的生命教育[D]. 上海:华东师范大学,2010:7.

[45]李汉东,凌唯心. 我国老年人口退休年龄、健康状况及工作意愿分析[J]. 老龄科学研究,2014(9):44—54.

[46]李红. 上海老年群体学习需求研究[D]. 成都:西南交通大学,2016:29.

[47]李建新. 老年人口生活质量与社会支持的关系研究[J]. 人口研究,2007,31(3):50—60.

[48]李洁. 海派学习文化研究[D]. 上海:华东师范大学,2009:193—303.

[49]李洁. 老年教育理论的反思与重构——基于西方现代老龄化理论视野[J]. 开放教育研究,2015,21(3):113—120.

[50]李琦,王颖.老年教育的供需矛盾及解决机制——国际经验与本土思考[J].云南民族大学学报:哲学社会科学版,2019,36(6):75—83.

[51]李雅慧,魏惠娟.低教育程度退休者的学习历程之探索:转化学习的观点[J].高雄师范大学学报,2015(39):25—47.

[52]联合国教科文组织.走向美好未来的生活与学习:成人学习的力量(贝伦行动框架)[J].成人教育,2011,31(2):4—8.

[53]梁晓兰.高校退休老人的希望、社会支持、生活质量及其关系[D].桂林:广西师范大学,2014:73.

[54]刘保军.青州市老年人生活质量调查及对策研究[D].青岛:中国海洋大学,2011:19—26.

[55]刘海春.休闲教育的伦理限度[J].学术研究,2006(5):62—65.

[56]刘静.韩国的退休准备教育:现状、特点及启示[J].教育科学,2015,31(4):92—96.

[57]刘沛妤,郭毅飞,刘军静.中老年人学习活动对身心健康的影响[J].中国健康心理学杂志,2011(2):194—196.

[58]刘铁芳.试论教育与生活[J].教育理论与实践.1996(4):18—23.

[59]刘文端,叶俊廷.高龄学习者学习动机及学习意义之初探:以电影赏析课程为例[J].社会发展研究学刊,2016(17):1—23.

[60]刘昱杉.我国老年教育供需问题研究[D].天津:天津财经大学,2017:21.

[61]陆林,兰竹虹.我国城市老年人就业意愿的影响因素分析——基于2010年中国城乡老年人口状况追踪调查数据[J].西北人口,2015(4):90—95.

[62]吕利丹.新世纪以来家庭照料对女性劳动参与影响的研究综述[J].妇女研究论丛,2016(6):109—117.

[63]吕文娟.我国老年人学习活动参与和成功老龄化关系研究[J].河北师范大学学报:教育科学版,2016(6):86—92.

[64]马丽华,叶忠海.中国老年教育的嬗变逻辑与未来走向[J].南京社会科学,2018(9):150—156.

[65]马语卿.关于老年人法律意识及权益保护调查报告[J].法制与社会,2016(1):169—170.

[66]毛豪明,丁志鹏.情感:生活意义的感受与体验[J].河北工程大学学报:社会科学版,2007,24(1):117—119.

[67]毛建茹.人力资源开发:老年教育的一项重要使命[J].河北师范大学学报:教育科学版,2017,19(1):81—85.

[68]毛毅,冯根福.教育对健康的影响效应及传导机制研究[J].人口与经济,2011(3):87—93.

[69]苗杰.教育的原点与本质——关于"生命教育"的理解[J].教育发展研究,2006(12):44—46.

[70]明艳.老年人精神需求"差序格局"[J].南方人口,2000(2):57—61,66.

[71]穆光宗.老年发展论——21世纪成功老龄化战略的基本框架[J].人口研究,2002(6):29—37.

[72]穆光宗.中国老龄政策思考[J].人口研究,2002,26(1):43—48.

[73]聂伟,风笑天.教育有助于改善身心健康吗?——基于江苏省的数据分析[J].人口与发展,2015(1):50—58.

[74]欧阳忠明.国际视域下的老年学习研究:现状、特点与发展思考[J].现代远距离教育,2019(5):3—11.

[75]乔爱玲,张伟远,杨萍.互联网时代老年群体终身学习现状调查报告[J].电化教育研究,2019,40(7):121—128.

[76]石丛.我国农村老年人生活需求与社会支持研究[D].济南:山东大学,2014:3.

[77]宋宝安,于天琪.城镇老年人再就业对幸福感的影响——基于吉林省老年人口的调查研究[J].人口学刊,2011(1):42—46.

[78]宋薇.老年学习团队功能研究[D].上海:华东师范大学,2016:56.

[79]孙常敏.城市老年人余暇生活研究——以上海城市老人为例[J].上海社会科学院学术季刊,2000(3):126—134.

[80]孙玫璐.成人、生活史:一个终身学习的研究视角——奥尔森教授成人学习研究综述[J].教育发展研究,2005,25(13):84—87.

[81]索乃颖.生活在别处[D].上海:华东师范大学,2008:40—44.

[82]谭绍华.省域大众性老年教育需求调查及制度设计研究——以重庆市为例[J].成人教育,2018,38(04):33—39.

[83]陶孟祝.关切老年生命质量[D].上海:华东师范大学,2017:113.

[84]田立法,沈红丽,赵美涵等.城市老年人再就业意愿影响因素调查研究——以天津为例[J].中国经济问题,2014(5):30—38.

[86]田山俊,杨桂梅.成人学习者学习特征及其教育价值——马尔科姆·诺尔斯成人教育思想解析[J].中国职业技术教育,2011(6):71—74.

[87]万芊.城市低龄老年人再就业促进研究——基于上海市的调查[J].社会科学研究,2013(6):114—117.

[88]汪连杰.互联网使用对老年人身心健康的影响机制研究——基于CGSS(2013)数据的实证分析[J].现代经济探讨,2018(4):101—108.

[89]王化波,董文静.珠海市老年人生活质量研究[J].人口学刊,2012(4):60—65.

[90]王进兰,赵刚.中国家庭子女教育成本与投资分析[J].河北师范大学学报:教育科学版,2001,3(2):43—52.

[91]王静.老年学习的精神生活影响力研究[D].上海:华东师范大学,2010:40.

[92]王麓萍.嘉义县高龄者的学习需求之调查研究——以老人日间照顾中心为例[D].台北:中正大学高龄者教育研究所,2005:31.

[93]王仁彧.结构功能主义:老年学习价值的生活诠释与科学建构[J].职教论坛,2015(36):50—54.

[94]王仁彧.老年生活中的老年学习与相关性分析[D].上海:华东师范大学,2014:242—248.

[95]王霞.解蔽与理解[D].上海:华东师范大学,2007:32—41.

[96]王岩,王大华,付琳.老年人夫妻依恋稳定性及其与配偶支持的关系[J].心理发展与教育,2014,30(4):396—402.

[97]王昶,刘丹霞,王三秀.国外老年生活质量研究的重心转移及其启示[J].国外社会科学,2019(1):20—29.

[98]王英,谭琳."非正规"老年教育与老年人社会参与[J].人口学刊,2009(4):41—46.

[99]王英,谭琳.赋权增能:中国老年教育的发展与反思[J].人口学刊,2011(1):32—41.

[100]王英.中外老年教育比较研究[J].学术论坛,2009,32(1):201—205.

[101]王颖,李琦.国内外老年教育研究综述与展望[J].社会科学战线,2019(10):217—224.

[102]王粤湘,邓小妮,何丽金.509名城市老人生活与健康需求的调查研究[J].中国老年学杂志,2008,28(20):2037—2040.

[103]邬沧萍.提高对老年人生活质量的科学认识[J].人口研究,2002,26(5):1—5.

[104]吴兰花.老年人主观幸福感与自我概念的关系[J].中国老年学杂志,2010,30(7):1873—1874.

[105]吴信训,丁卓菁.新媒体优化老年群体生活方式的前景探索——以上海城市老龄群体的新媒体使用情况调查为例[J].新闻记者,2011(3):65—69.

[106]伍海霞.城市第一代独生子女父母的社会养老服务需求——基于五省调查数据的分析[J].社会科学,2017(5):79—87.

[107]夏媛媛.中西方生死教育的发展与区别及原因探讨[J].中国高等医学教育,2011(5):1—2.

[108]徐红,肖静,庄勋等.南通市老年人生活质量及其影响因素[J].中国老年学杂志,2012,32(7):1450—1452.

[109]徐花蕾.回归校园的成人学习与成人生活研究[D].昆明:云南大学,2016:55—57.

[110]许广敏.老年人教育参与障碍之研究[D].上海:华东师范大学,2004:33.

[111]许竞,李雅慧.我国中高龄人群学习需求及偏好调查研究——基于部分省市抽样数据[J].开放教育研究,2017,23(1):110—120.

[112]杨德广.建立老年教育学刍议[J].教育研究,2018,39(6):16—23.

[113]杨佳.最后的农民——成人学习对农民人生境界的改造[D].福州:福建师范大学,2008:61—80.

[114]杨进,柳海民.论美好生活与学校教育[J].教育研究,2012(11):11—15.

[115]杨淑芹.论老年人的价值、需求及老年人的社会参与[D].大连:辽宁师范大学,

2003:16.

[116]杨亚玉,欧阳忠明.老年大学教育供给与老年人学习需求匹配的案例研究[J].职教论坛,2018(8):93-100.

[117]姚远.老年群体更替对我国老年社会工作发展的影响[J].国家行政学院学报,2015(3):69-74.

[118]叶南客,唐仲勋.老年人生活质量初探[J].人口研究,1989(6):31-37.

[119]叶南客.城市现代化进程中的老年生活考察——南京市老年人生活方式与生活质量变迁的个案研究[J].社会学研究,2001(4):77-88.

[120]叶忠海.老年教育若干基本理论问题[J].现代远程教育研究,2013(6):11-16+23.

[121]叶忠海.中国老年教育发展的若干基本问题[J].河北师范大学学报:教育科学版,2017,19(5):47-50.

[122]应方淦.基于生活世界视角的成人学习研究[D].上海:华东师范大学,2011:119-129.

[123]余正台.老年大学学员学习动机与主观幸福感的关系研究[D].南昌:南昌大学,2018:64.

[124]俞国良,姜兆萍.社会心理学视野下的终身化老年教育[J].南京师大学报:社会科学版,2013(2):103-108.

[125]虞红,夏现伟.国际老年教育发展的新动向及对我国的启示——基于福祉教育的视角[J].职教论坛,2019(6):97-103.

[126]俞可.论德国"大学向老年人开放"运动[J].复旦教育论坛,2013,11(2):18-24.

[127]岳瑛,暴桦.关于老年大学学员学习需求情况的调查报告[J].天津市教科院学报,2003,12(6):55.

[128]张春华,于舒洋.我国老年教育研究发展态势可视化分析[J].现代远距离教育,2019(1):56-66.

[129]张如敏.宁波城市大众化老年教育的需求分析[J].南昌教育学院学报,2012(27):191-192.

[130]张铁道.老年教育的现状与发展需求调研报告——以北京市为例[J].老龄科学研究,2015,3(5):52-61.

[131]张卫伟,王建新.美好生活的多重价值内涵及其现实构建[J].思想理论研究,2018(4):37-42.

[132]张晓凤.回归"成人世界":成人教育研究的指归[J].成人教育,2007(3):31-3.

[133]张翼.受教育水平对退休老年人再就业的影响[J].中国人口科学,1999(4):30.

[134]章辉.休闲、审美与城市生活品质研究[J].内蒙古社会科学:汉文版,2012,33(4):123-127.

[135]赵建刚,贺加.老年人生活质量影响因素分析[J].中国老年学杂志,2011,31(2):

365—367.

[136]赵丽清.中国城市老年人力资源开发影响因素的实证研究——以全国统计数据为例[J].社会科学家,2015(11):53—57.

[137]赵文君,钱荷娣.老年教育供给侧改革的方向、路径及保障机制探索[J].职教论坛,2018(6):127—132.

[138]钟晓慧,郭巍青.人口政策议题转换:从养育看生育——"全面二孩"下中产家庭的隔代抚养与儿童照顾[J].探索与争鸣,2017(7):81—87.

[139]周冬.基于老年个体的调查看老年群体教育需求特征——以辽宁省为例[J].成人教育,2012,32(1):74—76.

[140]周绍斌.老年人的精神需求及其社会政策意义[J].人口与发展,2017,11(6):68—72.

[141]周伟文,严晓萍,赵巍,齐心.城市老年群体生活需求和社区满足能力的现状与问题的调查分析[J].中国人口科学,2001(4):55—61.

[142]朱鸿章.社区教育政策与公民学习权保障的研究[D].上海:华东师范大学,2012:17.

[143]邹兴明,李芳英.走出生活世界"研究之困境"[J].河北学刊,2004,24(2):51—54.

◆ **英文部分**

[1]Atchley R C. Spirituality and Aging[J]. Holistic Nursing Practice,2009,6(6):22—31.

[2]Bonsdorff M B V,Rantanen T. Benefits of formal voluntary work among older people. A Review[J]. Aging clinical and experimental research,2011,23(3):162—169.

[3]Boulton-Lewis G M,Buys L,Lovie-Kitchin J. Learning and active aging[J]. *Educational Gerontology*,2006,32(4):271—282.

[4]Bradley C. & Marietta P. Assessing the educational needs of undereducated older adults:A case for service provider[J]. Educational Gerontology,1983,9(3):205—216.

[5]Brady,E. Michael. Learning Needs of the Elderly:Perceptions Among Educators[J]. *Educational Gerontoloty*,1989,15(5):489—496.

[6]Cheung J C K,Kwan A Y H,Chan S S C,et al. Quality of Life in Older Adults:Benefits from Caring Services in Hong Kong[J]. *Social Indicators Research*,2005,71(1—3):291—334.

[7]Clennell S E. Older Students in Europe. A Survey of Older Students in Four European Countries[J]. *Adult Education*,1990:121.

[8]Elizabeth MacKinlay PhD and RN,Susan H. McFadden PhD. Ways of Studying Religion,Spirituality,and Aging:The Social Scientific Approach[J]. *Journal of Religious Gerontology*,2004,16(3—4):75—90.

[9]Gillian Boulton-Lewis,Laurie Buys,Jan Lovie-Kitchin. Learning and active aging. Ed-

ucational Gerontology,2006(32):271—282.

[10]Gusi N,Prieto J,Forte D,et al. Needs,Interests,and Limitations for the Promotion of Health and Exercise by a Web Site for Sighted and Blind Elderly People:A Qualitative Exploratory Study[J]. *Educational Gerontology*,2008,34(6):449—461.

[11]Hardill I,Olphert CW. Staying connected:Exploring mobile phone use amongst older adults in the UK[J]. *Geoforum*,2012,43(6):1306—12.

[12]Hazan C,Shaver P. Romantic love conceptualized as an attachment process[J]. *J Pers Soc Psychol*,1987,52(3):511—524.

[13]Hiemstra R P. Continuing Education for the Aged:A Survey of Needs and Interests of Older People. [J]. *Adult Education*,1972,22(22):100—109.

[14]Hugo G. J. The Changing Urban Situation in Southeast Asia and Australia:Some Implications of the Eldery in the United Nations[J]. *Aging and Urbanization*,*United Nations*,Now York. 1991:203—207.

[15]Ip H H,Wong V W,Lelie P N,et al. Physical activity in old age[J]. *The Lancet*,1986,328(8521—8522):1431.

[16]Isoahola S E,Jackson E,Dunn E. Starting,ceasing,and replacing leisure activities over the life-span. [J]. *Journal of Leisure Research*,1994,26(3):227—249.

[17]Jon Hendricks,Stephen J. Cutler. Forum:Leisure and the Structure of our Life Worlds[J]. *Ageing and Society*,1990,10(1):85—94.

[18]Lee K S,Kim B. A study on the usability of mobile phones for the elderly[C]. Kitakyushu:International Conference on Aging and Work,2001:80—101.

[19]Lei X,Strauss J,Tian M,et al. Living Arrangements of the Elderly in China:Evidence from the Charls National Baseline[J]. *China Economic Journal*,2015,8(3):191—214.

[20]Leung A,Lui Y H,Chi I. Later life learning experience among Chinese elderly in Hong Kong[J]. *Gerontology &Geriatrics Education*,2005,26(2):1.

[21]Londoner C A. Survival needs of the older church member:Implications for educational programming[J]. *Pastoral Psychology*,1971,22(5):14—20.

[22]Luppi E. Education in old age:An exploratory study[J]. *International Journal of Lifelong Education*,2009,28(2):241—276.

[23]Martin,M. ,Sadlo,G. ,& Stew,G. The phenomenon of boredom[J]. *Qualitative Research in Psychology*,2006,(3):193—211.

[24]Massimi M,Baecker RM. An empirical study of seniors'perceptions of mobile phones as memory aids[C]. Toronto:2nd International Conference on Technology and Aging,2007:45—57.

[25]Me Auley E,Marquez DX,Jerome GJ,et al. Physiealaetivity and physique anxiety in older adults:fitness,and effete in flenses[J]. *Aging Ment Health*. 2002,6(3):222—230.

[26]Merriam S B. motivation for learning among older adults in a learning in retirement institute[J]. *Educational Gerontology*,2004,30(6):441—455.

[27]Michael,Robert T,Becker,et al. On the new theory of consumer behavior[J]. *Swedish Journal of Economics*,1973,75(4):378.

[28]Mikkonen M,Vayrynen S,Ikonen V,et al. User and concept studies as tools in developing mobile communication services for the elderly[J]. *Person Ubiquit Comput*,2002,6(2):113—24.

[29]Morrowhowell N, Hinterlong J, Rozario P A, et al. Effects of volunteering on the well-being of older adults. [J]. J Gerontol B Psychol Sci Soc Sci,2003,58(3):S137.

[30]Morrow-Howell N. Volunteering in later life:research frontiers[J]. *Journals of Gerontology*,2010,65(4):461.

[31]Neugarten B L,Weinstein K K. The Changing American Grandparent[J]. *Journal of Marriage & Family*,1964,26(2):199—204.

[32]Ng TP,Lim ML,Niti M,et al. Long-term digital mobile phone use and cognitive decline in the elderly[J]. *Bioelectromagnetics*,2012,33(2):176—85.

[33]O'Donohue W T,Fisher J E,Krasner L. Behavior Therapy and the Elderly:A Conceptual and Ethical Analysis[J]. *International Journal of Aging & Human Development*,1986,23(1):1.

[34]Palmore E B,Manton K. Modernization and Status of the Aged:International Correlations[J]. *Journal of Gerontology*,1974,29(2):205—210.

[35]Pappas G,Queen S,Hadden W,et al. The increasing disparity in mortality between socioeconomic groups in the United States,1960 and 1986. [J]. *N Engl J Med*,1993,329(2):103—109.

[36]Pevoto A E. An Exploratory Study of Nonparticipation by Older Adults in Organized Educational Activities[J]. *Access to Education*,1989:17.

[37]Posel D,Grapsa E. Gender Divisions in the Real Time of the Elderly in South Africa[D]. Dickinson College,2017:435—463.

[38]Purdie, N. &-Boulton-Lewis, G. The learning needs of older adults[J]. *Educational Gerontology*,2003,29 (2):129—149.

[39]Ralston P A. Educational Needs and Activities of Older Adults:Their Relationship to Senior Center Programs[J]. *Educational Gerontology*,1981,7(2—3):231—244.

[40]Reis H T,Gable S L. Toward a positive psychology of relationships[J]. *Positive Psychology in Practice*,2003:129—159.

[41]Rice K L,Paterson A D,Jones G M. Ageing and physical activity:evidence to develop exercise recommendations for older adults[J]. *Canadian journal of public health＝Revue canadienne de santé publique*,2007,98 Suppl 2(supplement 2):69.

[42] Rocío Fernández-Ballesteros. Quality of Life in Old Age: Problematic Issues[J]. *Applied Research in Quality of Life*, 2011, 6(1): 21—40.

[43] Rose Therese Sullivan. The Subculture of the Aging and Its Implications for Health and Nursing Care to the Elderly[D]. University of Washington, 1974: 7.

[44] Rosini M D. Constitution of the World Health Organization[J]. *World Health Organization*, 2002, 80(12): 983—984.

[45] Rosow I. The Social Context of the Aging Self[J]. The Gerontologist, 1973, 13(1): 82—87.

[46] Roth Gibbons. Lori Ann. Older Adults Learning Online Technologies: A Qualitative Case Study of the Experience and the Process[D]. Dissertation of Virginia Polytechnic Institute and State University, 2003: 5.

[47] Rowe J W, Kahn R L. Successful Aging 2.0: Conceptual Expansions for the 21st Century[J]. J Gerontol B Psychol Sci Soc Sci, 2015, 70(4): 593—596.

[48] Schuller T, Bostyn A M. Education and training for the third age in the UK: A preliminary report from the Carnegie Inquiry[J]. *International Review of Education*, 1992, 38(4): 375—392.

[49] Singleton J F, Forbes W F, Agwani N. Stability of activity across the life-span[J]. *Activities Adaptation & Aging*, 1993, 18(18): 19—27.

[50] Herlitz A, Nilsson L G, B Ckman L. Gender differences in episodic memory[J]. *Memory and Cognition*, 1997, 25(6): 801—811.

[51] Stamato C, Moraes Ad. Mobile phones and elderly people: a noisy communication [J]. *Work*, 2012, 41( Suppl 1): 320—7.

[52] Tam M. East-West Perspectives on Elder Learning[J]. *Educational Gerontology*, 2012, 38(10): 661—665.

[53] Tisdell, Clem & Gopal Regmi. Prejudice against Female Children: Economic and Cultural Explanations, and Indian Evidence[J]. *International Journal of Social Economics*, 2005, 32 (6): 541—553.

[54] Tornstam L. Gerotranscendence: The contemplative dimension of aging[J]. *Journal of Aging Studies*, 1997, 11(2): 143—154.

[55] Unützer J, Patrick D L, Simon G, et al. Depressive symptoms and the cost of health services in HMO patients aged 65 years and older: a 4-year prospective study[J]. *Jama*, 1997, 277(20): 1618—1623.

[56] Vecchio F, Babiloni C, Ferreri F, et al. Mobile phone emission modulates inter-hemispheric functional coupling of EEG alpha rhythms in elderly compared to young subjects[J]. *Clin Neurophysiol*, 2010, 121(2): 163—71.

[57] Vodanovich, S. J. , Weddle, C. & Piotrowski, C. The relationship between boredom

proneness and internal and external work values[J]. *Social Behavior and Personality：An International Journal*,1997(25)：259－264.

[58]Wang M,Shultz K S. Employee Retirement：A Review and Recommendations for Future Investigation[J]. *Journal of Management*,2010,36(1)：172－206.

[59]Wilkowski B M,Meier B P. Bring it on：Angry facial expressions potentiate approach-motivated motor behavior[J]. *Journal of Personality and Social Psychology*,2010,98(2)：201－210.

[60]Williams, Richard H. Wirths, Claudine G. Lives Through the Years Styles of Life and Successful Aging[J]. *Social Service Review*,1965,40(2)：232－233.

[61]Williamson, A. Gender Issues in Older Adults' Participation in Learning：Viewpoints and Experiences of Learners in the University of the Third Age[J]. *Educational Gerontoloty*,2000,26(1)：49－66.

[62]Willinajs P,Lord SR. Effects of group exercise on cognitive functioning and mood in older woman[J]. *Aust N Z J Public Health*. 1997,21(1)：4－52.

[63]Xavier,Flávio M F,Ferraz M P T,Marc N,et al. Elderly people's definition of quality of life[J]. *Revista Brasileira de Psiquiatria*,2003,25(1)：31－39.

### ● 电子文献

[1]199IT互联网数据中心.2017年美国中老年人智能手机使用态度报告[EB/OL].[2018－08－11]. http：//m. sohu. com/a/246491596_263856.

[2]大卫·班布里基.为什么年纪越大,时间过得越快？有六种理论可以解释[EB/OL].[2018－05－28]. https：//cul. qq. com/a/20180528/010385. htm.

[3]单仁行.中国正在快速变老 到2026年老人数量将超3亿[EB/OL].[2008－11－10]. http：//www. sxgh. org. cn/particular. aspx？id=2930.

[4]国家统计局人口司.人口总量平稳增长,人口素质显著提升[EB/OL].[2019－08－22]. http：//www. stats. gov. cn/ztjc/zthd/bwcxljsm/70znxc/201908/t20190822_1692901. html,.

[5]合众佑泽养老咨询.机会来了：大数据分析老年人旅游,50后最舍得花钱[EB/OL].[2018－10－26]. http：//www. sohu. com/a/271408271_100122244.

[6]冷洋.不会网购火车票的老人需要什么？[EB/J].贵州手机报,2018－01－15,[2018－01－15]. http：//comment. gog. cn/system/2018/01/15/016351661. shtml.

[7]联合国老龄化议题.2002年马德里老龄问题国际行动计划[EB/OL].联合国主页.[2019－10－17]. https：//www. un. org/chinese/esa/ageing/actionplan1. htm.

[8]栾喜良.2018年中国女性职场调查报告 女性对家庭经济的贡献已经达到35％[EB/OL].新浪网.[2018－03－08]. http：//k. sina. com. cn/article_3275115274_c3364b0a0010068nx. html？from=news&subch=zx.

[9]前瞻产业研究院.2018年中老年网民群体增长现状分析 智能手机成中老年人社交消遣重要工具,网络安全问题不容小觑[EB/OL].[2018-09-14].https://www.qianzhan.com/analyst/detail/220/180913-442ed91d.html.

[10]山西招警考试.全国各省份养老金排名一览表,看看不同地区相差多少?[EB/OL].[2018-07-20].http://bbs1.people.com.cn/post/2/1/2/168300640.html.

[11]上海市教育委员会,上海市老龄工作委员会办公室.上海市老年教育发展"十三五"规划[EB/OL].[2016-10-13].http://www.shanghai.gov.cn/nw2/nw2314/nw2319/nw12344/u26aw50169.html.

[12]孙小琪.你知道吗?上海目前登记合唱团多达140余,逾半数是老年人[EB/OL].[2016-10-26].https://www.shobserver.com/news/detail?id=34597.

[13]王嘉露.上海60周岁及以上参加老年大学学习人数超50万[EB/OL].[2018-04-12].http://sh.qq.com/a/20180412/012499.htm.

[14]王品芝.63.4%受访者反映家中曾有老人被骗[EB/OL].[2017-08-01].http://www.sohu.com/a/161333610_267106.

[15]王祖敏.全国现有老年学校7万多所 逾千万学员老有所学[EB/OL].[2018-12-26].http://edu.people.com.cn/GB/n1/2018/1227/c1053-30490941.html.

[16]英伦圈.2018全球城市生活成本排名,中国5个城市超过伦敦![EB/OL].[2018-07-01].http://www.sohu.com/a/238762111_167657.

[17]中华人民共和国老年人权益保障法[EB/OL].[2013-02-07].http://www.mca.gov.cn/article/gk/fg/ylfw/201507/20150715848507.shtml.

# 附　录

## 附录1：

**老年群体美好生活向往与学习需求预访谈提纲**

阿姨/叔叔：

您好！我是华东师范大学成人教育学专业的研究生,目前正在写毕业论文。我的毕业论文是关于老年群体美好生活与学习需求方面的内容,主要涉及三个方面的问题:一是老年群体当下的生活状况;二是老年群体所向往的美好生活;三是老年群体希望进行哪些方面的学习。我将对您进行提问,您根据自己的情况回答就可以。我会对您的个人信息和回答严格保密,在论文中也不会出现您的名字。另外,因为访谈资料需要整理,所以我希望能够录音,可以吗? 访谈中,如果有什么您认为不适合录音的,您随时可以提出关闭录音。如果有任何要求,您都可以向我提出来。

1. 您认为当代老年人的生活状态如何?
2. 您认为老年人期待的美好生活包括哪些内容?
3. 您认为老年人的学习与生活有什么关系?
4. 您认为老年人需要哪些方面的学习?

## 附录2：

**老年群体美好生活向往与学习需求访谈提纲**

阿姨/叔叔：

您好！我是华东师范大学成人教育学专业的研究生,目前正在写毕业论文。我的毕业论文是关于老年群体美好生活与学习需求方面的内容,主要涉及三个方面的问题:一是老年群体当下的生活状况;二是老年群体所向往的美好生活;三是老年群体希望进行哪些方面的学习。

所以,现在我会问您几个简单的问题,您根据自己的实际情况和真实想法回答就可以。回答没有好坏之分,您的真实回答将对我提供很大的帮助。我会对您的个人信息和回答严格保密的,在论文中也不会出现您的名字。另外,因为访谈资料需要整理,所以我希望能够录音,可以吗?访谈中,如果有什么您认为不适合录音的,您随时可以提出关闭录音。如果有任何要求,您都可以向我提出来。

第一部分:基本信息

1. 请问您今年贵庚?
2. 请问您退休前的职业是?
3. 冒昧问一下您的文化程度是?
4. 您现在是和老伴一起住,还是和子女一起住?
5. 您需要带(外)孙子或(外)孙女吗?

第二部分:生活现状与美好生活

1. 您目前的生活中,最重要的事情是什么?
2. 您目前的生活中,有没有遇到什么困难或者需要帮助的地方?
3. 您目前的生活中,有没有什么没有实现的心愿?
4. 您目前的生活中,还有哪些方面您觉得希望能够变得更好?
5. 您对美好生活是怎么理解的?
6. 您认为要实现美好生活,还需要做哪些?

第三部分:美好生活与学习需求

1. 您觉得您的生活中需要学习吗?
2. 您觉得生活变得更好和学习有关系吗?
3. 您觉得通过学习能否在一定程度上帮助您实现生活的愿望?
4. 如果让您自由选择,您希望学习哪些方面的内容?
5. 您希望学习的内容,和您的生活有什么样的关系?

谢谢叔叔/阿姨,我们的访谈就暂且到这里,耽误您宝贵时间了。我可以留下您的联系方式或者微信,和您保持联系吗?再次谢谢您的支持,祝您生活愉快!

# 附录3:

## 老年群体学习需求问卷调查

亲爱的先生/女士:

您好!这是一份关于老年学习需求的调查问卷,旨在更准确地了解您的学习需要,以便更好地提供老年学习服务。问卷填写采用无记名方式,答案无好坏之分,只需根据您的实际情况如实作答即可。

数据仅供研究使用,我们将对您的信息进行严格保密,请您放心。占用您宝贵的 10 分钟时间填写问卷。您的意见对我们很重要,衷心感谢您的支持和帮助。

华东师范大学课题组<br>2018 年 10 月

第一部分　基本信息　请在符合您的实际情况选项的□内打√。

一、性别:男□　　　　女□

二、年龄:①50—55 岁□　②56—60 岁□　③61—65 岁□　④66—70 岁□
⑤71—75 岁□　⑥76—80 岁□　⑦80 岁以上□

三、文化程度:①不识字□　②小学□　③初中□　④高中(中专)□
⑤大专□　⑥本科□　⑦硕士及以上□

四、您所在区?
①浦东新区□　　②黄浦区□　　③静安区□　　④徐汇区□
⑤长宁区□　　　⑥普陀区□　　⑦虹口区□　　⑧杨浦区□
⑨宝山区□　　　⑩闵行区□　　⑪嘉定区□　　⑫金山区□
⑬松江区□　　　⑭青浦区□　　⑮奉贤区□　　⑯崇明区□

五、健康状况:①良好□　②一般□　③不好□

六、配偶的健康状况:①良好□　②一般□　③不好□　④过世□

七、退休前职业:①国家干部□　②企业管理人员□　③私营企业主□
④事业单位管理人员□　⑤专业技术人员(如教师、工程师)□
⑥个体工商户□　⑦商业服务□　⑧产业工人□　⑨农民□
⑩无业人员□

八、退休后月收入:①1 000 元以下□　②1 000~2 000 元□
③2 001~4 000 元□　④4 001~6 000 元□　⑤6 001~8 000 元□
⑥8 000 元以上□

九、您的收入来源:①子女供养□　②退休金收入□　③其他收入□

十、您目前和谁住在一起?
①和子女住在一起□　　②和自己的老伴住在一起□
③自己一个人住□

十一、您是否需要照顾孙辈？
①每天照顾(外)孙子/(外)孙女□　②周末照顾(外)孙子/(外)孙女□
③不用照顾(外)孙子/(外)孙女□

十二、您认为老年人是否需要学习？
①非常需要□　②比较需要□　③不确定□　④不太需要□
⑤完全不需要□

十三、请您阅读以下题目，在您所赞同的方框中打√。

|  | 非常赞同 | 比较赞同 | 不确定 | 不太赞同 | 极不赞同 |
| --- | --- | --- | --- | --- | --- |
| 1.参加学习能够让人健康 |  |  |  |  |  |
| 2.参加学习能够让人暂时忘记烦恼 |  |  |  |  |  |
| 3.参加学习能够让生活更安全 |  |  |  |  |  |
| 4.参加学习能够跟得上社会的发展 |  |  |  |  |  |
| 5.参加学习能够更好地享受生活 |  |  |  |  |  |
| 6.参加学习能够实现大学梦或童年梦 |  |  |  |  |  |
| 7.参加学习能够满足个人兴趣 |  |  |  |  |  |
| 8.参加学习能够让人充满气质 |  |  |  |  |  |
| 9.参加学习能够让生活更有规则 |  |  |  |  |  |
| 10.参加学习能够帮助实现再就业 |  |  |  |  |  |
| 11.参加学习能够增进家庭和谐氛围 |  |  |  |  |  |
| 12.参加学习能够保持与社会的接触 |  |  |  |  |  |
| 13.参加学习能够让人不断自我挑战 |  |  |  |  |  |
| 14.参加学习能够让人更好地整合人生 |  |  |  |  |  |
| 15.参加学习能够让人更从容面对生老病死 |  |  |  |  |  |
| 16.参加学习能够更好地服务他人 |  |  |  |  |  |

十四、您希望学习以下哪些内容？请在您所赞同的方框中打√

|  | 非常需要 | 比较需要 | 不确定 | 不太需要 | 极不需要 |
| --- | --- | --- | --- | --- | --- |
| 1.健康养生方面:如健康饮食、常见疾病防控、适合老年人的运动、安全用药等 |  |  |  |  |  |

续表

| | 非常需要 | 比较需要 | 不确定 | 不太需要 | 极不需要 |
|---|---|---|---|---|---|
| 2. 财务管理方面：如养老财务规划、科学理财、遗产继承等 | | | | | |
| 3. 权益保护方面：如防各种诈骗、老年人权益保护、老年人社会公共福利等 | | | | | |
| 4. 家庭关系方面：如与晚辈相处技巧、科学养育孙辈知识、与配偶沟通方法等 | | | | | |
| 5. 信息技术方面：如手机、平板电脑、智能家电的使用、手机支付、预约挂号、人工智能等 | | | | | |
| 6. 职业技能方面：如与原职业相关的课程或为再就业创造机会的课程等 | | | | | |
| 7. 休闲娱乐方面：如舞蹈、唱歌、乐器、摄影、旅游、绘画、插花、书法、剪纸、棋类等 | | | | | |
| 8. 文化知识方面：如诗词、历史、文化礼仪、外语等 | | | | | |
| 9. 社会规则方面：如社会文明、传统美德 | | | | | |
| 10. 社会服务技能方面：如环保知识、如何参加志愿者服务等 | | | | | |
| 11. 生命教育方面：如生命周期、生命价值、面对死亡、人生经历分享、撰写回忆录等 | | | | | |

# 后　记

书稿始于博士论文,思绪也不由闪回至那段读书时光,一幕幕感动的瞬间和一个个想感谢的名字再次浮现。

感谢导师高志敏教授。导师一直教导我们首先要学会做人做事,其次才是做学问。人正才能学术端,人美自然论文雅,研究不仅要具有理论风范,而且要充满人文情怀;既要从前沿出发,又要带着经典前行。导师对自己的严格要求以及对学生深刻的爱,只有做了他的学生才能真切感受到。导师对自己的学生了如指掌,我们的状态起伏一点都逃不过他的眼睛,我们的逻辑漏洞丝毫都瞒不过他的双目。导师常常说,成人教育要关切成人学习者的生活境遇。所以,关心老年群体当下的生活、向往的生活,也成为本书研究的出发点与落脚点。导师说研究要有信念、有情怀,研究也要有色彩、有温度。书稿成文的过程中,一次次的教导承载着导师对老年教育的信念和关怀;满目的批注诠释着导师对科研工作的执着与坚定。正是这份情怀与温度,促使了书稿的完成,也敦促着我在老年教育领域不断前行。

感谢华东师范大学职业教育与成人教育研究所的专家们对书稿的帮助。感谢黄健教授、孙玫璐副教授、张永副教授、马丽华副教授、朱敏博士提供给我研究思路与方法,感谢石伟平教授、徐国庆教授、李家成教授在日常工作中的鼓励与鞭策,感谢金林祥教授、凌培亮教授、黄志成教授、秦钠教授四两拨千斤的点拨与指教。

感谢同窗的兄弟姐妹们对我的帮助。感谢王旭师姐、王霞师姐、宋其辉师兄帮助我了解老年教育实践进而"走进去";感谢蒋亦璐师姐、周晶晶师兄、刘晓峰师姐、周翠萍师姐,在我思路断片的时候帮助我打开视野"跳出来";感谢陶孟祝师妹、耿俊华师妹、程豪师弟,牺牲时间帮助我校对文稿把错误"挑出来"。

还要感谢上海开放大学的资助。学校营造积极健康的科研环境,鼓励每一位研究者大放异彩。感谢学校谆谆善诱的前辈们,他们关心着书稿进展,常常给予无私帮助。感谢上海开放大学杨浦分校王芳书记、闵行一分校赵双成校长、松江分校周明校长、浦东东校毕虎校长以及其他老师们,帮助我完成上千份问卷调研以及上百人深入访谈。感谢上海财经大学出版社和相关编辑老师们，正是因为他们反复斟酌，校对文稿，书稿才得以顺利付梓。

感谢那些老人们。若不是研究所需，我可能不会知道他们原来如此可爱，生命如此可敬。他们比任何年龄段的人都要珍惜生活、珍爱生命，也深切懂得生活的真谛。因为和他们交谈，我再次审视自己的生活，思考生命的存在，追问人生的价值。在收获书稿之余，我还收获了生命的启迪。

感激温暖的家人们。感谢爱人，"择一城终老，携一人白首"。他虽然言语不多，但却用行动来表示无条件支持。感谢妈妈们，"所谓的岁月静好，无非是有人替你负重前行"。她们默默帮助我打理着小家，让我可以安心研究。感谢女儿们，"天使不能无处不在，所以创造了孩子"。她们乖巧伶俐、活泼可爱，眨巴着眼睛看着书稿一天天成形。没有家人坚强的后盾，也同样没有本书的完成。

书稿虽然暂告一段落，但是研究的大门才刚刚打开。"莫道桑榆晚，为霞尚满天"，老年群体蕴藏着巨大的能量，老年教育也充满着无限可能，希望有更多志同道合的研究者关注老年群体，携手助推"老有所学"与"老有所为"，共同开辟老龄化社会新局面。

傅 蕾<br>2022 年 1 月